University of Michigan Studies
HUMANISTIC SERIES
VOLUME XXXIV

GREEK OSTRACA IN THE UNIVERSITY
OF MICHIGAN COLLECTION

PART I
VOL. XXXIV = PART I
VOL. XXXV = PART II

GREEK OSTRACA IN THE UNIVERSITY OF MICHIGAN COLLECTION

BY
LEIV AMUNDSEN
UNIVERSITY OF OSLO

PART I
TEXTS

With 8 Plates

ANN ARBOR
UNIVERSITY OF MICHIGAN PRESS
1935

PRINTED IN GREAT BRITAIN AT THE UNIVERSITY PRESS, OXFORD
BY JOHN JOHNSON, PRINTER TO THE UNIVERSITY

Paperback ISBN: 978-0-472-75004-7

PIAE MEMORIAE
FRANCISCI W. KELSEY
S.

PREFACE

The ostraca in the collection of the University of Michigan derive from two sources; occasional purchases have been made since 1920 from or through Dr. D. L. Askren, of Medinet-el-Fayûm, but the great majority came to light during the University's excavations at the site of ancient Karanis (Kôm Aushîm). The ostraca secured by Dr. Askren were all acquired in the Fayûm, and there can be little doubt concerning their provenance; they came from various well-known sites of ancient κῶμαι in the district, such as Philadelphia and Theadelphia. Some of the texts contain Arsinoïte place-names, and even when such proof is lacking Fayûmic origin may be taken for granted.

The ostraca numbered 98–699 in the present edition comprise all those found at Kôm Aushîm during the first five seasons (1924/25 to 1928/29) of the excavations conducted by the University of Michigan Near East Expedition to Egypt. Most of them were found in the ruins of ancient houses, among the rubbish of floors or cellar bins, or in wall niches where they had been carefully put aside. They were discovered singly or in groups, of fourteen, eighteen, and twenty. In order to give a complete record I have included even the small fragments which are of no importance in themselves. The precise location of the finds may be ascertained from the data of the excavation labels. The method used in recording the ostraca as they were found is given in the Explanation of the Inventory Data (pp. xviii-xix). Index XIII shows in what houses, streets, and areas the various groups of potsherds were found.

By means of the ostracon texts alone it is now possible to trace certain families through several generations in their occupancy of some of the houses, and we may confidently expect that our knowledge of these families will be considerably increased by the publication of the contemporaneous papyri. In my commentary on the texts (Part II) I shall deal with the personal connections of the inhabitants who are known to us. The reader is provisionally directed to the references in the index of personal names (Index IV).

Most of the ostraca from Karanis, it will be seen, date from about 270 to 330 A.D., the period between Aurelian and Constantine. Earlier times are represented by several texts that go as far back as Augustus, and the last century of occupation of the site by a few stray finds. The predominance of texts of the late third century and the early fourth is partly due to the fact that to this period belong the series of well-preserved houses in the area uncovered by the excavations during the five seasons to which I have referred. A second reason for that predominance may be an increasing tendency to use potsherds instead of papyrus as writing material. The second-century level, excavated during the season of 1925/26, yielded fine specimens of papyri, whereas ostraca were very scantily represented. For the period around 300 A.D. the reverse is true. Confirmation of this statement will certainly be obtained when the finds from lower levels excavated during subsequent seasons are published. This assertion is based on my examination of about four hundred photographs, kindly sent to me by Professor Winter, of ostraca discovered during more recent excavations.

The editing of the ostraca included in this volume was intrusted to me during my stay at the University of Michigan in the college year of 1926/27. I then had the opportunity of studying specimens inventoried as 4001–4619 and of making provisional transcriptions, which I have been able to check by photographs. I copied the texts of ostraca numbered 9000–9285 during my two seasons at Karanis as a member of the expeditions of 1927/28 and 1928/29. For later work on these texts I have had to rely on my first readings and on tracings from the originals.

A rather long time has elapsed since the printing of this volume was begun, and, as often happens, there are certain features in it which I should now prefer to see changed. For example, I regret that occasional diacritical symbols used by the scribes, as ' (Ἀτ'τίνου) and " (υἱός, Ἰσίδωρος), are included in the text; it would, I now believe, have been better merely to refer to them in the critical apparatus. In many of the texts concerning the transportation of grain from the granary to the harbor (Nos. 67–81, 360–562) I should now prefer to retain the nominative in the phrase ὄνοι x in cases where abbreviated forms have been resolved as the accusative. (See *Ostraca Osloënsia*, Oslo, 1933, pp. 38 f. and 49 f.) The reason for the grouping of texts under certain headings may demand an explanation. This and similar problems I leave for the commentary.

It had been my plan to include in the critical apparatus a record of every abbreviation in order that the writing of the scribe might easily be visualized, as in my *Ostraca Osloënsia*, but this method proved too expensive. For this reason the notes were kept at a minimum. All the more common abbreviations and symbols are left unrecorded in the apparatus. In the second volume a special chapter will be devoted to palaeographical questions, the practices of the various scribes, and similar matters.

In conclusion I have the pleasure and privilege of expressing my sincere thanks to all who have assisted me in my work: to The Rockefeller Foundation for enabling me to visit the United States and Egypt, to the University of Michigan for intrusting to me the editing of these ostraca, and more specifically to Professors Boak, Bonner, Sanders, and Winter for constant assistance and scholarly advice. For valuable suggestions concerning textual matters I am indebted to Professor Eitrem, of Oslo, to Mr. H. C. Youtie, of the University of Michigan, and to the readers of the Oxford University Press. My special thanks are due to the untiring assistance of Dr. E. S. McCartney, supervising editor of the University of Michigan Publications.

I have ventured to dedicate this volume to the memory of Professor Francis W. Kelsey, eminent scholar and enthusiastic lover of the studies of ancient civilization. Even as the collections are themselves to a large extent the result of his labor and energetic activity so this publication owes its existence to his inspiring confidence.

L. A.

Oslo, *November* 1933.

CONTENTS

	PAGE
PREFACE	ix
LIST OF PLATES AND FIGURES	xv
LITERATURE CITED IN THE NOTES	xvii
EXPLANATION OF THE INVENTORY DATA	xviii

A. THE ASKREN COLLECTION

ACCOUNTS, RECEIPTS, ORDERS FOR PAYMENTS AND DELIVERIES	3
Payments of money (1–18)	3
Deliveries in kind: grain (19–51); chaff (52–53); wine (54); oil (55); meat (56); empty jars (57–58); clothes (59)	9
Payments and deliveries of uncertain nature (60–63)	19
TRANSPORTATION OF GRAIN FROM THE GRANARY	20
Lists of donkey-drivers and caravans (64–66)	20
From the granary to the harbor (67–81)	20
LISTS OF LITURGICAL WORKERS (82–88)	24
MISCELLANEOUS (89–97)	26

B. OSTRACA FROM KARANIS

ACCOUNTS, RECEIPTS, ORDERS FOR PAYMENTS AND DELIVERIES	33
Payments of money: accounts (98–115); receipts (116–146)	33
Payments in money and kind (147–149)	46
Deliveries in kind: grain, accounts (150–151), receipts (152–174); chaff, accounts (175–176), receipts (177–233); fodder (234–245); beans (246–247); wine (248–250); oil (251–254); wool (255); clothes (256); wood (257); doors and a tablet (258)	47

xiv CONTENTS

PAGE

    Payments and deliveries of uncertain nature (259–260)   74
    Lists of land (261–265) 75

LITURGICAL WORK 76
    Work on the embankments: lists of workers (266–269); receipts for work (270–294); uncertain (295–328) . 76
    Transportation by donkeys: lists of donkey-drivers and caravans (329–356); delivery of donkeys by individuals (357–359); from the granary to the harbor (360–562) 87
    Other texts concerning liturgical workers: lists (563–635); individuals (636–654); note concerning workers (655) 148

MISCELLANEOUS 172
    Religious (656–660); names of nations (661–662); quotation from report on an assembly (663); datings (664–665); notes to accounts (666–669); fragments of private letters (670–671); writing exercise (672); fragments and uncertain texts (673–699) . . . 172

INDEXES
    I. Emperors and regnal years 185
    II. Indictions 187
    III. Months 187
    IV. Personal names 188
    V. Geographical 209
    VI. Religion 210
    VII. Official and military titles 210
    VIII. Professions 211
    IX. Weights, measures, and coins 211
    X. Taxes 212
    XI. Palaeographical 213
    XII. General index of Greek words . . . 213
    XIII. Excavation labels of the ostraca from Karanis . 221
    XIV. Inventory numbers 225

LIST OF PLATES AND FIGURES
PLATES
(All plates are at the end of the book.)

I. Ostracon 1 (p. 3)
II. Fig. 1. Sobk, the crocodile god of the Arsinoïte nome (p. 28)
    Fig. 2. Egyptian priests carrying the crocodile mummy on a litter (p. 28)
III. Fig. 1. Stone platform in the sanctuary of the North Temple of Karanis (p. 28)
    Fig. 2. Stone altar from the North Temple (p. 29)
IV. Ostraca 134 (p. 44) and 171 (p. 52)
V. Ostraca 186 (p. 56) and 189 (p. 57)
VI. Ostraca 235 (p. 68) and 271 (p. 78)
VII. Ostraca 329 (p. 87) and 364 (p. 98)
VIII. Ostraca 440 (p. 116) and 474 (p. 125)

FIGURES IN THE TEXT

	PAGE
1. Ostracon 660	173
2. Ostracon 672	175

LITERATURE CITED IN THE NOTES

AMUNDSEN, LEIV, Ostraca Osloënsia: Greek Ostraca in Norwegian Collections. Oslo, 1933. Avhandlinger utgitt av Det Norske Videnskaps-Akademi, Oslo. II. Hist.–Filos. Kl., 1933, No. 2.

BOAK, ARTHUR E. R., ed., Karanis: The Temples, Coin Hoards, Botanical and Zoölogical Reports, Seasons 1924–31. Vol. XXX in this series. Ann Arbor, 1933.

BOAK, ARTHUR E. R., AND PETERSON, ENOCH E., Karanis: Topographical and Architectural Reports of Excavations during the Seasons 1924–28. Vol. XXV in this series. Ann Arbor, 1931.

BRECCIA, EV., Alexandrea ad Aegyptum. Bergamo, 1922.

BRECCIA, EV., Teadelfia e il tempio de Pneferôs. Bergamo, 1926. Vol. I, Part II, in Monuments de l'Égypte gréco-romaine.

BUDGE, E. A. WALLIS, The Papyrus of Ani (Book of the Dead). Vols. I–III. New York, 1913.

EITREM, S., AND AMUNDSEN, LEIV, Papyri Osloenses, Fasc. 1, 2. Oslo, 1925–31. (P. Oslo.)

GRENFELL, BERNARD P., AND HUNT, ARTHUR S., The Oxyrhynchus Papyri, Vols. I–XVII. London, 1898–1927. (P. Oxy.)

HOLST, H., ET MØRLAND, H., Serta Rudbergiana. Osloae, 1931. Symbolae Osloenses, Fasc. Supplet. 4.

MITTEIS, L., UND WILCKEN, U., Grundzüge und Chrestomathie der Papyruskunde. Bd. I, Historischer Teil, von Ulrich Wilcken. Zweite Hälfte, Chrestomathie. Leipzig, 1912. (W. Chr.)

OTTO, WALTER, Priester und Tempel im hellenistischen Ägypten. Leipzig, I, 1905; II, 1908.

PLEYTE, W., Over drie handschriften op papyrus, bekend onder de titels van Papyrus Lac Moeris, du Fayoum, et du Labyrinth. Verhandelingen der Koninkl. Akademie van Wetenschappen. Afd. Letterkunde, Deel 16. Pages 1–20, 8 plates. Amsterdam, 1886. (Papyrus Lac Moeris.)

PREISENDANZ, KARL, Papyri Graecae Magicae, Die griechischen Zauberpapyri. Leipzig, I, 1928; II, 1931. (P. G. M.)

TAIT, J. G., Greek Ostraca in the Bodleian Library at Oxford and Various Other Collections, Vol. I. London, 1930.

EXPLANATION OF THE INVENTORY DATA (IN PARENTHESES) OF THE FINDS AT KARANIS

SURFACE FINDS

Example: 24-X. Seasons are indicated in abbreviated form: 24 = 1924/25, 25 = 1925/26. Objects found on the surface are designated by the letter X.

OTHER FINDS

Data for entire period of excavation:

S signifies 'street'. BS means a street on Level B; CS, a street on level C.

Asterisks mean 'underneath a room' or 'between levels', i.e. above the next definite floor level.

Superior figures, as in G^1 and G^2, indicate subdivisions of a room or bins in a granary made by a low wall or partition.

Example for seasons 1924/25 and 1925/26: 25-5072E-A × 14.

As in the case of surface finds, the first number indicates the season in which an object was found.

The second number indicates a street or house or other unit in which an object was found. Various ranges of numbers indicate places where finds were made. (See Plan I in A. E. R. Boak and E. E. Peterson, *Karanis: Topographical and Architectural Reports of Excavations during the Seasons 1924–28*, Volume XXV in this series.) The following system of numbering was used for the first two seasons:

010 ff.: units in the final clearing of the central area of the Kôm, destroyed by *sebakh* diggers.

1–99: units of the top level, not connected with any house.

100–999: houses of the top level, courts, and streets on the east and north sides of the central area (B, C, D, and F on Plan I, referred to above).

4000–4999: units of the top level on the west side (A and E on Plan I, referred to above).

5000 ff.: houses, courts, and streets on the layer below the top level (the so-called 'middle layer': see Boak and Peterson, *op. cit.*, p. 6).

The letter following the second number denotes a room or another division.

The letter after the second dash denotes an object. When the number of letters in the alphabet is exhausted in this way a second letter is added. The series runs thus: A, B, C, etc.; AA, AB, AC, etc.; AAA, AAB, AAC, etc. Hence AA denotes the 27th object; AB, the 28th; AAA, the 53rd; AAB, the 54th; etc.

When several objects were found together during the first two seasons the number was indicated by a figure preceded by the times sign.

The entry 25-5072E-A × 14 means, therefore, that an ostracon was found in 1925–26 in house 5072, middle layer, room E, and that it is one of a group of 14 ostraca.

EXPLANATION OF THE INVENTORY DATA

Example for 1926/27 and later seasons: 27-C43G^4-B.

The first number indicates the season in which an object was found.

Letters are now put before the second number to indicate occupational levels, with the letter A used for the topmost or latest level and other letters in alphabetic sequence for successively lower and earlier levels.

The letter after the second dash denotes an object, as in the previous system, but after the number of letters in the alphabet is exhausted in this way roman numbers are added. The series runs thus: A, B, C, etc.; AI, BI, CI, etc. Hence AI denotes the 27th object; BI, the 28th; AII, the 53rd; BII, the 54th; etc

The entry 27-C43G^4-B means that an object was found in 1927–28 in house C43, third layer of occupation, room G, bin 4.

Readers who desire to know whether an ostracon occurred alone or with others may consult Index XIII (pp. 221–225), where the ostraca are listed according to the inventory numbers, with the equivalent edition numbers in the second column. The index also shows which houses, streets, and other units produced ostraca published in the present volume. Since the ostraca are dated, it is expected that they will be of increasing value to the student of topographical history at Karanis as other finds are made.

NOTE

The editorial practice in this volume is in the main that which is now universally followed in editions of non-literary works. Accents, breathings, and punctuation are added. Mistakes and misspellings are corrected in the critical notes. (See Preface also.)

The symbols have their customary meanings: ( ) indicates the resolution of a symbol or abbreviation; [ ], a lacuna; ⟦ ⟧, a deletion in the original; ⟨ ⟩, an omission in the original; ≪ ≫, a superfluous letter in the original.

Letters with dots beneath them are to be considered doubtful. Dots placed within brackets represent approximately the number of letters lost or deleted; dots outside brackets, letters visible but not read.

The measurements give the maximum breadth and the maximum height of the sherds.

The data from the excavation labels have already been explained.

A. THE ASKREN COLLECTION

ACCOUNTS, RECEIPTS, ORDERS FOR PAYMENTS AND DELIVERIES

Payments of Money

1 Inv. 4457. Cm. 15 × 13.5.   Date: probably Sept. 6, 235 B.C.—
Oct./Nov. 234 B.C. Plate I

    ☥ γενῶν
    ἀπὸ 'Επεὶφ κ̄ᾱ ἕως Φαῶφι κ̄ᾱ   Sept. 6
    φερειγενης εἰς τὴν οἰκίαν   Dec. 10
    ἀνάλωμα χ⌐ (δραχμ.) ⌒Δνν
5 καὶ εἰς τὴν ἄμμον ἀπὸ ῑ τοῦ   Sept. 25
    Μεσορὴ ἕως κ̄ε τοῦ ιβ (ἔτους)   Oct. 10
    ἐργατῶν κ̄γ (δραχμ.) νξ   Probably 236/35 B.C.
    καὶ κειρίας ἤπητρα ⌒Βμ
    καὶ αὐτὰ λυκίδια ἑκα[τὸν
10 ἐλλογῶι (δραχμ.) ⌒Βξ·[
    εἰς τὸ μέλαθρ[ον τοῦ
    οἰκοδομ[ήματος (δραχμ.) x

On the inside

    ἔχω Παχὼν ἃς δῆ μοι (δραχμ.) ⌒Α.   June/July
    ἄλλας ἔχω Θῶνθ τοῦ ιδ (ἔτους)   Oct./Nov.
    (δραχμ.) ⌒Δ. (λοιπὸν) ὀφελεῖ (δραχμ.) ρν.   Probably 234/33 B.C.
    ἀπέχω.

Fragment, 3 pieces. 1 ☥ = (λόγος) or π(ερὶ)? 3 Φερειγένης nom. propr., or φέρει γέν., l. γένους or -ῶν. 4 χ⌐ = χ(αλκοῦ)? 10 l. ἐλλογῶ. *Inside*. 1 l. δεῖ.
3 ⌒ ostr.

2 Inv. 4272. Cm. 5.8 × 5.7.   Date: II or I cent. B.C.

        ] . [.]του
        Σωστράτου
        καὶ Ζήνωνος
        (δραχμ.) με
5   ] Πύθωνος κα[ὶ

Fragmentary; beginning and end lost, perhaps also the beginnings of 2–3.

3 Inv. 4192. Cm. 8·4 × 8·2. Date: II/III cent. A.D.

   κοινῶν   [
   Κτήσωνι   φ
   τάριχοι   ρν
   κοινῶν   γ
5 ἁλὸς   νϛ
   λιβανωτοῦ   σπ
   ἐλαίου   κθ
   κοινῶν   κ̣[
   ἄρτων   [
10 οἴνου   [
   κοινῶ[ν

Two fragments.

---

4 Inv. 4239. Cm. 25·4 × 12·7. Date: III/IV cent. A.D.

  Καλλῖνος   (δραχμ.) Ἀ
  Σεύθης Ἀρτε(μιδώρου)   (δρ.) Ἀ
  Ἀπολινᾶρις   (δρ.) Ἀτμ
  Ἀιῶν Παπέι   (δρ.) Ἀψ
5 Ἀπολλωνᾶς   (δρ.) φ
  Ἀντώνιος   (δρ.) Ἀσμ
  Ἀτίσιος Παϊάνου   (δρ.) φκ
  Ἀρίστων   (δρ.) Ἀυμ
  Οὐενᾶφρις Ἀϊῶν(ος)   (δρ.) φ
10 Ἀχιλλᾶς   (δρ.) Ἀυμ
  Πεῆσις Παθ( )   (δρ.) Ἀρμ
  Ἡρακλῆς   (δρ.) Ἀυμ
  Χαιρήμων   [[κ]]   (δρ.) Ἀμ

---

5 Inv. 4008 and 4024. Cm. 6·6 × 5·3 and 16·5 × 10·3. Date: May 5, 10 B.C. or 34 A.D.?

  (ἔτους) κ Παχὼ(ν) ι δι̣[έγραψε   11/10 B.C. or 33/34 A.D.?
  Κ̣αλλᾶπις Π[ε-   May 5
  τεχώνσ[ιος δραχμὰς
  δύο. Ξειν̣[σεσημείωμαι.
5   (One demotic line)

καὶ ὑπὲρ Κρίσπου τοῦ
Πετεσούχου ἱερ(έως) (δραχμὰς) ϛ.

(One demotic line)

(Two more demotic lines)

Fragmentary. The words ending lines 1, 3, and 4 were probably abbreviated.

6 Inv. 4231. Cm. 8·6 × 7·2.   Date: II cent. A.D.

(ἔτους) ζ Παῶφι β   Sept. 29/30
ἔσχον [[οβο]] Ἑρ-
μογένης βοη-
θὸς τῶν πρακτόρων
5 (δραχμὰς) ἡ. μεθ' ἃς δὲ φὴς
ἐσχηκένε τὸν Χαιρέ-
αν (δραχμὰς) ιβ.

1 l. Φαῶφι.   6 l. ἐσχηκέναι.

7 Inv. 4234. Cm. 8·8 × 8·5. From Nestou epoikion.   Date: between 169 A.D. and 177 A.D.

ἔτους . . . .]του [Αὐτο-
κ[ράτο]ρος Καίσα[ρος Μ]άρκου
Α[ὐ]ρηλίου Ἀντωνίνου Σεβασ[τοῦ
δ[ιέγ]ραψε Πετεσούχῳ καὶ μ[ετό-
5 χ[(οις) π]ράκτορ(σι) ἀργυρικῶν Νέσ[τ-
ου [ἐποι(κίου)] Διανάμμων [ὁ καὶ] Να[. . .
Ζωΐ[λ]ου δραχμὰς τ[έσσ]α[ρας
διὰ Νικάνορος, γ(ίνονται) (δραχμαὶ) δ.

Surface badly damaged by corrosion.   5 π]ρακτορ ostr.

8 Inv. 4257. Cm. 16·5 × 12·1.   Date: II or III cent. A.D.

καὶ ιε (ἔτους) Φαρμοῦθι κγ ἀριθ(μήσεως) Φαμενὼθ   April 18
διέγ(ραψε) Παμῶνθις Παπείτος ὑπ(ὲρ) Ὥρ(ου) Πτο(λ)   Feb./March
(δραχμὰς) πεν[τήκ]οντα ἕξ, γ(ίνονται) ν[ϛ]. Ἀγαθὸς Δαίμω(ν)
σεσημείωμαι. καὶ Παχὼν ἀριθ(μήσεως) Φαρμ(οῦθι)   April/May
5 διέγ(ραψε) Παμῶνθις [(δραχμὰς)] πεντήκοντα   March/April
ἕξ, γ(ίνονται) [ν]ϛ, [ὑπὲρ] Ὥρο(υ) Πτολ( )

6 GREEK OSTRACA [9–

.α. . . . . Ἀγαθὸς Δαίμων σεσημεί-
ωμαι.
καὶ Παῦνι ια ἀριθ(μήσεως) Παχὼν διέγ(ραψεν) Ὧρος   June 5
10 (δραχμὰς) εἰκοσιοκτώ, γ(ίνονται) κη¯,   April/May
καὶ ὑπ(ὲρ) Ἱέρον(ος) (δραχμὰς) δε[καοκτώ, γ(ίνονται)] ιη¯.
καὶ Ἐπεὶφ ι´ ἀριθ(μήσεως) Παῦνι διέ(γραψεν) ὑπ(ὲρ) Ὧρου   July 4
Πτο(λ) ἄλλας (δραχμὰς) τριάκοντα   May/June
ἕξ, γ(ίνονται) λϛ.
15 καὶ Μεσο[ρὴ x ἀριθ(μήσεως) Ἐπεὶ]φ διέ(γραψεν)   July/Aug.
[Ὧρος Π]το(λ) . . . .   June/July
καὶ ιϛ (ἔτους) [Θὼθ x ἀριθ(μήσεως) Μεσορὴ   Aug./Sept.
διέ(γραψε) [. . . . .   July/Aug.

The entries seem to have been written by the same person at different times. Part of the text is very much effaced.

9 Inv. 4199. Cm. 7.6 × 5.9. From Philadelphia.   Date: June 5, 212 A.D.

δι(ὰ) πρεσβ(υτέρων) κώμης Φιλαδελφίας
διέγ(ραψε) Μενδῆ Κεφάλου
δραγματηγίας καὶ σακ(κηγίας)
τοῦ κ (ἔτους) Μάρκου Αὐρηλ(ίου)   211/12
5 Σεουή(ρου) Ἀντων(ίνου) Παῦνι ια   June 5
Σαραπίων Σαραπίω(νος)
ἐπὶ λ(όγου) (δραχμὰς) τέσσαρας, (δραχμαὶ) δ.

2 διεγ$ ostr.   5 σεουη´ αντων ostr.   7 επι^λ ostr.

10 Inv. 4191. Cm. 8.8 × 6.8.   Date: Sept./Oct. 215 and July/Aug. 216 A.D.

(ἔτους) κδ´ Σεουήρου Ἀντωνίνου   215/16
                    Αὐρη(λίῳ)
ἀριθμήσεως Φαῶφι διέγραψε Πτολλᾷ   Sept./Oct.
πράκ(τορι) μων(οδεσμίας) χόρτ(ου) Τούρβων ἐπ(ὶ) λ(όγου)
δραχμὰς τέσσαρες, γ(ίνονται) (δραχμαὶ) δ.
5 Μεσωρὴ δραχμὰς δεκα-   July/Aug.
έξ, γ(ίνονται) (δραχμαὶ) ιϛ.

2 αυρη added above the line.   3 l. μονοδ. επ^λ ostr.   4 l. τέσσαρας.   5 l. Μεσορὴ.

11 Inv. 4195.   Cm. 13·2 × 9.   Date: Nov./Dec. 243 A.D.

    (ἔτους) ζ´ Αὐτοκράτορος Καίσαρος   243/44
    Μάρκου Ἀντωνίου
    Γορδιανοῦ Εὐσεβοῦς
    Εὐτυχοῦς Σεβαστοῦ   Nov./Dec.
5 Χύακ ἀριθ(μήσεως) Ἀθὺρ διέγρ(αψεν)   Oct./Nov.
    Εὐπορούς γερδ(ίαινα) εἰς τὸν τῆς
    νομαρχ(ίας) λόγ(ον) δι᾽ ἐμοῦ
    Αὐρηλ(ίου) Διδύμου δραχμὰς
    τέσσαρας, γ(ίνονται) (δραχμαὶ) δ.

5 l. Χοίακ. αριθ ostr. διεγρ\ ostr.   6 γερδ ostr.   7 νομαρχ λογ⁻ ostr.   9 γ\ ostr.

12 Inv. 4189.   Cm. 6·7 × 5·2.   Date: III cent. A.D.

    διέ(γραψεν) Ἀντώνιος
    διὰ Ἀτρῆ ὑπ(ὲρ) μη(νῶν) δ´ ὑπ(ὲρ)
    ἀφυλισμοῦ χωμά-
    των ⟨⟨δραχμὰς⟩⟩ τριάκοντα δύ[ο,
5 (δραχμαὶ) λβ.

2 υ\ μη δ´ υ\ ostr.

13 Inv. 4263.   Cm. 6·4 × 5·7.   From Philadelphia.   Date: III cent. A.D.

    (ἔτους) α´´ δι(έγραψε)
    κωμάρχαις
    κώμης Φιλ[α]δελ[φίας
    Λογ̣χ[ά]ρι̣[ος (δραχμὰς) ἑκατὸν ὀκτώ,
5   γ(ίνονται) (δραχμαὶ) ρη.

5 Perhaps ρν (if so, 4 ἑκατὸν πεντήκοντα).

14 Inv. 4203.   Cm. 9·6 × 7·8.   Date: III cent. A.D.

    μονο(δεσμίας) ἀργυ(ρικῶν) β (ἔτους) Φαῶφ(ι)
    ε⁻ διέγρ(αψε) Σαταβοῦς   Oct. 2/3
    τέκτων ἐπὶ λόγ(ου) δραχ(μὰς)
    ὀκτώ, γ(ίνονται) (δραχμαὶ) η.

1 ϛ´´ φαωφ ostr.   3 λογ δραχ ostr.

8 GREEK OSTRACA [15-

15 Inv. 4243. Cm. 10·8 × 7·4. Date: III cent. A.D.

μονο(δεσμίας) ἀργυ(ρικῶν) β (ἔτους)
Παχὼν ι̅ διέγρ(αψεν) May 5
Ὀρσενοῦπις Πκυλίου
ἐπὶ λόγ(ου) δραχ(μὰς) τέσσαρας,
5 γ(ίνονται) (δραχμαὶ) δ.

2 Perhaps πακωμ. 4 λογ δραχ ostr.

16 Inv. 4241. Cm. 7·4 × 7. From Philadelphia. Date: Aug./Sept. 290 A.D.

καὶ το(ῦ) ζ (ἔτους) καὶ ϛ (ἔτους) 290/91
Θὼθ διέ(γραψε) Κάλλις ὑπ(ὲρ) Aug./Sept.
τιμ(ῆς) οἴνου ἀννων(ικοῦ)
δ/ ἐπιγραφῆς κώ[μης
5 Φιλαδελφ(είας) δραχμ[(ὰς) χιλίας
εἰκοσιτέσ(σαρας), Ἀκδ.

3 τιμ ostr. 5 φιλαδελφ ostr. l. δραχμ(ὰς).

17 Inv. 4246. Cm. 8·2 × 6·5. Date: Feb. 25, 4 B.C.

Πετεχό(ις) Με( ) Πετεχό(ει) Φ.( )
χαίρειν. χρ(ημάτισον) Πετεαρ( )
Πο( ) χ(αλκοῦ) τάλαντα τρία,
γ(ίνονται) χ(αλκοῦ) (τάλαντα) γ.
5 (ἔτους) κϛ Φαμ(ενὼθ) α⁻. Feb. 25, 4 B.C.

1 πετεχ̊ μͤ πετεχ̊ φᴸ ostr. 2 χρϛ πετεαρ̣ ostr. 3 πο̅ χ̣ ostr.

18 Inv. 4267. Cm. 6·9 × 5·7. Date: I cent. A.D.

Ψενοβάστις Πα-
έτης Φιλᾶς Ἀνηπολ-
ινᾷ πραγματευτὴς
χα(ίρειν). δὸς Ἑρμ(ῇ) Πτολε(μαίου)
5 ἀργυ(ρίου) (δραχμὴν) α, γ(ίνεται) α. (ἔτους)
] Ἀθὺρ ι̅δ̅. Nov. 10/11

1 l. Παέτου? 2 l. Φιλᾷ? 3 l. πραγματευτῇ?

Deliveries in Kind

GRAIN

19 Inv. 4226. Cm. 11·8 × 8·7.   Date: late III/early IV cent. A.D.

    Σαραπίων οἰνοπ(ώλης)   (ἀρτάβας) ξα
    Νειλᾶς Κασιανοῦ   (ἀρτ.) λα
    Παπέεις   ῥυπαρὰς (ἀρτ.) κβ𐅵
    Ἥρων Ἀπαρωντᾶ   (ἀρτ.) ιβ
5   Λογγεῖνος   (ἀρτ.) κβ𐅵
    Νεικάνωρ   (ἀρτ.) με
    Λογγεῖνος ὁμοί(ως) δοῦλ(ος)   (ἀρτ.) β
    Ἀεῖς   ῥυπαρ[ὰ]ς (ἀρτ.) θ
    Συρίων   ῥυπαρὰς (ἀρτ.) ια𐅵
10 Πτολλαρίων   (ἀρτ.) μβ𐅵
    Διόσκορος Πεῆβος   (ἀρτ.) κη𐅵
    Ἀνατέλλων
    Ἡρωνί( )   (ἀρτ.) ο
    Τούρβων   (ἀρτ.) κβ

7 ομο† δουλ ostr.   13 ηρωνι ostr.

20 Inv. 4212. Cm. 16·3 × 13·3.   Date: IV cent. A.D.

    Διονῦσις Λογγί(νου)   (πυροῦ ἀρτάβας) δ
    Νίκων Πανκρᾶ   (πυρ. ἀρτ.) α
    Κολλοῦθος ἀδελ(φὸς)   (πυρ. ἀρτ.) α
    Νεμεσᾶς Σαραπ(ίωνος)   (πυρ. ἀρτ.) α
5   Νειλεὺς Ἀφροδισίου   (πυρ. ἀρτ.) γ∟d
    Οὐσεβᾶς Ὀρσενούφιος   (πυρ. ἀρτ.) β καὶ α
    Πανὲτβ Διοσκου(ρίδου)   (πυρ. ἀρτ.) α (δραχμὰς) κε
    Παμοῦτις Ὀφελλίου   (πυρ. ἀρτ.) .
    Μύσθης Ἀπύγχιος   (πυρ. ἀρτ.) β
10 Πετερμοῦτις ἅμα
    Ψεκῆ δ𐅵

    (second hand) Μύσθης πράκ(τωρ).

1 λογγι ostr.   11 (δραχμάς)?

21 Inv. 4206. Cm. 8.7 × 8.5.   Date: IV/V cent. A.D.

/ Ἰταλικοῦ   (πυροῦ ἀρτάβας) λδ΄
/ Σεντῇ ἀδ(ελφῇ)   (πυρ. ἀρτ.) κd΄
/ Νίκῃ   (πυρ. ἀρτ.) κd΄
/ Φιλαδελφέᾳ   (πυρ. ἀρτ.) λςή
5 / Πασινίκῃ   (πυρ. ἀρτ.) α
/ Ἀντιοχίδι   (πυρ. ἀρτ.) κd΄
/ Μνητῆρι   (πυρ. ἀρτ.) κd΄
/ Οὐλκρᾷ   (πυρ. ἀρτ.) αd΄
] . [.] . [. . . .] . .   (πυρ. ἀρτ.) εκ
10   ] (πυρ. ἀρτ.) α
                         ] .

---

22 Inv. 4268. Cm. 8.8 × 6.5.   Date: I cent. A.D.

Πελῶλ Ψεν-
καλοῦ (πυροῦ ἀρτάβας) ἕξ.

2 καλο^υ ⌠ ostr.

23 Inv. 4245. Cm. 6.9 × 6.2.   Date: I cent. A.D.

Πετεσ(οῦχος) Πετεσούχ(ου)
(πυροῦ ἀρτάβας) β.

24 Inv. 4259. Cm. 9.9 × 5.9.   Date: II cent. A.D.

Μάρκ(ος) Τιτιανὸ(ς) Οὐα(λ)
  Φιλ( ) ἱερᾶς γῆς (πυροῦ ἀρτάβας) δd, προ(σμετρούμενα) $\overline{β ς ιο}$,
  (πυρ. ἀρτ.) δL΄
  ἐπιβολ(ῆς) (πυρ. ἀρτ.) αL$\overline{γ}$, π(ροσμετρούμενα) ḍίό, (πυρ.
  ἀρτ.) βς΄
  ἱερᾶς ἐπιβολ(ῆς) (πυρ. ἀρτ.) β $\overline{β ς ιο}$, $\overline{γ ιο}$, (πυρ. ἀρτ.) γγ΄
5 καὶ εἰς Μάρκ(ου) Φιλ( ) λό(γον) ς (ἔτους) ὁμοίως
  ἱερᾶς γῆς β, γ΄, (πυρ. ἀρτ.) βγ΄
  κατ(οικικῆς) γ(ῆς) (πυρ. ἀρτ.) ίό, κό, (πυρ. ἀρτ.) $\overline{ς ιο}$.
  γ(ίνονται) (πυρ. ἀρτ.) ιβLίό.

1 Οὐά(λης)? Eitrem.   2 The figures $\overline{β ς ιο}$ seem to have been copied here through an error instead of d; cf. 4.   3 π ostr.   7 κατ γ ostr.

25 Inv. 4260. Cm. 12·1 × 9·3. From Philadelphia.   Date: Aug. 19, 279 A.D.

    Αὐρήλιος Ὧρος καὶ Κο-
    πρίων πράκτορες σιτικ(ῶν)
    κώμης Φιλαδελφίας τοῦ
    Ἀρσινοίτου Αὐρηλίοις Σαρα-
5   πίωνι καὶ Μεστᾷ κωμάρ-
    χαις κώμης Φιλαδελφίας.
    παρεδεξάμην παρ' ὑ-
    μῶν κρειθῆς ἀρτάβας
    δεκαοτώ, γί(νονται) ιη. (ἔτους) δ τοῦ
10 κυρί(ου) ἡμὸν Πρόβου—
    Σεβαστοῦ Μεσορὴ κϛ.   Aug. 19, 279

The text is in parts very much effaced.   1 l. Αὐρήλιοι, but cf. the verb in 7, also singular.   9 l. -οκτώ.   10 l. ἡμῶν.

26 Inv. 4240. Cm. 5·9 × 5·7.   Date: between 283 and 285 A.D.

    ἔτους x Κάρου καὶ] Καείρνου Παῦνι κγ̄   June 17
    Ὀνν]ώφρι Μάρωνος διὰ
    X.] ἀδ(ελφοῦ) Δωρίων
    Πτολ]λᾶ(τος) (ἀρτάβας) β.

1 l. Καρείνου.   παυν' ostr.   2]ωφρ' ostr.

27 Inv. 4247. Cm. 10 × 9·7. From Theadelphia.   Date: July 13, 302 A.D.

    ἐμέτρησεν Σαραπίων Ἡρακλεί-
    δου ιϛ (ἔτους) καὶ ιε (ἔτους) καὶ ⟨⟨ι⟩⟩η (ἔτους) Θεαδελφ(είας)   299/300
    κριθῆς σὺν (πυρῷ) (ἀρτάβας) γ γ⁻″.
    Νεμεσῖνος δι(ὰ) τοῦ υἱοῦ σεση(μείωμαι).
5   Αὐρ(ήλιος) Γερόντιος σεση(μείωμαι) σὺν (πυρῷ ἀρτάβας) γ γ″.
    (ἔτους) ιαϛ καὶ ιζϛ καὶ ιϛ' Ἐπεὶφ ιθ.   July 13, 302

From the bottom of a jar or plate.   6 l. ιηϛ καὶ ιζϛ, etc.   The whole text seems to have been written by the same hand.

GREEK OSTRACA   [28–

28 Inv. 4225.   Cm. 10·6 × 9·9.   Date: I cent. A.D.

Ἀπολ(λώνιος) Παμμένῃ γρα(μματεῖ) χ(αίρειν).
μέτρη(σον) Ἑρμεί(ᾳ) Παμ( ) εἰς (λόγον)
Ἀπί(ωνος) (πυροῦ) χ(οίνικος) τέτ(αρτον), γ(ίνεται) (πυροῦ) χ(οίνικος) d.
    (ἔτους) γ Ἀθ(ὺρ) ιη⁻.   Nov. 14/15

1 απολ ostr.   2 μετρη ερμει^L παμ εις⁻ ostr.

29 Inv. 4201.   Cm. 10·2 × 7·6.   Date: I cent. A.D.

Ἀπολ(λώνιος) Παμμένῃ
γραμ(ματεῖ) χ(αίρειν). μέτρη(σον)
Ἰναρῶ(τι) Ἀρεν( ) (πυροῦ) χ(οίνικος) τέτ(αρτον),
γ(ίνεται) (πυροῦ) χ(οίνικος) d. (ἔτους) γ Ἀθ(ὺρ) ιη⁻. Nov. 14/15

1 απολ ostr.   3 αρε^ν ostr.   4 αθ ostr.

30 Inv. 4255.   Cm. 9·9 × 5·9.   Date: I cent. A.D.

Ἀπολ(λώνιος) Παμμένῃ
γρα(μματεῖ) χ(αίρειν). μέτρη(σον) Παμμ(ένῃ)
(πυροῦ) χ(οίνικος) τρίτον, γ(ίνεται) (πυροῦ) χ(οίνικος) γ′.
    (ἔτους) γ Ἀθ(ὺρ) ιη.   Nov. 14/15

1 απολ ostr.   2 παμμ ostr.

31 Inv. 4208.   Cm. 9·7 × 4·8.   Date: I cent. A.D.

Ἀπολ(λώνιος) Παμμένῃ χ(αίρειν). μέτρη(σον)
Ἀγαθ( ) Μαρρή(ους) εἰς λ(όγον) Ἀπί(ωνος)
πυροῦ χ(οίνικα) μίαν ἥμισυ τέτ(αρτον),
    γ(ίνεται) χ(οῖνιξ) αLd.

1 απολ ostr.   2 εις^λ απι L ostr.

32 Inv. 4254.   Cm. 7·7 × 4·9.   Date: I cent. A.D.

Ἀπολ(λώνιος) Παμμένῃ χαίρειν.
μέτρη(σον) Ἀκο( ) Στεη( ) εἰς λ(όγον)
(πυροῦ) χ(οίνικας) τρεῖς,
Μαρρῇ Ἡρ(ωνος) L, γ(ίνεται) L. (ἔτους) γ Ἀθ(ὺρ) [ιη⁻.

1 απολ ostr.   2 ακο^L στε^η ostr.   4 For lack of space the date is partly written between the preceding symbols γ and L.

33 Inv. 4213. Cm. 11·7 × 11·3.   Date: I cent. A.D.

Ἀπολ(λώνιος) Παμμένῃ χ(αίρειν).
μέτρη(σον) Ἀμμω(νίῳ) Ἀπολ(λωνίου) εἰς λ(όγον)
Ἀπί(ωνος) (πυροῦ) χ(οίνικα) α, γ(ίνεται) χ(οίνικα) μίαν,
Πανῶ(τι) Ἀπα( ) β, γ(ίνονται) δύο,
5 Πεχύσι Ψενῶ ε, γ(ίνονται) πέντε.
(ἔτους) γ Ἀθ(ὺρ) ιη⁻.   Nov. 14/15

1 απολ ostr.   3 Originally, as it seems: L / χ̄ ἥμισυ; corrected.   4 απᵃ ostr.

34 Inv. 4256. Cm. 9·2 × 6·1.   Date: I cent. A.D.

Ἀπ[ολ(λώνιος) Π]αμμένῃ χαίρειν.
μέτρη(σον) Ἁρ.( ) Πετε.( ) εἰς [λ(όγον) Ἀ]πί(ωνος)
(πυροῦ) χ(οίνικα) μίαν ἥμισυ, γ(ίνονται) (πυροῦ) χ(οῖνιξ) αL.
(ἔτους) γ Ἀθ(ὺρ) ιη⁻.   Nov. 14/15

The text is somewhat faded.   2 αρ.ᴸ πετε.ᴸ ostr.

35 Inv. 4217. Cm. 8·6 × 7·1.   Date: I cent. A.D.

Ἀπολ(λώνιος) Παμμένῃ χ(αίρειν).
μέτρη(σον) Ἑρμᾷ Μαρρή(ους)
εἰς λ(όγον) Ἀπί(ωνος) (πυροῦ) χ(οίνικος) ἥμισυ τέτ(αρτον),
γ(ίνονται) (πυροῦ) χ(οίνικος) Ld. (ἔτους) γ Ἀθ(ὺρ) ιη⁻. Nov. 14/15

1 απολ ostr.   3 τετ ostr.

36 Inv. 4248. Cm. 8·7 × 8·1.   Date: I cent. A.D.

Ἀπολ(λώνιος) Παμμένῃ χ(αίρειν).
μέτρη(σον) Ἑρμῇ Ἁρπο( )
εἰς λ(όγον) Ἀπί(ωνος) (πυροῦ) χ(οίνικας) τρεῖς,
γ(ίνονται) (πυροῦ) χ(οίνικες) γ. (ἔτους) γ Ἀθ(ὺρ) ιη. Nov. 14/15

1 απολ ostr.   2 ερμ⁷ αρποᴸ ostr.

37 Inv. 4662. Cm. 6·9 × 5·4.   Date: I cent. A.D.

Ἀπολ(λώνιος) Παμμένῃ
χ(αίρειν).] μέτρη(σον) Μαρρῇ
...( ) (πυροῦ) χ(οίνικα) μίαν
ἥμ]ισυ, γ(ίνονται) (πυροῦ) χ(οῖνιξ) αL.
5 (ἔτους) γ] Ἀθ(ὺρ) ιη.   Nov. 14/15

In parts almost completely faded away.   1 απολ ostr.   4 ℔ χ̄ ostr.

GREEK OSTRACA

38 Inv. 4224. Cm. 9.6 × 6.4.   Date: I cent. A.D.

Ἀπολ(λώνιος) Παμμ[έ]νῃ
χ(αίρειν). μέτρη(σον) Μεγχ(ῆ) Ψεμ( )
εἰς λ(όγον) Ἀπί(ωνος) (πυροῦ) χ(οίνικος) ἥμισυ,
γ(ίνεται) (πυροῦ) χ(οίνικος) L. (ἔτους) γ Ἀθ(ὺρ) ιη⁻. Nov. 14/15

1 απο^λ ostr.   2 ψεμ' ostr.

39 Inv. 4227. Cm. 7.7 × 6.4.   Date: I cent. A.D.

Ἀπολ(λώνιος) Παμμένῃ χ(αίρειν).
μέτρη(σον) Μεθ( ) Μνα( )
εἰς λ(όγον) Ἀπί(ωνος) (πυροῦ) χ(οίνικος) ἥμισυ,
γ(ίνεται) χ(οίνικος) L. (ἔτους) γ Ἀθ(ὺρ) ιη⁻.   Nov. 14/15

1 απο^λ ostr.   2 μεθ^L μνα^L ostr.

40 Inv. 4252. Cm. 7.5 × 5.7.   Date: I cent. A.D.

Ἀπολ(λώνιος) Παμμένῃ χ(αίρειν). μέτρη(σον)
Μεσθ(ᾷ) Ὡρ(ου) εἰς λ(όγον) Ἀπί(ωνος)
(πυροῦ) χ](οίνικος) ἥμισυ, γ(ίνεται) (πυροῦ) χ(οίνικος) L.
(ἔτους) γ Ἀθ(ὺρ) ι]η.   Nov. 14/15

1 απο^λ ostr.   3]^L ostr.

41 Inv. 4261. Cm. 5.4 × 5.1.   Date: I cent. A.D.

Ἀπολ(λώνιος) Παμμένῃ
χ(αίρειν). μέτρη(σον) Μεσο( )
Φεν( ) εἰς λ(όγον) Ἀπί(ωνος)
(πυροῦ) χ(οίνικα) μίαν ἥμισυ,
5   γ(ίνονται) (πυροῦ) χ(οῖνιξ) αL.

1 απο^λ ostr.   2 μεσο^L ostr.   3 φεν$ ostr.

42 Inv. 4210. Cm. 6.8 × 4.4.   Date: I cent. A.D.

Ἀπολ(λώνιος) Παμμ(ένῃ)
χ(αίρειν). μέτρη(σον) Μεττί(ῳ)
Πετεσού(χου) εἰς λ(όγον) Ἀπί(ωνος) (πυροῦ) ἵμισυ,
γ(ίνεται) (πυροῦ) χ(οίνικος) L. (ἔτους) γ Ἀθ(ὺρ) ιη. Nov. 14/15

1 απο^λ ostr.   3 εις^λ ostr.; l. ἥμισυ.

43 Inv. 4250. Cm. 8·7 × 6·5.   Date: I cent. A.D.

Ἀπολ(λώνιος) Παμμένῃ
χ(αίρειν). μέτρη(σον) Νεκθ( )
Πετεσ(ούχου) εἰς λ(όγον) Ἀπί(ωνος) (πυροῦ) χ(οίνικα)
μίαν ἥμισυ, γ(ίνονται) (πυροῦ) χ(οῖνιξ) αL.
5   (ἔτους) γ Ἀθ(ὺρ) ιη⁻.   Nov. 14/15

1 απολ ostr.   2 νεκθL ostr.

44 Inv. 4249. Cm. 9·9 × 7·8.   Date: I cent. A.D.

Ἀπο]λ(λώνιος) Παμμένῃ
χαίρε]ιν. μέτρη(σον) Νόν(νῳ)
...( ) εἰς λ(όγον)] Ἀπί(ωνος) (πυροῦ) χ(οίνικας) τρεῖς
ἥ]μισυ, γ(ίνονται) (πυροῦ) χ(οίνικες) γL.
5   (ἔτους) γ Ἀθ(ὺρ) ιη⁻.   Nov. 14/15

1]λ ostr.

45 Inv. 4220. Cm. 11·2 × 8·1.   Date: I cent. A.D.

Ἀπολ(λώνιος) Παμμένῃ χ(αίρειν).
μέτρη(σον) Πενη( ) Ἱππ( ) εἰς λ(όγον)
Ἀπί(ωνος) (πυροῦ) χ(οίνικος) ἥμισυ,
γ(ίνεται) (πυροῦ) χ(οίνικος) L. (ἔτους) γ Ἀθ(ὺρ) ιη⁻. Nov. 14/15

1 απολ ostr.   2 πενη ιππL ostr.

46 Inv. 4229. Cm. 10·8 × 6·7.   Date: I cent. A.D.

Ἀπολ(λώνιος) Παμμένῃ χ(αίρειν).
μέτρη(σον) Πετενου( ) Μενθ(ώτου)
εἰς λ(όγον) Ἀπί(ωνος) (πυροῦ) χ(οίνικα) μίαν,
γ(ίνεται) χ(οῖνιξ) α. (ἔτους) γ Ἀθ(ὺρ) ιη⁻.   Nov. 14/15

1 απολ ostr.   2 πετενου μενθ ostr.

47 Inv. 4251. Cm. 18·5 × 7·4.   Date: I cent. A.D.

Ἀπολ(λώνιος) Παμμένῃ χ(αίρειν). μέτρη(σον) Στοθοή(τει) Ἀντω(ν)
εἰς λ(όγον) Ἀπί(ωνος) (πυροῦ) χ(οίνικος) ἥμισυ δωδέκ(ατον),
γ(ίνονται) (πυροῦ) χ(οίνικος) L̄β̄.
(ἔτους) γ Ἀθ(ὺρ) ιη⁻.   Nov. 14/15

1 απολ ostr.; αντω ostr.

48 Inv. 4223. Cm. 9·4 × 8·3. Date: I cent. A.D.

Ἀπολ(λώνιος) Παμμένῃ χ(αίρειν).
μέτρη(σον) Τθοῇ Ψεμν( )
εἰς λ(όγον) Ἀπί(ωνος) (πυροῦ) χ(οίνικος) τρίτον,
γ(ίνεται) (πυροῦ) χ(οίνικος) γ΄.
5 Τθοῇ Ἰμούθ(ου) ἕκτον,
γ(ίνεται) (πυροῦ) χ(οίνικος) ϛ. (ἔτους) γ Ἀθ(ὺρ) ιη⁻.   Nov. 14/15

1 απο^λ ostr.   2 ψεμν ostr.

49 Inv. 4202. Cm. 9·3 × 7·1. Date: I cent. A.D.

Ἀπολ(λώνιος) Παμμένῃ χαίρειν.
μέτρη(σον) Ψεναμ(ούνει) Ἀμφίω(νος)
εἰς λ(όγον) (πυροῦ) χ(οίνικα) μίαν, γ(ίνεται) (πυροῦ) χ(οῖνιξ) α.

1 απο^λ ostr.   2 or Ἀμφιώ(μιος).   3 λ^ ostr.

50 Inv. 4253. Cm. 8·3 × 7·4. Date: I cent. A.D.

Ἀπολ(λώνιος) Παμμένῃ
χ(αίρειν). μέτρη(σον) Ψενοβ(άστει)
Ἀρεμ( ) (πυροῦ) χ(οίνικος) τρίτον, γ(ίνεται) (πυροῦ) χ(οίνικος) γ̄.
(ἔτους) γ Ἀθ(ὺρ) ιη⁻.   Nov. 14/15

1 απο^λ ostr.   3 αρεμ^L ostr.

51 Inv. 4228. Cm. 7 × 6·1. Date: I cent. A.D.

Πνεφερῶ(τι) Ἀμμω(νίου)
(πυροῦ) χ(οίνικος) ἥμισυ,
γ(ίνεται) χ(οίνικος) L.

CHAFF

52 Inv. 4258. Cm. 9·3 × 4·8. From Thraso. Date: April 5, 297 A.D.

ϛ̄ παρ(ήνεγκεν) ὑπ(ὲρ) Θρασὼ
Πτολεμίνος Ἄρχωνος
ἀχύρου σαργ(άνην) μία
καὶ λί(τρας) ἑκα(τὸν) τρ(ιάκοντα), ρλ.
5 ἀπ(έδωκε) δι' Ἀγαθοδώρου.
ιγ (ἔτους) καὶ ιβ (ἔτους) καὶ ε (ἔτους) Φαρ(μοῦθι) ι.   April 5, 297

1 παρ υ)' ostr.   3 l. μίαν.   4 λί εκ^α τρ ostr.   6 φαρ ostr.

53 Inv. 4221. Cm. 9·7 × 5·8. From Theadelphia. Date: IV cent. A.D.

παρήνεγκεν
ἀπὸ τῆς Θεαδελ-
φίας ὑπὲρ ἐνάτης
ἰνδικτίονος
5 ἀχύρου λίτρας
διακοσίας τεσερά-
κοντα, γ(ίνονται) λί(τραι) σμ″,
μόνας. Παῦνι κβ.   June 16
(second hand) Ὀφέλιος σεσιμίομαι.

6 l. τεσσαράκοντα.   7 λ ostr.   9 l. σεσημείωμαι.

WINE

54 Inv. 4028. Cm. 8·7 × 7·6.   Date: I/II cent. A.D.

|ˢὯρος | Ἀνούφιος
κε(ράμια) λ
⸪ [ ] φορ( ) κε(ράμια) κη L.

2, 3 κ ostr.   3 φορ′ ostr.; φόρ(ου)?

OIL

55 Inv. 4205. Cm. 6·9 × 6·1.   Date: I cent. A.D.

Πεμῆς ὁ(μοίως) Θαήσι χ(αίρειν).
δοθή(τω) ὀνηλάτῃ Ὀλυμπιά(δῃ)
ἐλαίου μίαν τέταρτο(ν),
γ(ίνεται) ἐλαί(ου) αδ. (ἔτους) ϛ Μεχ(εὶρ) κϛ. Feb. 20/21
5 ἄλ(λο) δ, γ(ίνεται) ἐλαί(ου) α L.

2 Ὀλυμπιά(δῃ) or Ὀλυμπιά(δου)?   3 l. μία. τεταρτο ostr.

MEAT

56 Inv. 4188. Cm. 5·2 × 3·9.   Date: II cent. A.D.

Διονύσιος ζυτ(οποιὸς)
λεγι(ῶνος) Ταφε( ). ἀπέχ(ω)
τὰ δύο κρεάδια,
ἃ παρεθέμην σοι
5   τῇ ιδ.

2 ταφ^ε ostr.

C

EMPTY JARS

57 Inv. 4196. Cm. 5.5 × 5. Date: III cent. A.D.

β (ἔτους) Χοίακ ϛ Dec. 2/3
παρ(έδωκε)
Διδᾶς Ἥρᾶτος
κενώμ(ατα) γ.

2 παρ_ ostr.

58 Inv. 4193. Cm. 5.4 × 5.3. Date: III cent. A.D.

Παχὼν ιη May 13
Πᾶσις Σαταβ(οῦτος)
κ(εν)ώ(ματα) ιζ.

2 σαταβ ostr.   3 κ^ω ostr.

CLOTHES

59 Inv. 4198. Cm. 12.7 × 5.9. Date: late III cent. A.D.

κεφαλῶν
στιχαρίων
ἄλλη δόσις

╱ Ἀλοῦθις Ἀβοῦ
5 ╱ Ἀπίων ╱
╱ Πλουτίων ╱
╱ Παντβηοῦς Λαᾶ
╱ Πετερμοῦς
╱ Ἑρμῖνος
10 ╱ Ὡρίων Κοπρῆ —
╱ Ἄριος Οὐρανίου
] Πᾶσις Νίλου
╱ Ἰσᾶς Πέτρου
] Πασῆμις Τ[ι]βερί(ου)
15 . . .]νεῖος . . .
Σ]αβεῖνος . . .
Εὔ]χαρις . . .
Πα]οῦς . . .

Payments and Deliveries of Uncertain Nature

60 Inv. 4265. Cm. 5 × 4.5.   Date: I cent. A.D.

    / Μαρρῆ(s) Ἡρακ(λείδου) αLd
    / Δευ( ) Φιο( )   ας´
    〚Κεφα( ) Πετεσ(ούχου) ας´〛

2 δεύ φιό ostr.   3 κεφ.ᵃ πετεσ ostr., rubbed off.

61 Inv. 4034. Cm. 15.3 × 9.4.   Date: V or VI cent. A.D.

    + Μουσῆ Ἀρ( )   ο ρο
    Παμοῦν Πέτρος   ο ν
    Βαρθ(ολομαῖος) γεωργ(ὸς)   ο ρπ
    Ἰσὰκ γεωργ(ὸς)   ο ξ
5 Ἠλίας Παμοῦν   ο π
    Σιγρίτι(ος) πρ(εσβύτερος)   ο π ∫π
    Οὐεναβελ Πέτρος   ο π ∫π

1 αρ⁀ ostr.; ο or • ostr., *passim*, = o͞, (ἀρτάβαι)?   2 l. Πέτρου; also 7. 3, 4 or Γεωργ(ίου).   6 σιγριτ∫/ πρ— ostr.

---

62 Inv. 4271. Cm. 9.1 × 4.1.   Date: I cent. A.D.

    Μαρρῆ(s) Φη( )
             αL.

1 φη ostr.

63 Inv. 4238. Cm. 8.3 × 5.5.   Date: III cent. A.D.?

    Ἡλιόδ(ωρος) Ἀκο( ) δ.

ακο ostr.

TRANSPORTATION OF GRAIN FROM THE GRANARY

Lists of Donkey-Drivers and Caravans

64 Inv. 4222.   Cm. 10·8 × 8·8.   Date: late III cent. A.D.

    Σαρᾶς
    Χερᾶς
    Μέλας Θεωκίου
    Οὐνᾶφρις Παλήμω(νος)
5 Πτολεμὲ Πεμέτος
    Ὡρίων Κῦρι. γ(ίνονται) ὄ(νοι) ρε.
    ]χεις ὄνον α
    ]μος ὄνος α

6 / ϙ ostr.

65 Inv. 4218.   Cm. 7·1 × 6·1.   From Fayûm.   Date: III cent. A.D.

    Θεοξενίδος
    ὄνοι κ̄ε̄ καὶ Κερκευ-
    σῖρις ὄνοι γ̄ καὶ «και»
    Ἀλεξάνδρου ὄνοι ε̄
5 πρὸς Διδᾶν Ἡρᾶν.

66 Inv. 4216.   Cm. 7·2 × 5·1.   Date: III cent. A.D.

    κ̄η̄   σάκ(κοι) κε
    λ̄   σάκ(κοι) νη
    ᾱ   σάκ(κοι) τϙα
    γ̄   σάκ(κοι) συϛ̄

σ̆α ostr.

From the Granary to the Harbor

67 Inv. 4209.   Cm. 9 × 5·6.   From Tebtunis.   Date: Dec. 29, 255 A.D.

    γενή(ματος) β (ἔτους) δε[κ](απρώτων) Τεπτύνε-   254/55
    ως Πολέμωνος μερίδος
    / Νίννος Ἀγο( ) ὄνοι δεκα-
    πέντε, γ(ίνονται) ιε¯.
5 (ἔτους) γ// Τῦβι β¯.   Dec. 29, 255

1 δε[ ]′ ostr.   2 Considerably faded.   3 αγ⁰ ostr.

68 Inv. 4004. Cm. 7·3 × 6·4. From Theadelphia. Date: March 24, 261 A.D.

δεκ(απρώτων) Φιλοξένου καὶ
Κυρίλλου γενή(ματος) ζ (ἔτους)   259/60
διὰ κτη(νῶν) Κόβα Θεαδελφ(είας)
Ἡρωνῖνος φ(ροντιστὴς) Ἀπιανοῦ
5 ὄνοι β—.
(ἔτους) α΄ Φαμενὼθ κη—.   March 24, 261

69 Inv. 4235. Cm. 6·5 × 4. From Dionysias. Date: III cent. A.D.

δεκα(πρώτων) κώ(μης) Διονυσιάδος
Πωλίων ὑπ(ὲρ) Ἰσιδώρας
ὄν(ος) εἷς, γ(ίνεται) ὄν(ος) α.
καὶ ὑπ(ὲρ) Λουκ(ίου) ὄν(ος) εἷς, γ(ίνεται) ὄν(ος) [α.
5 α (ἔτους) Παῦνι κϛ.   June 20

4 λουκ ostr.   γ ον΄ ostr., as it seems.

70 Inv. 4215. Cm. 6·1 × 3·5. From Karanis? Date: III cent. A.D.

δεκα(πρώτων) κώ(μης) Καρ(ανίδος)
Διόσκορος Ἥρω(νος)
κριθῆς γ.
(ἔτους) δ΄ Φ[   ] θ.

1 δεκα) ostr.; perhaps δεκαπ(ρώτων). καρ, surface decayed.   2 ηρω, end of line considerably faded.   3 Perhaps κριθη΄ ostr., i.e. κριθῆ(ς). Delivery, or concerning transport?

71 Inv. 4190. Cm. 7·9 × 6·1. From Philadelphia. Date: III cent. A.D.

θησ(αυροῦ) κώ(μης) Φιλαδελφ(είας) γενή(ματος)
γ (ἔτους) κληρ(ονόμοι) Κασιλλοῦτος
⟦δι(ὰ)⟧ Ἡλιοδώρου δι(ὰ) Ἀνουφείου
δι(ὰ) κτη(νῶν) Κυνοπο(λίτου) ὄνο(υς) ἕξ,
5 γ(ίνονται) ὄν(οι) ϛ—. (ἔτους) ε Παχὼ(ν) κε.   May 20

4 ο corrected to δι΄.

72 Inv. 4242. Cm. 8·2 × 6·9. From Thraso. Date: Dec. 19, 290 A.D.

δεκ(απρώτου) Σώτας κώ(μης)
Θρασὼ γενή(ματος) ϛ (ἔτους)   289/90

καὶ ε (ἔτους) ὀνό(ματος) Ὥρου
καὶ Βαῦλος ὄν(ος)
5 εἷς. ζ καὶ ϛ (ἔτους)   Dec. 19, 290
Χοίακ κγ.

1 l. Σώτα.   3 ονο^ ostr.   4 l. Βαύλου (Παύλου).

73 Inv. 4236. Cm. 6·6 × 5·8. From Theadelphia.   Date: Sept. 2, 293 A.D.

θη(σαυροῦ) κώμης Θεαδελφίας
γεν(ήματος) η (ἔτους) καὶ ζ (ἔτους) ὀνόμα(τος)   291/92
Ὡρίω(νος) καὶ Κλύτου δι(ὰ)
Ἰβειᾶδ[ο]ς κ(αὶ) Πακ( )
5 ὄνοι δεκαδύο.
ι (ἔτους) θ (ἔτους) β (ἔτους) Θὼθ ε⁻.   Sept. 2, 293

4 κ πακ′ ostr.

74 Inv. 4204. Cm. 9·1 × 5·7. From Theadelphia.   Date: 293/94 A.D.

θη(σαυροῦ) κώ(μης) Θεαδ(ελφείας)
γενήματος θ (ἔτους) η (ἔτους) καὶ α (ἔτους)   292/93
ὀν(όματος) Ἀγαθὸς Δέμωνος δ(ιὰ)
κτηνῶν Ἀρσινοίτου
5 δι(ὰ) Μέλανος ὄνοι τέσ(σαρες), γ(ίνονται) ὄ[(νοι)
δ′. ι (ἔτους) θ (ἔτους) β (ἔτους).   293/94

3 ον ostr.; l. Ἀγαθοῦ Δαίμονος.   5 τεσ⁺ / ο[ostr.

75 Inv. 4237. Cm. 7·1 × 5·6.   Date: 294/95 A.D.

(ἔτους) ια′ καὶ ιϛ′ καὶ γϛ′   294/95
Χαιρήμωνος δε[κα]πρώ(του)
ὀνόματος Ἴλωνος
καὶ Ἀπίων
5 ὄνος εἷς, γ(ίνεται) ὄν(ος) α.

2 δε[ ]πρω ostr.   4 l. Ἀπίωνος.

76 Inv. 4232. Cm. 9·8 × 6·3. From Karanis.   Date: April 24, 295 A.D.

θη(σαυροῦ) κώ(μης) Καρ(ανίδος) δεκ(απρώτων) Αὐ(ρηλίου) Σου-
χιδ(ᾶ)
καὶ τῶν κοι(νωνῶν) γενή(ματος) ι (ἔτους) καὶ θ (ἔτους) καὶ β
(ἔτους)   293/94

ὀνό(ματος) Σερῆνος Σερήνου δι(ὰ) κ̣[τη(νῶν) μ]η̣(τροπόλεως)
δι(ὰ) Ἀϊανοῦ ὄν(ον) α⁻.

5 (ἔτους) ια ∫′ καὶ ι ∫′ καὶ γ ∫′ Φαρμοῦθι April 24, 295
κθ.

1 α̣υ̣ σουχι̣δ̣ʟ ostr. 3 l. Σερήνου. End of line: surface decayed.

77 Inv. 4200. Cm. 8 × 5. From Theadelphia. Date: Aug. 19, 296 A.D.
θη(σαυροῦ) κώ(μης) Θεαδελφίας γενή(ματος) ια (ἔτους) 294/95
καὶ ι (ἔτους) καὶ γ (ἔτους) ὀν(όματος) Πτολεμαίο̣υ̣ καὶ
Σαραπίω(νος) ὄν(ους) δύο, γ(ίνονται) ὄν(οι) β.
(ἔτους) ιβ ∫′ ια ∫′ καὶ δ ∫′
5 Μεσορὴ κϛ̄. Aug. 19, 296

78 Inv. 4233. Cm. 9·7 × 5·9. From Theadelphia. Date: about 309/10 A.D.
θη(σαυροῦ) κώμης Θεαδελφ̣ί̣[ας
γενήματος ιζ (ἔτους) ἐ∫ ἔτους 308/9
ὀνόματος Ἐσοῦρις Ὡρίων
ὄνοι γ′ διὰ Ἡρακλείδου
5 ὀνηλάτου.

3 l. Ὡρίωνος.

---

79 Inv. 4219. Cm. 6·4 × 4·6. Date: III cent. A.D.
Μο̣υσῆ(ς) Μ̣η( ) ὄν(οι)
ϛ
πρὸς Ἡρωνῖνο̣ν
καὶ Ἡρᾶν ἀδελφόν.

1 μουση′ μη∫ ostr., as it seems.

80 Inv. 4020. Cm. 6·5 × 4·6. Date: III cent. A.D.
κ⸗ διὰ Σύρου σάκ(κος) α
πυρ(οῦ) μέ(τρα) δ. κη ʟ
2 με ostr. ʟ = (ἔτους)?, = 1/2? Delivery, or concerning transport?

81 Inv. 4207. Cm. 7·7 × 6·2. From Thraso. Date: III cent. A.D.
Μεχεὶρ κθ Θρασὼ Feb. 23/24
διὰ Ἀτῖσις ὀνηλάτης (πυροῦ) (ἀρτάβας) ε

μέτρα ζ κρειθῆς (ἀρτάβας) β
μέτρα ζ.

2 l. ᾿Ατίσιος ὀνηλάτου. Cf. P. Oslo. II, pp. 87, 153. Delivery, or concerning transport?

LISTS OF LITURGICAL WORKERS

82 Inv. 4211. Cm. 23·7 × 12. Date: III cent. A.D.

         δ
(δεκανὸς) Εὐδα[ίμ]ων Σατα[β]οῦ[τος
         Σαραπίων Ζωίλου
         Εὐδα[ί]μων Κάστορος
5   Ὡρίων Μάρωνος
         Αὐνῆς υἱός
         Ἡρωνεῖνος Ἥρωνος
         Ἁρπαῖσις
         Πασίων Κάστορος
10   Ἀνοῦφις Κάστορος
         Σαραπάμμων Σαραπίωνος
         Ἀνοῦφις Σαραπίωνος
         Ἡρᾶς Κάστορος
         Πολυδεύκης Ἥρωνος
15   Ἅρπαλος Ἀκοῦτος Παμμᾶτις
         Εὐδαίμων Κολλούθου
         Ἀγχῶπις Χαιρήμονος
         Ἡρωνᾶς Εὐδαίμονος
         Οὖρις Ἥρωνος
20   Ἀσοῦς Ἁρποχρᾶ
         (δεκανὸς) Ὧρος
         Σερῆνος Μύσθου

2 ↑ ostr.; also l. 21.

83 Inv. 9134. Cm. 22 × 10·8. Date: III cent. A.D.

         Παχῦμις Ἀπολλωνίου
         Ἀπολλῶς . . .
         Δῖος Πανᾶρε
         Πινούθεις Ἀρανδ(ώτου)

THE ASKREN COLLECTION

    5 Παχῦμις Μαξίμου
       Στέφανος Δίου αὐλητοῦ
       Πινᾶρις Δίου αὐλητής
       Δῖος αὐλητής
       Πεϊῶνις Ὀνώφ(ριος) Μαξίμ(ου)
  10 Δῖος Πειώνιος
       Βῆκις Ὡρῖτος
       Πύγχις Ἰεῦτος
       Ἀρεῦς Πεμοῦτος

9 ονωφ′ μαξιμ ostr.

84 Inv. 4458. Cm. 6·2 × 5·7.   Date: III cent. A.D.

       Ἀματᾶς
       Κουντᾶς
       Ἀναμοῦν

85 Inv. 4264. Cm. 7·6 × 6·5.   Date: III/early IV cent. A.D.

           θ
       Μαικιανὸς Ψ[
       Χαιρήμων Πτολ( )
       Διονύσιος Ἀγοῦβ
    5 Ἐπίμαχος Κάστορος
       Μῶρος Ἀπειτος
       Πασίων Σαρᾶ
       Πασίων [

The surface is badly corroded and the writing partly lost.

86 Inv. 4244. Cm. 11·2 × 7·9.   Date: IV cent. A.D.

       . . . .]φος Ἑρμίω(νος)
       . . . .]ς
       . . . . ο]υ
       . [. . . . .]φρις
    5 . . .]ίων Παύλου
       Ἀϊῶν Ἀσήμεως
       Παβὲς κεφαλε(ωτής)
       γ(ίνονται) ἄνδ(ρες) ζ.

Very much faded. 1 ερμι^α ostr. 7 l. κεφαλαιωτής. At the bottom of the ostracon, at right angles to the other text, is written: ια ϛ.

87 Inv. 4266. Cm. 14.5 × 7.7.   Date: IV/V cent. A.D.

       Col. I   Col. II

κεφ(αλαιωτὴς) Πατερμοῦτις   Παπαοῦς ἀδελφ(ός)
Αὐρή(λιος) Σαραποῦς ὁ ἀδελφ(ός)   Παῦλος Νεμεσίνου
Ἀμμώνιος Πᾶσις   Ἀμᾶσις Καλλῖνος
Παῦλος Πρόκλου
5 Ὀλ/ Ἁρποκρᾶτος
Φηοῦς Παγείνου.

I. 2 αδελφ' ostr.   II. 1 αδελφ ostr.   3 l. Καλλίνου.

---

88 Inv. 4197. Cm. 9.1 × 5.3.   Date: II cent. A.D.

     Πνεφερῶς Ἱερέως το(ῦ) Ἡρᾶ
     (μητρὸς) Διδυμαρίου.

2 ↄ ostr.

MISCELLANEOUS

89 Inv. 4230. Cm. 9.7 × 7.6.   Date: IV cent. A.D.

   λ   λόγος προβάτων·
     θηλικὰ προβάτων λευκῶν [
     ἄρινα προβάτων μελάν[ων
     θηλικὰ προβάτον [μελάνων
5   ἄρινα προβάτω[ν λευκῶν
     ἄρρινα θε[ρινῶν προβάτων
     ἄρριν[α χειμωνικῶν(?) προβάτων

2, 4 l. θηλυκά.   3, 5–7 l. ἄρρενα.   4 l. προβάτων.   End of 2–7: figures lost.

90 Inv. 4001. Cm. 19.3 × 11.3.   From Ibion Eikosipentarouron.   Date:
                                            probably Aug. 13, 155 B.C.

     Ὀρσενοῦφις κωμογραμματεὺς
     Ἰβιῶνος (εἰκοσιπεντ-)(αρούρων) Ἀγαθίδι
     χαίρειν. πάτησον τὴν
     Ζηνοδώρου ὑπώραν
5   μετὰ τῆς ἡμετέρας
     γνώμης.   156/55 B.C.?
         (ἔτους) κϛ Ἐπεὶφ ιζ.   Aug. 13

Gray pottery.   2 κε ⚹ ostr.   4 l. ὑπώρειαν?

91 Inv. 4194. Cm. 12·9 × 12·7.   Date: late III cent. A.D.

    Ὡρίων Ἡλίᾳ τῷ ἀδελφῷ χαίρειν.
    καὶ ἀπόντος μου ἔμαθον τὴν σπουδὴν
    ἣν ἐποίησας ἡμῖν παρασχὼν ἡμῖν
    τὰ βούδια εἰς τὴν σποράν. καλῶς οὖν
5 ποιήσεις, ἄδελφε, συνχωρήσας ἡμῖν
    αὐτὰ ἄλλας ἡμέρας τρεῖς, ἕως ἀπαλ-
    λάξωμεν. παρήνγιλα δὲ Εὐδαίμονι,
    ἵνα λάβῃ παρὰ Διονυσίου χόρ-
    τον. ἤνωσα γὰρ αὐτὸν δοῦναί
10 μοι. θαρρῶ οὖν, ἄδελφε,
    ὅτι οὐκ ἀμελεῖς μου.
    ἐρρῶσθαί σε εὔχ(ομαι), ἄδε(λφε).
    β (ἔτους) Τῦβι ιη̄.   Jan. 13/14

9 ἤνωσα from ἐνωθέω (cf. Guil. Crönert, *Memoria Graeca Herculanensis*, Lips. 1903, p. 207), rather than ἀνωθέω; nor is ἤν, ὦσα probable. Eitrem.

92 Inv. 4002. Cm. 8·2 × 5·6. Date: on the verso is written: 'I cent. B.C.'

The surface is now decayed to such a degree that the text is illegible. L. 1: Φ . . . . χ(αίρειν).

93 Inv. 4014. Cm. 12 × 7·7.   Date: IV cent. A.D.

    Σ]εῶτος Σφύρ[ι]δι στρα[
    Δημ]ήτριος Ἆλις Σεῶτο[ς
    ]ος περὶ πράγμα[τος
    ]Παγκόλλος ἀπήρ[τισε (?)

94 Inv. 4003. Cm. 10·3 × 6·4. Date: after 197 A.D./early III cent. A.D.

    Λουκίῳ Σεπτιμίῳ Αὐρηλίῳ
    Ποσιδωνίῳ εὐθηνιαρχήσαν-
    τι καὶ ἀγορανομήσαντι καὶ
    ἐξηγητεύσαντι γενόμενος
5 ὑπομνηματογράφος τῆς λαμ-
    προτάτης πόλεως τῶν Ἀλε-
    ξανδρέων καὶ ὡς χρηματίζει.

Yellowish gray pottery.   4 l. γενομένῳ ὑπομνηματογράφῳ.

95 Inv. 4214. Cm. 13·2 × 10·6. Date: IV cent. A.D.

ὕπατ(οι) Φιλοσαρᾶπις γ̄ δεύτ(ερον), Ποτάμ(μων) γ̄ β̄, γυμνα-
σί(αρχοι)
Χρυσᾶς Ὤρ(ου) γ̄, Φιλοσαρᾶπις Ἥρωνος γ̄
δ, ὕπατος Σαραπάμμ(ων) β̄ γ̄, ὕπατ(ος)
Ἡρακλῆς β̄ γ̄, γυμνασί(αρχοι) Ἥρων
5 Ἀραβᾶτ(ος) β̄, Νόννου Πρωτᾶς
ἀδελφὸς Ἡρακ(λ) β̄, Διόνυσος
Νεμεσᾶς γ̄, Ἐπίκλητ(ος) ᾱ
  ε
    ε

1 υπατ ostr.   2 ωρ, surface decayed.   3 or ὑπάτου, etc.?

96 Inv. 4269. Cm. 6·4 × 5·2. Date: to judge from the pottery, rather
late, III–IV cent. A.D.

ΠΗ.

97 Inv. 4270. Cm. 9·8 × 7·4. Date: from Roman times.

(See Plate II, Fig. 1)

Pen drawing of Sobk, Σοῦχος, the crocodile god of the Arsinoite nome, in the shape of his sacred animal; probably one of the local forms of the deity,[1] Πετεσοῦχος or Πνεφερῶς of Karanis, Πνεφερῶς of Theadelphia, Σοκνοπαῖος of Soknopaiou Nesos, Σεκνεβτῦνις, Σοκανοβκονεύς, or the like. The god is represented lying on a litter (cf. Plate II, Fig. 2), which is placed on top of a large stone platform or altar. Similar arrangements are found, e.g., in the temple of Πνεφερῶς at Theadelphia (now in the museum of Alexandria),[2] and in the sanctuary of the northern temple at Karanis (Plate III, Fig. 1). In front of the god (to the right on the drawing) a small altar with votive offerings is seen. Correspondingly, an altar was found at Karanis near the court of the

---

[1] W. Otto, *Priester und Tempel im hellenistischen Ägypten*, I, 2 ff.

[2] *Monuments de l'Égypte gréco-romaine*, publiés par la Société archéologique d'Alexandrie, I, 2: E. Breccia, *Teadelfia e il tempio di Pneferôs* (Bergamo, 1926). Cf. E. Breccia, *Alexandrea ad Ægyptum* (Bergamo, 1922), pp. 152 ff. In the temple at Theadelphia the wooden litter carrying the god was placed on a carved wooden case.

northern temple just mentioned (Plate III, Fig. 2). The god[1] is reposing in his shrine, or under some sort of canopy, resting on four columns, with festoons and bunches of flowers (?) hanging from one to another. The roof is adorned by a profiled cornice; the cross strokes in the lower space may represent a series of uraeus snakes; the small circles in the upper one, an ovicule.

To the left on the ostracon there is a large blot of ink with a dozen vertical lines mounting from it (lake with reeds ?).

[1] Among the numerous representations of Sobk (Σοῦχος, etc.) in Egyptian art we may refer, for example, to *The Papyrus of Ani*, edited by E. A. Wallis Budge (New York, 1913), III, 27; W. Pleyte, *Papyrus Lac Moeris*, Pl. 2; E. Breccia, *Teadelfia e il tempio di Pneferós*, Plates LXIV–LXV.

B. OSTRACA FROM KARANIS

ACCOUNTS, RECEIPTS, ORDERS FOR PAYMENTS AND DELIVERIES

PAYMENTS OF MONEY

ACCOUNTS

98 Inv. 4435 (24–5028E–A × 7). Cm. 7·3 × 10·1. Date: II/III cent. A.D.

Πατῆς (δραχμαὶ) β
Ἐρῆν Ὧρος (δραχμαὶ) β
Ὀρσενο(ῦφις) Πτόλις (δραχμαὶ) β, γ(ίνονται) (δραχμαὶ) δ
Μεστᾶς Λᾶνις (δραχμαὶ) β
Παῶς Πόρρου (δραχμαὶ) β, γ(ίνονται) (δραχμαὶ) δ
Ὧρος Χαλλῆ (δραχμαὶ) β
5 Σαβρᾶς Ἀξίων β, γ(ίνονται) (δραχμαὶ) δ
Χαλ( ) Ὀρσιρουφᾶ (δραχμαὶ) β
Παῆς Κώνου (δραχμαὶ) β, γ(ίνονται) (δραχμαὶ) δ
Παθρῆς Ἀμόννις (δραχμαὶ) β, (δραχμαὶ) δ

λ̣ Σισοῦχος Ὀρσενού(φιος), Πετετρ(ῖφις)
10 Μεστᾶ, Πρεῖσθος Σερεν-
τί(ου).

1 l. Ὥρου. 2 l. Πτόλλιδος? 5 l. Ἀξίωνος. δ corrected from β. 6 χαλ/ ostr., l. Χαλ(λῆς)? 9 λ̣ i.e. λοιποὶ? ορσενου ostr.; πετετρ ostr. 10 πρεισθο⋮ σερεν/τ̇ ostr.

99 Inv. 9114 (27–CS34–C). Cm. 3·7 × 6·9. Date: late III/early IV cent. A.D.

. . .]ος καὶ Τα . . [
. . ο]υ Οὐαλερίου
. . .].ρω( ) (δραχμαὶ) β ἀνα( ) ιν-
. . .]ο.( ) κο( ) Παλή(μονος)(?)
5 Δη]μήτριος
. . .]ισμη( ) (δραχμαὶ) β   β
. . .]–

3] . ρω ostr. αναϛ ostr. 4]ο–ϛ κο ostr. Κοπ( )? 6]ισμη˘ ϛ ostr.

D

100 Inv. 9102 (27–CA21–G). Cm. 8·1 × 5·4.   Date: late III/early
IV cent. A.D.

  π´ Καπέεις   ʃ [
  Οὐενᾶφρις ποι(μὴν) ʃ L
  Παῆσις Πτολε(μαίου) ʃ d
  Εὐήμερος   ʃ d ⧸

1 π(αρὰ) Καπέει? ʃ = ?

101 Inv. 4450 (24–5048–S × 13). Cm. 15·7 × 10·3.   Date: late III/early
IV cent. A.D.

  . . . .
  . . . . του αʃ´
  Ἥ]ρᾶς Κάστορος αʃ´
  Ἀπολλῶς Ἀπολλῶ αʃ´
5 Πολυδεύκης καὶ ὁ ἀδελφ(ὸς) γ
  Μέλας Ἰσιδώρου δι(ὰ) Ἰσιδώ(ρου) αʃ
  Πρίσκος Εὐδαίμονος δι(ὰ)
    Μέλανος αʃ´
  ⸌ Ἡρακλῆς Πατερμούθι(ος) αʃ´
10 Παᾶς Σαταβοῦτος β
  Ἥ]ρᾶς Ἀτισίου (δραχμαὶ) ο
    ] (δραχμαὶ) ο—

Partly ribbed pottery. Beginning lost through corrosion; number of lines uncertain.

102 Inv. 4427 (24–5024F–G × 5). Cm. 15·9 × 10·3.   Date: early IV
cent. A.D.

  λόγος δ[απα]νῶν·
  (δεκατάρ)χ(η) οἴν(ου) α καὶ βοη(θῷ) (δεκατάρ)χ(ου) (δραχμαὶ) τ
  καὶ Πτολλᾶτι ο(ἴ)ν(ου) α   (δραχμαὶ) σμ
  καὶ δέλφαξ α   (δραχμαὶ) σ
5 βα[λανειοφ]ύλαξιν (?) οἴ(νου) α (δραχμαὶ) σμ
  βοηθῷ (δεκατάρ)χ(ου) οἴ(νου) α (δραχμαὶ) σμ
  βοηθῷ βα(λανειοφυλάκων) (?) οἴ(νου) α (δραχμαὶ) σ[μ
  βοηθῷ (δεκατάρ)χ(ου) ἐφοτίου (δραχμαὶ) ρ
  καὶ τοῖς φύλαξ(ι) οἴ(νου) α (δραχμαὶ) σμ
10 λιστοπιαστὰς οἴ(νου) β   (δραχμαὶ) υπ
  Πλωσανῷ οἴ(νου) α   (δραχμαὶ) σμ
  λιστοπιαστὰς δέλ(φαξ) α (δραχμαὶ) σ

τῷ φύλακι καὶ οτανγαρα   (δραχμαὶ) ξ
καὶ τοῖς πεταροις   (δραχμαὶ) ρκ
15 καὶ ὁ ἐλθὼν ἐπὶ τὰ ἄχυρα
   οἴ(νου) α   (δραχμαὶ) σμ
καὶ ὑπὲρ ἐφοτίου   (δραχμαὶ) σ
καὶ Τούρβονι φύλα(κι)   (δραχμαὶ) μ

Text partly faded. 2 βοη very faint. 3 ον ostr. 5 σμ from photograph; my copy has π. 7 βα ostr. 8 l. ἐφοδίου. 9 φυλαξ ostr. 10 l. λῃστοπιασταῖς. 11 corruption of Πλουσιανῷ? 12 l. λῃστοπιασταῖς; δελ ostr. 13 οτανγαρα seems to be connected with the word ἀγγαρεία. Is ὁ ἀνγαρευτής (τῷ ἀγγαρευτῇ) meant? 'ὁ τἀνγαρα (viz. ἀσχολούμενος aut sim.)' Youtie. 14 πεταροις i.e. παιδαρ⟨ί⟩οις. 15 l. τῷ ἐλθόντι. 17 l. ἐφοδίου. 18 φυλα ostr.

103 Inv. 4338 (24–5002G–A × 18). Cm. 7 × 9.3.   Date: late III/early IV cent. A.D.

Τᾳι Ψέλπου δι(ὰ) Λεονίδ(ου)
(δραχμαὶ) τ· ὁμοίως δι(ὰ) τοῦ αὐτοῦ
(δραχμαὶ) σμ· καὶ συμβολὴ
παρὰ Μεν( ) (δραχμαὶ) ξ· καὶ
5 συμβολὴ μετὰ τῶν
ἀπ' Ἀρσινοϊ(τῶν) (δραχμαὶ) ος·
ὁμοί(ως) εἰς τὴν αὐλήν
μου (δραχμαὶ) ρ· καὶ διὰ
Πρίσκου (δραχμαὶ) λς̄.

1 λεονιδ ostr.; l. Λεωνίδου. 4 παραμεν or παρεμεν ostr., παρ' Ἀμεν( )? 6 αρσινοϊ ostr., sc. πόλεως, rather than Ἀρσινοΐ(του) (νομοῦ).

104 Inv. 9014 (27–C6G–A). Cm. 11.5 × 19.   Date: late III/early IV cent. A.D.

. . . .]   (δραχμαὶ) ρμ
. . .] . τυφλὸς   (δραχμαὶ) ρμ
Ἀπολινᾶρις   (δραχμαὶ) ρμ
Ἰσίδωρος Γερμανοῦ   [(δραχμαὶ) ρμ
5 Ἀρσενοῦφις   (δραχμαὶ) ρμ
Ὀννῶφρις   (δραχμαὶ) ρμ
Ναρᾶτις   (δραχμαὶ) ρμ
. . . ως Πτολλᾶ   (δραχμαὶ) ρμ
. . . .   (δραχμαὶ) ρμ
10 . . .   (δραχμαὶ) ρμ

Ἱεροκλ(ῆς)   (δραχμαὶ) ρμ
Ἰσᾶις   (δραχμαὶ) ρμ

Yellowish gray pottery. The writing is very much faded.   11 ιεροκλ ostr.

105 Inv. 9007 (27–243–J). Cm. 6·5 × 6·3.   Date: late III/early
                                                         IV cent. A.D.

    ] . .
    ] υἱοῦ   (δραχμαὶ) σμ
    ] . . ου   (δραχμαὶ) σμ
    Πτολε]μαίου   (δραχμαὶ) σ[μ
5] . . ὁ(μοίως)   (δραχμαὶ) σ[μ
    ]   .   (δραχμαὶ) σ
    ]ων   (δραχμαὶ) υπ
    ]ου·   (δραχμαὶ) χ
    ]Ὧρος Ὠρίωνος   (δραχμαὶ) υπ

In the right margin of the ostracon, turned outwards:
10 Column a:] (δραχμαὶ) σμ
                         (δραχμαὶ)] σμ
                         (δραχμαὶ)] σμ

Column b: Εὐφιδᾶς   ι—
                     Ὀννῶφρις ιαγ
15   γ(ίνονται) (τάλαντα) ρξ.

5 ο/ϛ ostr.; resolution uncertain.   6 /ϛ ostr. = γ(ίνονται) ϛ?   8 ου / ostr. = ου( )?   15 ϛ 𝒰 ostr.   'For (τάλαντα) perhaps rather (τάλαντον)' Tait. The writing is very faint and faded; in the upper left corner the surface is blackened.

106 Inv. 9085 (27–CA12–E and CA20–L). Cm. 12·3 × 11·3.
                                              Date: late III/early IV cent. A.D.

    . [
    Σω[
    Συρί[ων (?)
    Ἀπολλ[
5 Καπέει[ς
    Πρίσκος [
    Σαραπάμ[μων
    Πτολλᾶς Σαρ[απίωνος   (δραχμαὶ) . .
    Πατῖσις Ἰσι[δώρου   (δραχμαὶ) . .
10 Πατᾶς Ἀπύγχ[ιος   (δραχμαὶ) .
    〚Σαταβοῦς〛

OSTRACA FROM KARANIS

  Σερῆνος Πτολεμ[α]ί̣[ου (δραχμαὶ) . .
  Πανκράτιος Πτολ[(δραχμαὶ) . .
  Δημήτριος μη(τρὸς) Εἶσι (δραχμαὶ) [. .
15 Παλήμων Πτολεμαί(ου) (δραχμαὶ) . [.
  Οὐαλέριος Πτολεμαί(ου) (δραχμαὶ) χ[
  Αὐνῆς Πωλείωνο(ς) (δραχμαὶ) τ
  Κάστωρ Νεᾶ (δραχμαὶ) ρπ
  Παήσιος Ἰσίωνος (δραχμαὶ) χ
20 Πεῆσις Πτολεμαί(ου) (δραχμαὶ) ρ
  Παιᾶνις Ἀφήλεως (δραχμαὶ) χ
  Σαραπίων Μακρίνου (δραχμαὶ) χ

  In lower right corner, turned outwards:

  Νεῖλος Κασια[νοῦ (δραχμαὶ) . .
  Ἥρων Ἀμμωνᾶ[(δραχμαὶ) . .
25 Παῦλος Σε̣νᾶ (δραχμαὶ) [.
  Ἅρπαλος Παλείν̣ο(υ) (δραχμαὶ) τ.
  Ἡρᾶς Κάστορος (δραχμαὶ) τ
  Πτολεμαῖος Μέλανος (δραχμαὶ) τ

Light yellowish red, ribbed pottery. Found in two pieces. 17 πωλειωνο ostr.
20 ρ or φ? 26 παλειν· ostr.

107 Inv. 9096 (27–CA19–D I). Cm. 7·6 × 8·3. Date: late III/early IV cent. A.D.

  . . .] . ς Πανεσάτη (δραχμαὶ) τ
  Τιβ]ερῖνος Πτολεμαίου (δραχμαὶ) τ
  . . .]σ( ) Ἰσιδώρου (δραχμαὶ) φ
  . . .]ῶνις Λήειν (δραχμαὶ) υ
5 . . .]ῶνις Παπέις (δραχμαὶ) τ

3]σς ostr.

108 Inv. 9231 (28–C35A–J I). Cm. 7·2 × 4·7. Date: late III/early IV cent. A.D.

  ] (δραχμαὶ) υ
  ] (δραχμαὶ) υ
  ] Ἰσιδώ(ρου) (δραχμαὶ) χμ
  . . . . .] . (δραχμαὶ) τ
5 . . . . . .]οσι( ) (δραχμαὶ) Ἀπ
  . . . Τι]βερίνου (δραχμαὶ) Ἀ̣

5]οσι ostr. 6 Perhaps a figure lost at the end of the line.

109 Inv. 4459 (24–131 C–B).   Cm. 7·9 × 5·6.   Date: early IV cent. A.D.

  Δ[. .]θας   (δραχμαὶ) ͵Βφκ
  Πτ[ό]λλιος   (δραχμαὶ) ͵Βφκ
  ις Δίδυμος
   Πτολεμ(αίου)   (δραχμαὶ) Αφ
5 Ἡρακλᾶς   (δραχμαὶ) Ακ
  Ἀμμωνᾶς   (δραχμαὶ) Ασ
  Νεῖλος κεφ(αλαιωτὴς)   (δραχμαὶ) Αρ

The text is very faint and faded.   7 κεφ ostr.

110 Inv. 4315 (24–5002D–O × 13).   Cm. 6·1 × 11·5.   Date: late III/early IV cent. A.D.

  αʹ δόσις ͵Γφ
  βʹ δόσις ἐν τῇ
   αὐλῇ Λεωνίδου
    (τάλαντον) α (δραχμαὶ) ͵Γρ
5 γʹ δόσις ἐν τῇ πόλει
    (τάλαντα) γ (δραχμαὶ) ͵Γρ
  δʹ δόσις ἐν αὐλῇ Λεω-
   νίδου (τάλαντον) αʹ καὶ ἀπὸ
   Τανοῦφις (δραχμαὶ) ͵Γφ

9 l. Τανούφιος.

111 Inv. 9150 (26–X).   Cm. 13·9 × 15.   Date: IV cent. A.D.

  Πα . [
  Θαλάσειος   (δραχμαὶ) . [.
  Ὠρίων   (δραχμαὶ) ͵Βψ
  Κάστωρ Πτολ(εμαίου)   (δραχμαὶ) νμ
5 Οὐαλέρ[ι]ος   (δραχμαὶ) ·χ
  Μέλας Ὥρου   (δραχμαὶ) ͵Δφ
  Πεκῦσις Ἀφή(λικος)   ͵Βψ
  Ἥρων   Αψ
  Ἡρᾶς Κάστορος   (δραχμαὶ) ͵Βυ
10 Τιβερῖνος Ἀπί(ωνος)   (δραχμαὶ) ͵Βμ
  . .]υ . . .   (δραχμαὶ) Αρ
   ]αν . . .   (δραχμαὶ) ͵Δφ
    ] .   (δραχμαὶ) ͵Βσμ

                        ]   (δραχμαὶ) ⁀Βφ
15   ο]υ   (δραχμαὶ) ⁀Ασ
                        ] .   (δραχμαὶ) ⁀Γ
                        ]   (δραχμαὶ) ⁀Βφ

7 αφη′ ostr. ἀφῆ(λιξ)?

112 Inv. 4484 (25-4017D-A × 3).   Cm. 3.8 × 4.5.   Date: IV cent. A.D.

   Σαβῖνος [
   Πτολλᾶς (δραχμαὶ) με
   Οὐαλέρις κα[ὶ
   Χαιρᾶς Οὐα[λερίου
5 ἀμφό[τεροι

Part of the bottom of a jar. 4 Ostr. perhaps had Οὐα[λέριος (gen.).

113 Inv. 9165 (28-209*-A).   Cm. 7 × 8.1.   Date: IV cent. A.D.

   Ἰσίδωρο[ς] Ψενμάιδος   (τάλαντα) υιε
   Πτολλᾶς   (τάλαντα) ω
   Παιᾶν   (τάλαντα) .
   Ἰσίδωρος   (τάλαντα) .
5 Πτολεμαῖος δι(ὰ) Νειλάμ(μωνος)
                             (τάλαντα) ⁀Γφν, (τάλαντα) ⁀Γφν
   ὑπ( ) πέντε, ε.

3, 4 Both symbol and numeral uncertain. Palimpsest. Traces of an earlier text written in opposite direction. Of this can be seen:

113 a

   . . . [
   ἀχύρου [
   σακ′ [
   διὰ Πο . [

114 Inv. 9239 (28-C47J-B).   Cm. 11.7 × 5.   Date: IV cent. A.D.

Col. I   Col. II
Παλήμον   (τάλαντα) ͵ασ   ͵Σότα   (τάλαντα) α
Ἀτεῖσις   (τάλαντα) ͵αρ·   . Μαξι( ) (τάλαντα) ͵ασ
Σοκράτης   (τάλαντα) ͵δφ   . Ἀνδρέας (τάλαντα) ͵βω
Ἀνούτιος   (τάλαντα) ͵βσ

Yellow-gray light-colored pottery; from the neck of a jar; traces of a pot inscription in red. Ostr. 115 is a fragment of another copy of the same text. Col. I, 1 l. Παλήμων. 3 l. Σωκράτης. Col. II, 1 l. Σώτας. 2 μαξι ostr.

115 Inv. 9128 (27–X).   Cm. 6·9 × 5.   Date : IV cent. A.D.

Col. I   Col. II
].   Σώτα   (τάλαντα) ,α
].σ   (Ink drawing of a twig.)   Μαξι( )   (τάλαντα) ,ασ
].   Ἀνδρέας   (τάλαντα) ,βω
].

Rather light colored pottery. Another copy of ostr. 114 (*q. v.*); the order of the names in col. I may have been changed, as in ostr. 114 I, 1 and 4 end in σ, but 2 in ρ·. Col. II, 1 l. Σώτας. 2 μαξι ostr.

RECEIPTS

116 Inv. 4397 (24–5010F²–F).   Cm. 6·8 × 4·4.   Date : II/I cent. B.C.

(ἔτους) α Πτολλι( ) Ἡρα( )
ε̄ Φαμ(ενὼθ) ἕως κ̄ᾱ (δραχμὰς) ϛ.   March/April

Gray pottery.   1 πτολλ ηρᴸ ostr.

117 Inv. 4462 (24–039–A).   Cm. 9·9 × 7·3.   Date : I cent. B.C.

διαγέγραφε Μαρρῆ(ς) Διογένους
εἰς οἰκοτροφὴ ερη( ) οἰκον.( )
τὸ καθῆκον (τάλαντον) α,
τάλαντον.

Yellow-gray pottery.   1 μαρρ῎ ostr. Uncertain.   2 l. -τροφήν. ερη῎ οικον.‾ ostr., uncertain.   Ἐρη( ) οἰκον(όμῳ) Youtie.

118 Inv. 9142 (26–X).   Cm. 8·2 × 4·3.   Date : I cent. B.C./I cent. A.D.

(ἔτους) ιβ Φαῶφ(ι) ῑᾱ διέ(γραψεν)   Oct. 8/9
Ἀσκλάπων Διονυσ(ίου)
α.

Red pottery.   1 φαωφ ostr.   2 διονυσ ostr.

119 Inv. 9119 (27–CS52–J III).   Cm. 15·1 × 11·4.   Date : May 16, 11 B.C.

. . . . .]π̣ᾶ ζυτοπ⟨οι⟩ῶι Μουκειανὸς
. . . . .] Κολλούθου χαίριν. ἔχωι παρὰ σοῦ   March/April
ὑπὲρ Φαρ]μοῦθι τοῦ ιθ (ἔτους) Καίσαρος   12/11 B.C.
δραχμὰς τέσσαρ]ες.
   5   (ἔτους) ιθ Καίσαρος Παχὼν κα‾.   May 16,
                                                      11 B.C.

Dark grayish brown pottery.   2 l. χαίρειν. ἔχω.   4 l. τέσσαρας.

120 Inv. 9276 (28–CS100–B II). Cm. 9.2 × 5.   Date: May 7, 3 B.C.

(ἔτους) κζ Καίσαρος Παχὼν
ιβ διέγρ(αψε) Παλαῶμις
Μαρρῆς ὑπ(ὲρ) βα(λανευτικοῦ) (δραχμὴν) α.

May 7,
3 B.C.

Dark brown pottery. 3 ῡ βα Ƶ ostr.

121 Inv. 4436 (24–5028E–A × 7). Cm. 9.7 × 7.2. Date: II/III cent. A.D.

(ἔτους) ιβ Σοκμῆ(νις) Κρέωνο(ς) ε( ) Φαρμ(οῦθι)
κγ̄ (δραχμὰς) δ.

April 18

Red pottery. σοκμ^η κρεων^ο ε̄ φαρ^μ ostr.

122 Inv. 4433 (24–5028E–A × 7). Cm. 6.8 × 4.3. Date II/III cent. A.D.

(ἔτους) ιε Ὀρσενοῦφ(ις) Ὀρσεπαιή(σιος)
ε( )
Φαωφω (δραχμὰς) β″.

Sept./Oct.

1 ορσενουφ ostr. ε is written immediately after ορσενουφ; then ορσεπαι^η is added, and ε referred to the following line, thus: Ⳝε. 2 l. Φαῶφι.

123 Inv. 4431 (24–5028E–A × 7). Cm. 5.9 × 5.2. Date: II/III cent. A.D.

(ἔτους) ιζ Σοκμῆ(νις)
Κρ(έωνος) ε( ) Μεχ(ὶρ)
δ (δραχμὰς) δ.

Jan. 29/30

2 κρ ε̄ μεχ̂ ostr.

124 Inv. 4432 (24–5028E–A × 7). Cm. 6 × 5.9. Date: II/III cent. A.D.

(ἔτους) ιη Ὀννῶφ(ρις) Ἀντω(ν)
Παῦ(νι) ε( ) (δραχμὰς) δ″.

May/June

Seems to have been used for writing before; earlier text completely erased.
1 οννωφ αντ^ω ostr. 2 παυ ε̄ ϟ ostr.

125 Inv. 4448 (24–5048–S × 13). Cm. 5.5 × 4.3. Date: II/III cent. A.D.

(ἔτους) κ Ἑριεῦς
Νικάνο(ρος) ε( )
Παχ(ὼν) κζ̄ (δραχμὰς) βϝ.

May 22

2 ε̄ ostr.

126 Inv. 4579 (26–BiV–F). Cm. 13 × 11·9.   Date: 219/20 or 223/24 A.D.?

(ἔτους) γ‶ διέγρ(αψεν) Αὐρήλ(ιος) Σερῆνυς   219/20 or 223/24?
πρ(άκτωρ) ἀργυρ(ικῶν) Καρ(ανίδος) εἰς Σαβῖνος Ἰσχυρ[ᾶ
καὶ Σαραπίων ἀδελ(φὸς) ὑπὲρ φό(ρου) φο[ι(νίκων)
δραχ(μὰς) τριάκοντα δύο, γ(ίνονται) (δραχμαὶ) λ[β.

2 l. εἰς ⟨λόγον⟩ Σαβίνου?   3 l. Σαραπίωνος ἀδελφοῦ?

127 Inv. 4465 (24–X). Cm. 10·2 × 6·3.   Date: III cent. A.D.?

καὶ τῷ α‶ διέγρ(αψεν)
Ἀθεῖς τὰς τῆς τι-
μῆς λοιπὰς ἑπτὰ
δραχ(μάς).

Light yellow gray pottery.   4 δραχ ostr., very uncertain.

128 Inv. 9042 (27–C43G¹–D). Cm. 9 × 7·5.   Date: June 1, 279 A.D.

ἔ[τους] δ
τοῦ [κ]υρίου
ἡμῶν Πρόβου
Σεβαστοῦ Παῦνι
5 ζ διέγρ(αψε) Πτολαι-   June 1, 279
μαῖος Ἰουλιανοῦ
κώμης Καρανίδος
(δραχμὰς) πη μηνια(ίου) Παχὸ(ν)(?).   April/May
Ἀπολιᾶς Ἀρίστω[ν
10 οὐ(ετρανὸς) σεσημίω[μαι.

5 l. Πτολε-.   8 My MS. has μηνιαναπο; l. Παχών.   9 Perhaps Ἀγρίστω[ν(ος).
10 l. σεσημείωμαι.

129 Inv. 9043 (27–C43G¹–E). Cm. 7·8 × 7·1.   Date: May/June, 279 A.D.

ἔτ[ου]ς
δ [τοῦ]
κυρί[ου ἡμῶ]ν
Πρόβ[ου Σεβασ]τοῦ
5 Παῦν[ι . διέ]γρ(αψε)   May/June, 279
Νῖλος Πτολ(εμαίου)
Καρανίδος

(δραχμὰς) λβ μώνας. Ὀλ
Ἀρίστων
10 σεση(μείωμαι).

4 π corrected (perhaps from αυ).   5]γρ ostr.   6 πτολ ostr.   8 l. μόνας.
9 Perhaps Ἀρίστων(ος).   10 σεση ostr.

130 Inv. 4395 (24–5008B–G × 14). Cm. 9·4 × 7·3.   Date: Jan./Feb. 283 or 285 A.D.

(ἔτους) α´ Μεχ(ὶρ) ἀριθ(μήσεως) Τῦβι   282/83 or 284/85
διέγρ(αψε) Γερμανὸς Γεμέλλου   Jan./Feb.
ὑπ(ὲρ) ἀρου(ρῶν) Καρ(ανίδος) (δραχμὰς) κζ.   Dec./Jan.

1 μεχ αριθ ostr.

131 Inv. 9004 (27–242B–S). Cm. 8·5 × 5·5.   Date: Feb./March, 283 or 285 A.D.?

(ἔτους) α´ Φαμενὼθ διέγρ(αψαν)   282/83 or 284/85
Νεῖλος Πτολλᾶ καὶ Σαταβοῦς   Feb./March
υἱὸς ὑπ(ὲρ) ἀνν(ώνης) α (ἔτους) κ(ώμης) Καρανί(δος)
δραχ(μὰς) δεκαέξ, γ(ίνονται) (δραχμαὶ) ις.

3 αν̣ν̣ ostr.

132 Inv. 4444 (24–5048–S × 13). Cm. 13·6 × 9·2.   Date: late III cent. A.D.

ἔτους α´ Παῦνι γ διέγρ(αψε) Διόσκορος Τιβ(ερίνου)   May 28
ὑπ(ὲρ) ἀνώ(νης) μη(νῶν) γ´ Καρα(νίδος) (δραχμὰς) εἰκοσιτέσ(σαρας),
γ(ίνονται) (δραχμαὶ) κδ.
καὶ ὑπ(ὲρ) α´ μη(νὸς) Παῦ(νι) ἀριθ(μήσεως) Φα(ρμοῦθι) (δραχμὰς)
ὀκτώ, γ(ίνονται) (δραχμαὶ) η.   March/April
καὶ Παῦνι γ̄ ἀριθ(μήσεως) Παχὼν (δραχμὰς) τεσ-   May 28
σαρακον-   April/May
5   τα, γ(ίνονται) (δραχμαὶ) μ.
καὶ Ἐπεὶφ ϛ´ ἀριθ(μήσεως) Παῦνι (δραχμὰς) ὀκτώ,   June 30
γ(ίνονται) (δραχμαὶ) η.   May/June
καὶ ὑπ(ὲρ) ἀνώ(νης) μη(νῶν) δύο Αὐρ(ήλιος) Διόσκορος (δραχμὰς)
δεκαέξ, [γ(ίνονται)] (δραχμαὶ) ις.

Brown, partly ribbed pottery. In two parts.   2 l. ἀννώνης.   3 πα̣υ̣ αριθ φα̣
ostr.   4 αριθ ostr.   6 αριθ ostr.   7 l. ἀννώνης; δυ° ostr.; αυρ ostr.

133 Inv. 9019 (27–C24A–F).   Cm. 7·9 × 4·7.   Date: late III cent. A.D.

ạ (ἔτους) Παῦνι ιδ Ι[. . .]μένης Κ( )   June 8
καὶ Δημᾶς (δραχμὰς) εἰκοσιτέσσαρες, (δραχμαὶ) κδ.

1 Ἱ[ερα]μένης? Youtie.   2 l. τέσσαρας.

134 Inv. 4515 (25–5072F–J × 6).   Cm. 8·6 × 12·6.   Date: July 12, 290 A.D.
Plate IV

ἔτους ἕκτου ϛ´ τῶν κυρίων ἡμῶν
Διοκλητιανοῦ καὶ Μαξιμιανοῦ
Σεβαστῶν Ἐπεὶφ ιη—   July 12, 290
Ἀμμώνιος Παπέειτος δι(ὰ) Ἥρω-
5 νος Ἀμμωνᾶ ὑπ(ὲρ) ἐπιβολῆ(ς) καταγ(ωγῶν)(?)
ὁρ(ιοδεικτίας) Καρ(ανίδος) (δραχμὰς) τετρακοσίας, (δραχμαὶ) υ.
δι' ἐμοῦ Ὠρίωνος.

135 Inv. 9248 (28–C61K–D).   Cm. 6·2 × 5·4.   Date: III cent. A.D.

(ἔτους) ι´ Φαρ(μοῦθι) ἀριθ(μήσεως) Φαμ(ενὼθ)   March/April
διέγρ(αψεν) Ἅρπạλος Σερῆ(νου)   Feb./March
δραχμὰς ὀκτώ, γ(ίνονται) (δραχμαὶ) η.

1 αριθ φαμ ostr.   2 The reading of the whole line is very uncertain.

136 Inv. 4337 (24–5002G–A × 18).   Cm. 7·7 × 10·8.   Date: Feb./March–
March/April, 294 A.D.

ἔτους ι ϛ καὶ
ἐνάτου καὶ β ϛ
ἔτους   293/94
διέγραψεν
5 Καπέεις
καὶ Πεῆσις
καὶ Ἀμμώνι(ος)
Φαμενὼθ   Feb./March
καὶ Φαρμοῦθι   March/April
10 (δραχμὰς) σβ.

Ribbed pottery.   1 Ostr. has ϛ; also 2.   4 διεγραψεν ostr.   5 καπεεις,
last ε corrected from σ.   10 ϛ ostr.

137 Inv. 4358 (24-5005C-A × 8). Cm. 11·5 × 7·4. Date: Aug. 15, 294 A.D.

  ἔτους ι καὶ ἐνάτου καὶ β΄   293/94
  μηνὶ Μεσορὴ κβ΄ ὑπὲρ   Aug. 15
  Ἐπὶφ καὶ Μεσορὴ εἰς τὸν τῆς
  ἐργασίας λόγον Δίδυ(μος) διὰ
 5 Σερήνου καὶ Πεηοῦ καὶ Νεί-
  λου δε(κανῶν) (δραχμὰς) σξδ.

3 εις : ε corrected from κ.

138 Inv. 4299 (24-136N-A × 2). Cm. 6·5 × 5·5. Date: III cent. A.D.

  Θοτεῦς Ἀλεμ( ) πλα-
  γματεύων ὑπὲρ τοῦ
  πατρός·
  ἀπέχω παρὰ σοῦ (δραχμὰς) ζ.
 5 Χοίακ γ̄.   Nov. 29/30

1 αλεμ or αλεκ ostr.; l. πραγματεύοντι; λ for ρ common in the Fayumic dialects.

139 Inv. 9246 (28-C59D-D). Cm. 7·5 × 8·3. Date: III cent. A.D.

  ἐπαγο(μένων) β̄ (δραχμαὶ) ὀκτώ,   Aug. 25
  γ(ίνονται) (δραχμαὶ) η,
  εἰς Πτολε(μαῖον) Νεκφε(ρῶτος).

3 πτολε νεκφε ostr.

140 Inv. 4503 (25-5072E-A × 14). Cm. 9·2 × 6. Date: late III/early IV cent. A.D.

  διέγραψεν Αὐ(ρήλιος) Ἀπφοῦς καὶ
  (Faint traces of 6 more lines)

Surface badly damaged by a black decay. Almost all the text illegible. l. 2 end: ὑπὲρ Καρανίδος? l. 4 beginning: .παρ?

141 Inv. 9062 (27-C54E-A II). Cm. 7·2 × 5·8. Date: late III/early IV cent. A.D.

  Πτολεμαῖ[ος
  πρὸς β̄ [
  ἡγουμενο[
  γ(ίνονται) [[δ]] (δραχμαὶ) β [

142 Inv. 9006 (27–243–H). Cm. 5.4 × 4. Date: late III/early IV cent. A.D.

Μεσορὴ α ἀ(ριθμήσεως) Ἐπὶ[φ διέγραψε (person's   July 25
    name, s. of) . . . ὑπὲρ . (tax) . κώμης   June/July
Καρανί(δος) (δραχμὰς) κ[
καὶ Θὼθ β [ἀριθμήσεως Μεσορὴ (δραχμὰς) .   Aug. 30/31
                                                              July/Aug.

143 Inv. 4529 (25–5072G–C × 16). Cm. 7.1 × 5.7. Date: late III/early IV cent. A.D.

Παχὸν κδ Ἥρον Ἀπφοῦ   May 19
δι(ὰ) τῶ(ν) β Διμητρ(ίου) καὶ
Φανίου χα(λκοῦ) (δραχμὰς) ϋκα.

Red pottery.   1 l. Παχὼν, Ἥρων.   2 διμητρ ϛ? (l. Δημ-).

144 Inv. 9002 (27–229A–D). Cm. 7 × 4.2. Date: beginning of IV cent. A.D.

Ἐπὶφ κϛ Πιτμέ-   July 20
λας Σεραπίον(ος) διὰ
Ἀβὸκ   χα(λκοῦ) αω.

2 σεραπιον ostr.

145 Inv. 4460 (24–023–A and C). Cm. 11.7 × 8.3. Date: IV cent. A.D.

Ἀπὶπ Εὐδαίμονος [
ὑπὲρ τῆς ἐλληφθεί[σης
λημ( ) διέγρ(αψε) διὰ Ἀιῶν Σαβίνου . .[

Verso: Μεσορὴ ζ   July 31

In two parts.   3 l. Ἀιῶνος

146 Inv. 4304 (24–4017C–N). Cm. 8.6 × 11.7. Date: late IV cent. A.D.

Πιτὸχ Καμείων ἐλ(άχιστος).
ἀπέχω τὰς ἄλλας (δραχμὰς) ͵βφ.

Grayish red pottery. Reading rather uncertain.

Payments in Money and Kind

147 Inv. 4584 (26–B7N–F). Cm. 8.4 × 6.8.   Date: III cent. A.D.

τοῖς βοηθῖς
δεκαπρώ(των) κνί(δια) β

καὶ δέλφακος α
τιμὴ χάρτου (δραχμαὶ) χ
5 καὶ τῷ φύλ⟨α⟩κι
τῶ(ν) κανθηλ(ίων) (δραχμαὶ) μ.

In two parts. 1 l. βοηθοῖς. 3 l. δέλφακα? 5 φυλκι ostr. 6 τω κανθηλ̄ ⌐ ostr.

148 Inv. 9281 (28–C65 northwest room). Cm. 16·7 × 23·9. Date: III cent. A.D.

ἐγὼ ὁ Ἀφροδείσιος
ὀφίλω τῷ Μέλλει (δραχμὰς) Αυ
ἀπὸ τούτων ἀπέλυ-
σα τῷ Μέλλει παρὰ Δούλου
5 λαβεῖν (δραχμὰς) τπ΄ καὶ π(αρὰ)
Μώρου ἱερέως (δραχμὰς) σ
καὶ ὑπ(ὲρ) Ἀρῶκ ποι(μένος)(?) (δραχμὰς) υπ΄
Παννοῦς (δραχμὰς) τμ΄
καὶ αὐτὸς ὁ Μέλλις κριθ(ῆς) (ἀρτάβην) α.

Yellow-gray, ribbed pottery. 2 l. ὀφείλω. με or μα ostr.; also 4, 9. 9 λις corrected from λος.

149 Inv. 9108 (27–CA71–Z). Cm. 6·5 × 6. Date: late III cent. A.D.

κώμ(ης) Καρανίδος
Ἥρων Ἀπωνέω(ς)
Δημήτριος ἕτερος
Κόμων Καλλων(ίου)
5 Δημήτριος
Καλλωνίου
ὑπ(ὲρ) α (ἔτους) (δραχμὰς) Γ
καὶ ἀνν(ώνης)(?) α
.] . [. .] . Κοπρῆ.

3 Seems to be a later addition. 8 α sc. ἔτους. 9 e.g. ∸ .] . [. δι]ὰ Κ.?

Deliveries in Kind
Grain
Accounts

150 Inv. 4454 (24–5051A–A × 3). Cm. 5·6 × 7·9. Date: late III/early IV cent. A.D.

. . . . . .]ουλ( ) (ἀρτάβαι) ροα
. . . Ἀσκ]ληπιοῦ (ἀρτάβαι) εϛ΄

...] Πτολεμαίου (ἀρτάβαι) με
...] Ἀνακλίνου (ἀρτάβαι) δϛ´
5   ...]ου   (ἀρτάβαι) ιγϛ.

Ribbed pottery. 1]ουλ´ ostr.

151 Inv. 9000 (27–210C–K). Cm. 9 × 6.5.   Date: IV cent. A.D.

ᵃΟλ Ἰωάννου θϛ ἰνδικ(τίονος)
μισθ(ωτὴς) Σενᾷ ριπαρ(ίου) ὑπ(ὲρ) π( ) τδ, μ(όνους)
Πεμὲς Ἀλεξάνδρου μφ( ) ᾳΟλ μ(οδίους) τνϛ
(καὶ) ὑπ(ὲρ) π( ) Χαιρ(ήμων) Παπνούθι(ος) μφ( ) [[υ. .]]
5   μ(οδίους) ͵αφο, μ(όνους).

2 ῦ π(ostr.; μͺ ostr., also l. 5. 3 μφ ostr., also 4; μ(αγδωλο)φ(ύλαξ)? μ̂ ostr., also 5. 4 ͵ ῦ π´ ostr.

Receipts

152 Inv. 9198 (28–B115*–G I). Cm. 5.6 × 8.9.   Date: I cent. A.D.?

....]ạ Ψοσναῖος Ὥρου
μεμ]έτρ(ηκε) δι᾽ Ὥρκων (ἀρτάβην) α
....]. γ(ίνονται) (πυροῦ ἀρτάβαι) β
....].
5 ....;]......

2 l. Ὥρκων(ος)? 5]ϛεϛη...?

153 Inv. 9136 (26–X). Cm. 13.4 × 9.3.   Date: II cent. A.D.

ἀπὸ κατακριμάτων
θ (ἔτους) Νεῖλος Ἀπολλωνίου
γενάμενος κωμωγραμματεὺς
Καρανίδος (πυροῦ ἀρτάβας) ζL ιο̄.

3 l. κωμογρ.

154 Inv. 9200 (28–B118J*–B). Cm. 11.3 × 8.6.   Date: II cent. A.D.

Κερκ(εσούχων) κατοίκ(ων) Γάιος
Ἰούλιος Κλήμης
ϛ´ κα(τοικικῆς) μονο(δεσμίας) (πυροῦ ἀρτάβας) βL
ἕκτου βασι(λικῆς) μονο(δεσμίας) (πυροῦ ἀρτάβας) γ ϛκβ̄,
5 γ(ίνονται) (πυροῦ ἀρτάβαι) εL ϛκβ̄.

1 κερκ κατοικ ostr. 3 καῖ ostr.

155 Inv. 4434 (24-5028E-A × 7). Cm. 6·4 × 5·3. Date: II/III cent. A.D.

Ὡρίων Πασοκνο(παίου)
Με( ) β̄ ζ̄ L γ̄ d

2 Or με(μέτρηκε)? β̄, or ō i.e. ἀρτάβας, πυροῦ ἀρτάβας? Lγ̄, or κρ̄. i.e. κρ(ιθῆς)?

156 Inv. 9279 (28-C65 -D). Cm. 8·2 × 10·1. Date: Nov. 3, 252 A.D.

(ἔτους) γ̄ τῶν κυρίων
ἡμῶν Γάλλου
καὶ Οὐολσιανοῦ Σεβαστῶν
Ἀθὺρ ζ. μεμε(τρήκασι) Αὐρήλιοι   Nov. 3, 252
5 Ἥρων καὶ Κοπρῆς ἀμφ(ότεροι)
ἀγο(ρανομήσαντες) «ἐμεμε(τρήκεσαν)» ὀνό(ματος) Πλή-
ειν Μύσθου (πυροῦ ἀρτάβας) γ κριθ(ῆς) ϛ′
καὶ φακῆς πλήρης.
Αὐρήλιος Σερῆνος
10 σεση(μείωμαι).

3 l. Οὐολουσιανοῦ.   4 or μεμε(τρήμεθα).   7 My MS. has ƍ γ; hardly
(ἀρουρῶν) γ.   κριθ ostr.   ϛ′ = 1/2 sc. ἀρτάβης.

157 Inv. 9040 (27-C43G¹-B). Cm. 11·6 × 8·9. Date: 276 A.D.

ἔτους α/ τοῦ κυρίου ἡμῶν Πρόβου Σεβαστοῦ   May/Aug. 276
Αὐρήλ(ιος) Εὐδαίμων δι' ἐμοῦ Διοδώρου [[εν]]
γενή(ματος) τῆς η (ἔτους) Αὐρηλιανοῦ ἐν θη(σαυρῷ) κώ(μης)
Καρανί(δος)
ὀνόμα(τος) Σαραπίονος ὑ(πὲρ) τιμῆς οἴνου
5 (ἀρτάβας) βϛƌ‾ δι' ἐμοῦ Διοδώρου.

2 αυρηλ ostr.   3 l. τοῦ.   Instead of η l. ε? (274/75 A.D.).   5 ƌ = d?

158 Inv. 4396 (24-5008B-G × 14). Cm. 13·5 × 8·3. Date: Sept. 27, 278,
or Sept. 28, 287 A.D.

θ(ησαυροῦ)   (ἔτους) δϛ Θὼθ λ-   Sept. 27, 278,
μετρήματος Σερήνου   or Sept. 28, 287
ῥυπ(αρὰς) (πυροῦ ἀρτάβας) νδϛ′.

1 θ ostr., followed by open space.

159 Inv. 9182 (28-242*-H II). Cm. 6·7 × 6·2. Date: 287/88 A.D.?

μεμέτρηκε ἐν θ]ησ(αυρῷ)
κώμης Καρανίδος γενήματος γ (ἔτους)] καὶ β (ἔτους) 286/87
Διοκλητιανοῦ] καὶ Μαξιμια-

νοῦ Μάνης(?)] Μάρωνος
5 ὀ]νό(ματος) Νεκδοέως
Δημ]ητρίου (πυροῦ ἀρτάβας) νδ.

1 Abbreviation in restoration not indicated.

160 Inv. 9255 (28-C65*E-U).   Cm. 6·8 × 3·6.   Date: late III cent. A.D.

(ἔτους) α´ Ἐπὶφ ιθ̄   July 13
Μάνης Μάρω-
νος Καρανίδος
κριθῆς (ἀρτάβας) δϚ´.

161 Inv. 9224 (28-BS145-E).   Cm. 5·8 × 6·1.   Date: III cent. A.D.

Ἡρᾶς Ἥρων
Παλᾶτος
ἀποδεκ(τ) [χ]αίρ(ειν)·
Δοθῆ(s)(?) Νεωτᾶ
5 νομοφύλαξ
(πυροῦ ἀρτάβαι) γL.

1 l. Ἡρᾶς Ἥρων(ος)?   3 ἀποδέκ(ταις) or ἀποδέκ(τῃ).   5 Reading uncertain.

162 Inv. 9217 (28-B167A-C).   Cm. 8·8 × 6·8.   Date: III cent. A.D.

Ἡρωνιανὸς οὐετρ(ανὸς) Ψελ( )
πυροῦ ἀρτάβας δεκαδύο.

163 Inv. 4567 (25-X).   Cm. 7·3 × 4·9.   Date: III cent. A.D.

κληρονόμοι Ἰ-
ουλίου τῶν (ἀρουρῶν) θ
σί(του) (ἀρτάβην) αϚ´.

1 -μοις is perhaps possible. If so, probably an order for delivery.   3 σ|Ϛ —̄ ostr.

164 Inv. 4297 (24-136A-G).   Cm. 3·8 × 2·7.   Date: III cent. A.D.

. . . .] Πετᾶς
μεμέτρη]νται εἰς
θησαυρὸν κώ]μης
Καρ(ανίδος) . . τέτ]αρτον ὀνόμ(ατος)

The rest is lost.

The restorations in the lacunae are rather uncertain.   4 Perhaps καρϚ —̄ (i.e. ἀρτάβης).

165 Inv. 4618 (26–X). Cm. 5·6 × 4·3.   Date: III cent. A.D.

  Ὧρος ξένος
  (ἀρτάβας) γ.

166 Inv. 9219 (28–B167A–G). Cm. 3·2 × 7·3.   Date: III cent. A.D.?

  ... Φαρμ]οῦθι [March/April
  ....] . πυρ(οῦ) καὶ[
  .]. Ἰσιδώρου [
  Καρανίδος κ[
 5 τεκ .[...

167 Inv. 9127 (27–X). Cm. 9·2 × 5·7.   Date: Nov. 10, 301 A.D.

  Γερόντιος δεκ(άπρωτος) .....
  Δημητρίῳ Καλλων(ίου) χ(αίρειν).
  ἔσχον παρὰ σοῦ
  ἀνα.../ πυροῦ
 5 ἀρτάβην μίαν.
  Ἀθὺρ ιδ.   Nov. 10

1 End of line faded. 2 χ$ ostr., rather faint. 4 Beginning of line illegible.

168 Inv. 4310 (24–5002D–O × 13). Cm. 7·8 × 7·3. Date: late III/early
                 IV cent. A.D.

  Δῖος οὐετρα(νὸς)
  δι(ὰ) Πεηοῦτος καὶ
  Ἰσίωνος
  (ἀρτάβας) κ.

Yellow-gray pottery.

169 Inv. 4311 (24–5002D–O × 13). Cm. 7·1 × 8·5. Date: late III/early
                 IV cent. A.D.

  Φαῶφι
  ιγ Ἥρων Ἥρωνος κρ(ιθῆς) (ἀρτάβας) κζ.   Oct. 10/11

170 Inv. 4301 (24–148F–F). Cm. 7·9 × 6·7.   Date: early years of
                 IV cent. A.D.

  Χοίακ ια Καρ(ανίδος)   Dec. 7/8
  δι(ὰ) Ἥρων Ἀνούφιος
  κριθῶν ῥ(υπαρὰς) (ἀρτάβας) γ ῑο̄.
  Μουσῆς ἐμέτρησε.

Yellowish gray pottery. 2 l. Ἥρωνος. 3 ῥ ∸ γ ῑο̄ ostr.

171 Inv. 4486 (25-4044B-B). Cm. 11·3 × 9·1.   Date: IV cent. A.D.
Plate IV

Μεχὶρ β' σίτου πέντης ἰνδικ(τίονος)   Jan. 27/28
Καρανίδως Ἑλλᾶς Ἀκώου
σὺν ἰκωσ(τῇ) (καὶ) ναύλων πλῦον ἀρ(τάβας)
τέσαρεις ἔκτων, ἀ(ρτάβαι) δϛ',
5   μώνας. (second hand) δι(ὰ) Μαξ(ίμου) ὑποδέκ(του).

Yellowish red pottery. 1 l. πέμπτης. ινδικ ostr. 2 l. Καρανίδος. 3 ικωσ ostr., l. εἰκοσ(τῇ); ναυλων instead of ναῦλον, l. ναύλῳ; πλυον, l. πλοίου or πλοίων. 4 l. τέσσαρας ἔκτον; εκ- is a correction from αικ-. 5 l. μόνας; υπρδεκ ostr. The whole text was canceled with double lines running diagonally.

172 Inv. 4566 (25-X). Cm. 8·9 × 8·8.   Date: IV cent. A.D.

Μεχὶρ β σίτο-   Jan. 27/28
υ πέντης ἰνδικ(τίονος)
Καρανίδως Μέλας
Σερηνᾶ σὺν ἰκωσ-
5   τῆς κ(αὶ) ναύλων πλύ(ου)
ἀρ(τάβης) ἔκτων, γ(ίνεται) ϛ'.

2 l. πέμπτης. 3 l. Καρανίδος. 4 l. εἰκοστῇ. 5 l. ναύλῳ πλοίου or πλοίων; πλυ ostr. 6 l. ἔκτον; corrected from α. The whole text was canceled with double lines running diagonally. In the opposite direction there are fragments of an earlier text:

τ]ῆς ια [
] τῆς ε ἰνδικ(τίονος)

---

173 Inv. 9166 (28-237*-C). Cm. 8·6 × 3·4.   Date: IV cent. A.D.

σίτου ιᾳ . . [. . . . . .
Πτ[ολ . . . .]ιᾳ . . . .
. . . .] . διν .

1 ἰν[δικτίονος? 3 or]ιᾳ ἰνδ[ικτίονος? Surface damaged by corrosion.

174 Inv. 9160 (28-153*-G). Cm. 8·1 × 5·6.   Date: IV cent. A.D.

Ἀθὺρ ιζ   Nov. 13/14
τῷ βαφῖ σάκ(κους) κ.

2 l. βαφεῖ. σακ ostr.

CHAFF
Accounts

175 Inv. 4559 (25–5093K–A × 2). Cm. 9·1 × 10·8. Date: late III/early IV cent. A.D.

Πανεσᾶτις
Αὐνῆ λί(τραι) τ
Πτολλαρίων Πολυδεύ-
κους λί(τραι) ρλη
5 Σελποῦς λί(τραι) σο
Συρίων Σώτου λί(τραι) νοε

Light-colored pottery.

176 Inv. 4561 (25–5095A–A × 4). Cm. 6·9 × 9·1. Date: late III/early IV cent. A.D.

Rather light colored pottery. Fragments of 8 lines, but so faded that hardly a word is legible. Name, father's name, λ i.e. λί(τραι), and figures ; l. 3, end : λί(τραι) σ · ε; l. 5 : Κάστωρ Ἀπί[ωνος] . . πα; l. 6 : . . . . . Ὀννώ]φρεως λί(τραι) ρο.

Receipts

177 Inv. 9077 (27–C59A–R). Cm. 8·1 × 10·7. Date: late III cent. A.D.

Αὐρή(λιος) Διονᾶς βου(λευτὴς) ἐπιμελ(ητὴς)
ἀχύρου Ἀραβικῷ Πτολλᾶ
χαίρειν. παρέλαβον παρὰ σοῦ
ἐν τῇ μονῇ Ἀκανθῶνος
5 ἀχύρου σαργ(άνην) μίαν, γεί(νεται)
α'. (ἔτους) β' Ἀθὺρ κα.   Nov. 17/18

Yellow-brown pottery, shining surface.   1 επιμελ ostr.   5 l. γίνεται.

178 Inv. 9265 (28–C88C–T). Cm. 5·1 × 4·4. Date: late III cent. A.D.

κώμης Καρ[ανίδος
δι(ὰ) Σαλωτᾶ [. . . . . .
του ἀχύρ(ου) σ[αργαν . . .
(ἔτους) β'' Μεσ[ορὴ . .   July/Aug.

2 Σαλωτα[ρίου Eitrem.

179 Inv. 9129 (27–C56K–A). Cm. 7·8 × 10·3. Date: July 23, 297 A.D.

Αὐρήλιος Πολυδεύκης
ἐπιμ(ελητὴς) ὅρμου Λευκο-

γείου. παρέλαβον ὑπ(ὲρ)
ἐ ʃ ἐπιγραφῆς κώ-   296/97
5 μης Πτολεμαίδος
ὀνό(ματος) Σαραπάμμω-
νος Ἡρᾶδος ἀχύ(ρων) σαργ(άνην)
μίαν καὶ τούτων
τὰ ναῦλα.
10 (ἔτους) ιγ καὶ ιβ καὶ ε ʃ Ἐπεὶφ κθ.   July 23, 297

6 Reading uncertain. Much of the text is faded.

180 Inv. 4416 (24–5020G–I). Cm. 5·1 × 4·2.   Date: Jan. 11, 298 A.D.

Καρανίδος Παν-
τῆλις σαργ(άνην) μία(ν)
εἰς τὴν αὐλὴ(ν) Ἡρωδια-
νοῦ. (ἔτους) ιδ ʃ´ καὶ ιγ ʃ´
5 καὶ ϛ ʃ´ Τῦβι ιϛ.   Jan. 11, 298

3 αυλη ostr.

181 Inv. 9250 (28–C62N–B). Cm. 8·4 × 10·2.   Date: Sept. 6, 301 A.D.

Αὐ(ρήλιοι) Διόσκορος Χαιρ(ήμονος) καὶ Φιλάδελφ[ος
καὶ Σερῆνος καὶ Ἰσχυρίων Αὐ(ρηλίῳ) Αὐνῇ Μικ-
κάλου χα(ίρειν). ἐνμε(μέτρηκε) Πνᾶς Ἀνού-
φιος ὑπ(ὲρ) ιζ (ἔτους) καὶ ιϛ (ἔτους) καὶ θ (ἔτους)
ὑπ(ὲρ) δη(μοσίων) κ(ώμης) Καρα(νίδος)   300/1
5 ἀχύρου λί(τρας) ρν.
(ἔτους) ιη ʃ´ καὶ ιζ ʃ´ καὶ ι ʃ´ Θὼθ θ.   Sept. 6, 301

1 χαιρ ostr., uncertain; καί always very cursively written.   4 υ᾽ δη– κ, καρα ostr., badly decayed.

182 Inv. 4313 (24–5002D–O × 13). Cm. 8·5 × 10·4.   Date: Sept. 10, 301 A.D.

Αὐ(ρήλιοι) Διόσκορος
καὶ Φιλάδελφος καὶ Σερῆνος
καὶ Ἰσχυρίων Αὐ(ρηλίῳ) Ἀμουλῆς
Πεκύσεως χ(αίρειν). ἐνμε(μέτρηκε)
5 Πεμήτου Μυρίνου
ὑπ(ὲρ) ιζ (ἔτους) καὶ ιϛ (ἔτους) καὶ ἐνάτου ἔτους ὑπ(ὲρ)   300/1
δη(μοσίων) κ(ώμης) Καρανίδος

ἀχύρου λί(τρας) ρν´. καὶ
ὑπ(ὲρ) κ(ώμης) Κερκε(σούχων) ὁμοίως
10 ἀχύρου λί(τρας) ρν.
(ἔτους) ιη ⊊ καὶ ιζ ⊊´ καὶ ι ⊊ Θὼθ ιγ.   Sept. 6, 301

2 καί is written very cursively in this ostracon, almost ら.   3 l. Ἀμουλῇ or
Ἀμουλῆτι?   5 l. Πεμῆτος?   9 κερκε⤫ ostr.; the end of this word and the rest of
the line are very faint, reading uncertain.

183 Inv. 9214 (28–242*–Y). Cm. 6·7 × 9·5.   Date: Aug./Sept. 301 A.D.

Αὐ(ρήλιοι) Διόσκορος καὶ Φιλάδελ-
φος καὶ Σερῆνος καὶ Ἰσχυρίων
Αὐ(ρηλίῳ) Ἰσιδώρῳ Χαιρήμονος χ(αίρειν).
ἐνμεμ(έτρηκεν) Σερῆνος Φιλώτα
5 δ(ημοσίων) Καρ(ανίδος) ὑπ(ὲρ) ιζ (ἔτους) [καὶ ι⊊ (ἔτους)] καὶ θ
(ἔτους)   300/1
ἀχύρου λί(τρας) ρν.
(ἔτους) ιη ⊊´ καὶ ιζ ⊊´ καὶ ι ⊊´
Θὼθ .   Aug./Sept. 301

1 καί is written very cursively.   2 Very much faded.   5 l. ⟨ὑπὲρ⟩ δ(ημοσίων).
5 Partly corroded. Open space between 6 and 7.

184 Inv. 4343 (24–5002[G, miswritten for]D–O × 13). Cm. 5 × 4.
                                                     Date: 301 A.D.

Αὐρήλιοι Διόσκορος καὶ Φι]λάδελφος
καὶ Σερῆνος καὶ Ἰσχυ]ρίων Αὐ(ρηλίῳ) «Αυ⁻»
. . . .] χ(αίρειν). ἐν(μεμέτρηκε) Πεμήτου Μυρί-
νου ὑπὲρ ιζ (ἔτους)] καὶ ι⊊ (ἔτους) καὶ ἐνάτου (ἔτους) ὑπὲρ
δ(ημοσίων)   300/1
5 [κώμης Καρανίδος ἀχύρου λίτρας . . κτλ. End lost.]

2 αυ⁻ αυ⁻ ostr. Dittography or e.g. Αὐ(ρηλίῳ) Αὐ(νῇ)?   3 l. Πεμῆτος?

185 Inv. 4402 (24–5015–A). Cm. 7·9 × 4·8.   Date: Aug. 31, 302 A.D.

παρήνεγκεν
Παειᾶνος Ἀφή(λικος)
ὑπ(ὲρ) ιη (ἔτους) ιζ (ἔτους) ι (ἔτους)   301/2
ὑπ(ὲρ) κώ(μης) Καρανίδος
5 ἀχύρου λί(τρας) ἑκα-
τὸν πεντήκον-
τα, λί(τραι) ρν. Κοπρῆς

ἀποδ(έκτης) σεσ(ημείωμαι).
(ἔτους) ιθ𝈺 ιη𝈺 ιαϛ'
10   Θὼθ γ.   Aug. 31, 302

2 αφη ostr., ἀφῆ(λιξ)?

186 Inv. 4312 (24-5002D-O × 13). Cm. 8.7 × 8.3.   Date: May 11,
                                                        303 A.D. Plate V

παρήνεν(κον)
Σαραπάμμων καὶ
Ἰσίδωρος ἀπερ(γαζόμενοι) δι(ὰ) Πεηοῦ
καὶ Ἰσιδώρου καὶ Πρίσκου
5   καὶ Ἥρωνος καὶ Ὠρίωνος
ὑπ(ὲρ) κώμ(ης) ὁριοδικτίας Κα-
ρανίδος ἐν τῇ Μεμφιτῶν
πόλει ὑπ(ὲρ) ιη (ἔτους) ιζ (ἔτους) ι (ἔτους) ἀχ[ύ]ρου   301/2
λί(τρας) ψν. Ποσιδώνιος Πτολ(εμαίου) σεση(μείωμαι).
10 (ἔτους) ιθϛ' ιηϛ' ιαϛ' Παχὼν ις.   May 11, 303

Ribbed pottery.   1 παρηνεν ostr.   6 l. ὁριοδεικτίας.

187 Inv. 4555 (25-5092-C × 3). Cm. 9 × 8. Date: Aug. 31, 303? A.D.

Αὐρήλιοι Ἀπολλώνιος
καὶ Πτολεμαῖος ἐπιμελ(ηταὶ)
ἀ]χύρου Βαβυλ(ῶνος). παρήνεγ-
κεν Πανεσάτης Αὐνῆ
5   ὑπ(ὲρ) κώ(μης) Καρανὶς
σαργ(άνην) α ὑπ(ὲρ) ιθ (ἔτους) καὶ ιη (ἔτους)   302/3
καὶ ια (ἔτους). Θὼθ β.   Aug. 31, 303?

1 αυρηλιοι corrected to αυρηλιος, but l. -οι.   5 l. Καρανίδος.   6 σαργ ostr.;
the date a later addition. Either υ' is to be canceled in l. 6, or Θὼθ must be
referred to the following year.

188 Inv. 4302 (24-4006E-A). Cm. 8.7 × 7.9.   Date: 303/4 A.D.

πα]ρ(ήνεγκον) Παοῦτ [
καὶ Ἅρπαλος [
ὑπ(ὲρ) κώμης Κ[αρανίδος
σαργ(άνας) ἑπτὰ [
5   κ (ἔτους) καὶ ιβ (ἔτους) [303/4

Grayish red pottery.   1 Either]ι e.g. κα]ὶ or]ρ i.e. πα]ρ ostr.

189 Inv. 4378 (24–5008A–S × 11). Cm. 11·3 × 8·6. Date: July 5, 305 A.D.
Plate V

παρήνεγκεν Μέλας Ὥρου ἐπὶ
τὴν ὄχθην τοῦ ποταμοῦ ὑπ(ὲρ)
ϛ′ κα (ἔτους) καὶ ιγ (ἔτους) καὶ α (ἔτους) ὑπ(ὲρ) κώμης
Καρανίδος ἀχύρου σαρ(γάνας) λ′ ἀποσ-   304/5
5 τελλομένας ἐν Βαβυλῶνι.
Ἥρων καὶ Κάλανδος σεση(μειώμεθα).
(second hand) Νεῖλος σεσ(ημείωμαι) Ἐπὶφ ιαʹ.   July 5

In two parts. 2 Ostr. originally υ' κω, then corrected to υ' only.

190 Inv. 9264 (28–C88C–J). Cm. 7·4 × 7·7. Date: Aug. 5, 305 A.D.

π(αρήνεγκε) Σαραπάμ(μ)ων Ὡρίω(νος)
ἀχύρου καυσίμου σαρ(γάνην) μίαν,
γί(νεται) α. (ἔτους) ιγϛ′ κ(αὶ) αϛ′ Μεσορὴ ιβ.   Aug. 5, 305
παρήνεγκεν ὁ αὐτὸς
5 ἐπὶ τὴν ὄχθην τοῦ ποταμοῦ
ὑπ(ὲρ) ιγ (ἔτους) καὶ α (ἔτους) ὑπ(ὲρ) κώμης   304/5
Καρανίδος ἀχύρου καυσί-
             Νεῖλος
μου σαρ(γάνην) μίαν. (second hand) σεση(μείωμαι).
(third hand) Ἥρων σεση(μείωμαι).

Yellowish red, thin pottery.   3 καϛ′ is written together; μεσορὴβ ostr.
8 Subscription added here for lack of space.

191 Inv. 4490 (25–5058A–A × 4). Cm. 7·4 × 5·3. Date: Aug. 15, 305 A.D.

π(αρήνεγκεν) Ἀτίσιος Πανισάτη
ἀχύρου καυσίμου σαργ(άνας)
δύο, γί(νονται) σαργ(άναι) β.
(ἔτους) ιγϛ καὶ αϛ Μεσορὴ κβ.   Aug. 15, 305

Light yellowish red pottery. Perhaps one letter lost at the end of the line: Πανισάτη[ς, for Πανισάτου.

192 Inv. 4379 (24–5008A–S × 11). Cm. 7·2 × 6·9. Date: Aug. 15, 305 A.D.

π(αρήνεγκε) Μέλας Ὡρίω-
νος ἀχύρου καυσί-
μου σαργ(άνην) μίαν, γί(νεται) α.
(ἔτους) ιγϛ καὶ αϛ Μεσορὴ
5 κβ.   Aug. 15, 305

193 Inv. 4492 (25–5058A–A×4).   Cm. 10·6×8·6.   Date: Dec. 27, 305 A.D.?

παρήνεγκεν Ἀτῖσις ἐπὶ
τὴν ὄχθην τοῦ ποταμοῦ
ὑπ(ὲρ) κώμης Καρανίδος ὑπ(ὲρ) ιγ (ἔτους)
καὶ α (ἔτους) ἀχύρου καυσίμου   304/5
5 σαργ(άνην) μίαν. Ἥρων σεση(μείωμαι).
(second hand) Νεῖλος σε(σημείωμαι). Τῦβι α.

Grayish pottery. 5 σαργ ostr., σεση ostr. Subscription in a new hand?

194 Inv. 9097 (27–CA20–X).   Cm. 10·5×7·3.   Date: 305/6 A.D.?

παρήνεγκεν Ἀλέξανδρος
ἐπὶ τὴν ὄχθην τοῦ ποταμοῦ ὑπ(ὲρ)
κώμης Καρανίδος ὑπ(ὲρ) ιγ (ἔτους)
καὶ α (ἔτους) ἀχύρου καυσί(μου)   304/5
5 σαργ(άνην) μίαν.
Ἥρων σεση(μείωμαι).
(second hand) Νεῖλος σε(σημείωμαι).

195 Inv. 9095 (27–CA19–B I).   Cm. 4·8×8·1.   Date: 307/8 A.D.?

(Month, day.)] παρ(ήνεγκε) Τιον-
. . . .]ου ὑπὲρ κώμ(ης)
Καρανίδο(?)]ς ιε (ἔτους) ἀχύρου λί(τρας)   306/7?
διακοσίας τ]εσσεράκοντα,
5 σμ. καὶ . . . . .].ς Σαραπίωνος
ὁμοίως ἀχύρου λ]ί(τρας) ἑκατὸν εἴκοσι,
ρκ.   ] Ὡρίων σεσ(ημείωμαι).
(second hand)   ]. . σεσ(ημείωμαι).

196 Inv. 4551 (25–5091–C×9).   Cm. 8·8×6·6.   Date: July 4, 318 A.D.?

κώμης Καρανίδος
Ἀβῶκ Αὐνῆ ἐνέβαλεν
ἐπὶ τῆς πόλεως εἰς τὰ πλοῖα
τῆς Βαβυλῶνος ἀχύρου καυ-
5 σίμου σαργ(άνας) αL. ἔτους ιβ Ἐπεὶφ ι.   July 4, 318?
Διόσκορος ἐπιμελητής.

Rather light colored pottery.

197 Inv. 4477 (25–4009A¹–B × 3). Cm. 9·2 × 9·9. Date: early IV cent. A.D.

Μεσορὴ ιθ π(αρηνέχθησαν) ὑπὲρ   Aug. 12
κωμητῶ(ν) Καρανίδος
δι(ὰ) Συρᾶ Κόμωνος ὑπὲρ β ϛ´ «ιν»
ἰνδικ(τίονος) ἀχύρ(ου) λί(τραι) ἑκατὸν εἴ-
5 κοσι, ρκ, μόν(αι).
Διατιμῶς σεσ-
ημείομαι δι᾽ ἐ-
μοῦ Φιλίπου
υἱοῦ.

Yellowish gray pottery. 1 π ostr., uncertain. 2 κωμητω ostr. 4 ινδι.ⁱᵏ αχυρ λ
ostr. 6 or l. Διάτιμος? 6f. l. σεσημείωμαι. 8 l. Φιλίππου.

198 Inv. 9242 (28–C50A–D I). Cm. 7·8 × 6. Date: early IV cent. A.D.

Μεσορὴ α.   July 25
παρήνεγκον Αὐρ(ήλιος) Ὀκτᾶς
Καινοῦ Καρανείδος ὑπὲρ τρί-
της ἰνδικ(τίονος) ἀχύ(ρου) [λί(τρας)] διακοσίας
5 τεσσεράκοντα, γ(ίνονται) σμ, μόνας,
δι(ὰ) Σαραπίωνος.

2 l. παρήνεγκεν. αυρ ostr. 3 Or κοινοῦ. 4 ινδι.ᵏ ostr. End of line very
much faded. 5 l. τεσσαρ-.

199 Inv. 4284 (24–113I–C × 20). Cm. 8 × 11·6. Date: early IV cent. A.D.

Θὼθ κη παρ(ήνεγκε)   Sept. 25/6
Κανάνδρου ὑπὲρ
κώμης Καρανίδος
πέμπτης ἰνδικτίονος
5 ἀχύρου λί(τρας) ἑκατὸν εἴκοσι,
λί(τραι) ρκ, μό(νας). Οὐράνιος σε(σημείωμαι).
καὶ τ]ῇ᷑ αὐτῇ παρ(ήνεγκε) ἀχύρου
λ]ί(τρας) ἑκατὸν εἴκοσι, λί(τραι) ρκ.
Οὐρ]άνι(ος) σε(σημείωμαι).

Yellowish red pottery, ribbed. 2 l. Κάνανδρος? ll. 7–9 damaged by corrosion.

200 Inv. 4565 (25–X). Cm. 12·4 × 11·3. Date: early IV cent. A.D.

Ἐπὶφ κα παρ(ήνεγκε) Ταει-   July 15
σᾶρις ὑπὲρ κώμης

Καρανίδ(ος) ἕκτης ἰνδ(ικτίονος)
ἀχύρου λί(τρας) ρκ. (second hand) Σουχι(δᾶς) σεση(μείωμαι).

201 Inv. 4549 (25–5091–C × 9). Cm. 8·1 × 10·5. Date: early IV cent. A.D.

    Μεσορὴ α Κερκεσούχω(ν)   July 25
    Καρ(ανίδος) δι(ὰ) Ἰσιδώρου ἕκτης
    ἰνδικ(τίονος) ἀχύρ(ου) λ[ί(τρας)] ρκ.
    (second hand) Σουχιδ[ᾶς σεσημείωμαι.

2 καρ ostr., probably miswritten instead of παρ, παρ(ήνεγκε) ⟨name⟩.   3 ινδικ αχυρ λ ostr., only part of λ seen. Same hand as ostr. 222.

202 Inv. 4287 (24–113I–C × 20). Cm. 9·7 × 7·1. Date: early IV cent. A.D.

    Μεσωρὴ θ παρ(ήνεγκε) Καναοῦτ   Aug. 2
    Γονάφρις κωμητῶ(ν)
    Κερανίδος δεκάτης ἰν(δικτίονος)
    ἀχύρου λί(τρας) ἑκατὸν εἴκ(οσι),
5 λί(τραι) ρκ. (second hand) Σουχιδᾶς σε(σημείωμαι).

Very thick, coarse pottery.   1 l. Μεσορὴ; παρ ostr., almost πρ only.
2 κωμητω⁻ ostr.   3 l. Καρανίδος.

203 Inv. 4278 (24–113I–C × 20). Cm. 11·9 × 10·6. Date: early IV cent. A.D.

    Μεσορὴ ιγ παρ(ήνεγκε) Οὐβαλέρις   Aug. 6
    κώμη(ς) Κερανίδος δεκάτης
    ἰνδικ(τίονος) ἀχύρου λί(τρας) διακοσίας τεσσαρά-
    κοντα, λί(τραι) σμ. καὶ δι(ὰ) Κα-
5 ναοῦτ λί(τρας) ἑκατὸν′
    εἴκοσι, λί(τραι) ρκ′. (second hand) Σουχι(δᾶς) σ(εσ)η(μείωμαι).

1 παρ ostr., almost πρ only; l. Οὐαλέριος.   2 l. Καρανίδος.

204 Inv. 4280 (24–113I–C × 20). Cm. 12·5 × 12·1.   Date: early IV cent. A.D.

    Θὼθ κη παρ(ήνεγκε)   Sept. 25/6
    Σαβῖνος Ἀιῶνος
    κώμη(ς) Κερανίδος
    δεκάτης ἰν(δικτίονος) ἀχύρου λί(τρας)
5 δια]κοσίας τεσσαράκ(οντα), γ(ίνονται) σμ.
    (καὶ) δι(ὰ) Σαβίνου λί(τρας) ἑκατ-
    ὸν εἴκοσι, ρκ. (καὶ) δι(ὰ)
    Καναοῦτ λί(τρας) ἑκατὸν

εἴκοσι, ρκ. (καὶ) δι(ὰ) Οὐα-
10 λερίου Οὐεναφρίου
λί(τρας) ἑκατὸν εἴκοσι, ρκ.
(second hand) Σουχιδᾶς σε(σημείωμαι)
ἀχύ(ρου) λί(τραι) χ.

Ribbed pottery. 3 l. Καρανίδος. 5 The whole line almost effaced. 10 Very much faded and corroded.

205 Inv. 4277 (24–113I–C × 20). Cm. 8·7 × 5·3. Date: early IV cent. A.D.

Ἀθὺρ ιβ΄ παρ(ήνεγκε) Καναοῦτ Γονᾶφρι κώμης Nov. 8/9
Κερανίδος δεκάτης ἰν(δικτίονος) ἀχύρου λί(τρας)
«ἀχύρου λί(τρας)» ἑκατὸν εἴκοσι, λί(τραι) ρκ.
(second hand) Σουχιδᾶς σεσ(ημείωμαι).

1 παρ ostr., almost πρ only. 2 l. Καρανίδος.

206 Inv. 4404 (24–5016A–B × 4). Cm. 8 × 7·7. Date: early IV cent. A.D.

Ἀθὺρ ιβ΄ παρ(ήνεγκε) Σαραπί- Nov. 8/9
ον Χερήμονος ὑπ(ὲρ) κώ(μης)
Κερανίδος δεκάτης ἰνδ(ικτίονος)
ἀχύρου λί(τρας) ἑκατὸν εἴκοσι, ρκ.
5 (καὶ) δι(ὰ) Ἰσίονος Ἰσίονος
λί(τρας) ἑκατὸν εἴκοσι, ρκ.
(second hand?) Σουχιδᾶς σεση(μείωμαι).

1 f. l. Σαραπί|ων Χαιρήμονος. 3 l. Καρανίδος.

207 Inv. 4286 (24–113I–C × 20). Cm. 10·4 × 7·5. Date: early IV cent. A.D.

Χοίακ ιη κώ(μης) Καρανίδος Dec. 14/15
δι(ὰ) Καναοῦτ Οὐεναφρίου
δεκάτης ἰνδ(ικτίονος) ἀχύ(ρου) λί(τρας)
ἑκατὸν εἴκοσι, λί(τραι) ρκ.
5 (second hand) Σουχι(δᾶς) σ(εσ)η(μείωμαι).

Yellowish red pottery. Faded writing.

208 Inv. 4281 (24–113I–C × 20). Cm. 9·8 × 9·7. Date: early IV cent. A.D.

Τῦβι θ παρ(ήνεγκε) Καναοῦτ Jan. 4/5
κώμη(ς) Κερανίδος
δεκάτης ἰν(δικτίονος) ἀχύρου λί(τρας)

ἑκατὼν εἴκοσι, ρκ΄.
5 (second hand) Σουχιδᾶς σε(σημείωμαι).

Grayish yellow pottery. 2 l. Καρανίδος. 4 l. ἑκατὸν.

209 Inv. 4288 (24-113I-C x 20). Cm. 7·1 x 6·7. Date: early IV cent. A.D.

Μεσορὴ ε΄ παρ(ήνεγκε) Καναοῦτ   July 29
Οὐενάφρες κώμ(ης) Καρανίδος
ια ς΄ ἰνδικ(τίονος) ἀχύρ(ου) λί(τρας) ἑξήκοντα,
λί(τραι) ξ. καὶ ὑπὲρ κώμης Καρανίδος
5 λί(τρας) ἑξήκον[τα, λί(τραι) ξ . . . . .] σεσ(ημείωμαι).

1 καναοῦ ostr., for want of space.   5 Partly effaced. Name of receiving official lost.

210 Inv. 9031 (27-C36K-D). Cm. 8·7 x 11·7. Date: early IV cent. A.D.

Μεσορὴ β   July 26
παρ(ήνεγκε) Πάνις ὑπὲρ
ιβ ς΄ ἰνδ(ικτίονος) κώ(μης) Κενοῦ
Καρανίδος ἀχύρου λί(τρας) ἑκα-
5 τὸν πεντήκοντα, γ(ίνονται) λί(τραι) ρν.
Ἰσίων «αμμ» Ἀμμωνίου
σεση(μείωμαι).

2 Reading of name uncertain.   3 ινδ κω ostr. Reading κενου very uncertain. κυνοῦ, i.e. κοινοῦ?   7 σεση ostr.

211 Inv. 4282 (24-113I-C x 20). Cm. 8·4 x 6. Date: early IV cent. A.D.

Ἀθὺρ β παρ(ήνεγκε) Κανα-   Oct. 29/30
οῦτ Οὐεναφρίου
ιγς ἰν(δικτίονος) κώμη(ς) Κερα-
νίδος ἀχύρ(ου) λί(τρας)
5 ἑκατὸν εἴκοσι,
λί(τραι) ρκ, μόνας.

In two parts.   2 τ corrected from ν.   3 l. Καρα-.

212 Inv. 4276 (24-113I-C x 20). Cm. 10·9 x 6·9. Date: early IV cent. A.D.

Ἀθὺρ κα παρ(ήνεγκε) Καναοῦτ' Οὐενα-   Nov. 17/18
φρίου ὑπὲρ κώ(μης) Καρανίδος
τρισκεδεκάτης ἰνδικ(τίονος)

ἀχύρ(ου) λί(τρας) ἑκατὸν εἴκοσι, λί(τραι) ρκ.⁻
5   (second hand) Σουχ(ιδᾶς) σεσ(ημείωμαι).

Grayish yellow pottery.   3 l. τρισκαιδεκάτης.

213 Inv. 4412 (24–5020A–E × 7). Cm. 8·6 × 9·7. Date: early IV cent. A.D.

Μεσορὴ ια   Aug. 4
παρ(ήνεγκε) Σεκ( ) ὁμοίως ὑπ(ὲρ) δημ(οσίων)
Καρανίδος ὑπὲρ ἐκκε-
δεκ(άτης) ἰνδικ(τίονος) ἀχύ(ρου) λί(τρας) ἑκατὸν
5   εἴκοσι, γ(ίνονται) λί(τραι) ρκ, μ(όνας).
(second hand) Ἰσίων σεση(μείωμαι).

1 Σεκ, uncertain.   3 l. ἐκκαι-.   4 δεκ ινδικ αχυ λ ostr.   5 μ ostr. The whole text is much faded.

214 Inv. 4410 (24–5020A–E × 7). Cm. 16·4 × 8·8.   Date: early IV cent. A.D.

Μεσορὴ ια   Aug. 4
παρ(ήνεγκε) Χαιρήμων δι(ὰ) Ἥρων-
ος ὑπὲρ δημοσίων Καρανίδος
ὑπὲρ ἐκκεδεκ(άτης) ἰνδικ(τίονος)
5   ἀχύρου λί(τρας) ἑκατὸν εἴκοσι,
λί(τραι) ρκ, μόνας.
(second hand) Ἰσίων σεση(μείωμαι).

Ribbed pottery.   4 l. ἐκκαιδεκάτης; εκκεδεκ ostr.

215 Inv. 4466 (24–Temple–AE). Cm. 8·2 × 9·9. Date: early IV cent. A.D.

Μεσορὴ ιδ   Aug. 7
παρ(ήνεγκον) Παλήμων καὶ Ἀβὸκ
δι(ὰ) κτη(νῶν) κώμης
〚κ〛 Καρανίδος
5   ὑπ(ὲρ) ἐκκαιδεκ(άτης) ἰνδικ(τίονος)
ἀχύρου λί(τρας) ἑκατὸν εἴ-
κοσι, γ(ίνονται) λί(τραι) ρκ⌐.
(second hand) Ἰσίων σεση(μείωμαι).
(third hand) αϛ νέας.

3 δ,′ κτῆ ostr. (corrected).   9 αϛ, correction to 5: α instead of ἐκκαιδεκάτης.

216 Inv. 4408 (24–5020A–E × 7). Cm. 9·8 × 10·6. Date: early IV cent. A.D.

Θὼθ ιγ ϛ´ παρ(ηνέχθησαν) ὑπ(ὲρ)   Sept. 10/11
κωμητῶν Καρανίδος
δι(ὰ) Ἰσὰκ Ἰσίωνος ὑπὲρ
ιϛ ϛ´ ἰνδικ(τίονος) ἀχύρου λί(τραι) ἑκα-
5 τὸν εἴκοσι, λί(τραι) ρκ´.

(second hand) Διατ[ιμῶς] σε[σ]η(μείωμαι).

Ribbed pottery.   6 Very faint.   Cf. ostr. 197, 6.

217 Inv. 9199 (28–B118B–A). Cm. 9 × 5·9. Date: early IV cent. A.D.

Θὼθ ιϛ Καπέεις ὑπ(ὲρ) κωμη-   Sept. 13/14
τῶν Καρανίδος δι(ὰ) Νεί-
λου Νεμεσίονος ὑπὲρ ιϛ ϛ´
ἰνδικ(τίονος) ἀχύρου [λί(τρας)] ρκ[
5 Ἡρ[σεσημείωμαι.

Yellowish gray pottery.   4 ινδ,κ ostr.

218 Inv. 9059 (27–C54C–T). Cm. 8 × 9·1. Date: early IV cent. A.D.

Παῦνι ι´   June 4
παρήνεγκον Ἀτῖ-
σις . . . . Καρα-
νίδος ιϛ . . . . . .
5 . . . . ή-
κοντα . . ., γ(ίνονται) . .

The text is almost completely faded.   2 l. παρήνεγκεν, or in l. 3 supply καὶ (name).   3 ὑπὲρ κωμ.?   4 ιϛ sc. ἰνδικτίονος?   5 supply ἀχύρου λίτρας ἑξή|κοντα?   6 γ ostr.?

219 Inv. 9149 (26–X). Cm. 7·1 × 9·2. Date: early IV cent. A.D.

Χοίακ κ Ταμύστης   Dec. 16/17
δι(ὰ) Ὥρου πατ(ρὸς) παρήνε(γκεν)
εἰς ὑπόκαυσιν γυ(μνασίου) Ἀλεξαν-
δρείας βοβυιοπτητου
5 ἀχύρ(ου) καυσίμο(υ) σαργ(άνην)
μίαν.
Διονύσιος σ(εσ)η(μείωμαι).
Χοίακ κη⁻.   Dec. 24/25

2 πατ⁻ ostr.; παρηνε ostr.   4 I have not been able to read the last word.

220 Inv. 9162 (28-164*-C). Cm. 9·5 × 6·7.   Date: early IV cent. A.D.

    Τῦβι ι   Jan. 5/6
    Καναοῦτ Οὐεναφριος
    σαρ(γάνας) γ⁻.

2 ονεφ corrected to ονεναφριος ostr.

221 Inv. 4440 (24-5048-S × 13). Cm. 7·3 × 7·6.   Date: late III/early
                                                         IV cent. A.D.

    Φαμενὼθ α   Feb. 25/26
    Ἀειῶν Ἀτησίου
    σαρ(γάνας) δ
    βαλανείου.

Ribbed pottery.

222 Inv. 4375 (24-5008A-S × 11). Cm. 9·3 × 8·4.   Date: late III/early
                                                         IV cent. A.D.

    κώ(μης) Κερανί-
    δος δι(ὰ) Μέλα ᾽Ολ
    ἀχύρου καυσίμου
    σαργάνας τρῖς. Παῦ-
5   ⟦Ἐπι′⟧ νι τρίτῃ.   May 28

1 l. Καρανίδος.   4 l. τρεῖς.   5 Ἐπίφ corrected to Παῦνι.   Same hand as ostr. 201.

223 Inv. 4481 (25-4016-A × 3). Cm. 6·9 × 7·3.   Date: IV cent. A.D.

    παρήνεγκεν
    Παλήμων Ἀειῶν(ος)
    σαργάνας β.
    Παῦνει ιε.   June 9
5   Πέτρος σεσημί(ωμαι).

Partly ribbed pottery.   2 αειων ostr.   4 l. Παῦνι.   5 l. σεσημεί(ωμαι).

224 Inv. 4399 (24-5012C-A). Cm. 7·6 × 11.   Date: IV cent. A.D.

    Μεσορὴ ιδ καὶ Ἁθὺρ   Aug. 7
    ι παρ(ήνεγκε) Πτολεμέος   Nov. 6/7
    Ἰσίωνος
    σαρ(γάνας) β. Σε( ) σεση(μείωμαι).

Ribbed pottery.   1 και written: ϟ.   2 παρ (almost πρ) ostr.; l. Πτολεμαῖος.   4 σε𝆖 σεση ostr.

225 Inv. 9003 (27-237F-O). Cm. 5·2 × 5·2. Date: late III/early IV cent. A.D.

  Μϵ[
  Σωκράτη[ς] . [
  σαργ(άνην) ⟨α⟩, σαργ(άνην)
  μίαν. Ν.[σεση(μείωμαι).

Ribbed pottery.   1 Μϵ[σορὴ or Μϵ[χϵὶρ .. παρ(ήνϵγκϵ)?   2 l. Σωκράτη[ς.
3 l. σαργ(άνη) μία.

226 Inv. 4612 (26-B74-E). Cm. 9·9 × 5·3.   Date: late III/early IV cent. A.D.

  παρήνϵγκϵν Αὐᾶρος
  ἀπὸ Καρανίδος ἀχύρου λί(τρας) ρκ, μόνας.
  Εὐλόγιος σϵση(μείωμαι). Φαῶφι ια΄.   Oct. 8/9

Yellowish red pottery.

227 Inv. 9227 (28-BS160-B). Cm. 6·1 × 9·7.   Date: late III/early IV cent. A.D.

   Μϵσορὴ θ   Aug. 2
   παρήνϵγκϵν
   . . . .
   απ . . . . .
  5 ζ ϛ΄ . . .
    . . . . β
   . . . .
   . . . . .

Grayish yellow pottery.   5 ϛ΄, perhaps ζϛ΄ ἰνδικτ.? Writing almost completely faded.

228 Inv. 9180 (28-242*-F II). Cm. 5·6 × 6·8.   Date: early IV cent. A.D.

   Μϵσ[ορὴ .   July/Aug.
  παρήνϵγκο[ν . . . .
  ιος καὶ Ψϵνᾶς καὶ . [. . . . . .
  δος κώμης Καραν[ίδος . . . . .
  5 ἰνδικτίονος [ἀχύρου λίτρας
  ἑκατὸν [ϵἴκοσι, γ(ίνονται) ρκ.

Ribbed pottery.

229 Inv. 4406 (24–5016A–B × 4). Cm. 4·6 × 6·4. Date: early IV cent. A.D.

]·[
ὑπὲρ κ]ώμης Καρ[ανίδος
]της ἰνδικ[(τίονος) ἀχύρου λίτρας
ἑ]κατὸν εἴκο[σι, ρκ.
5   Σ]αραπίον ἀ[ποδέκτης σεσημείωμαι.

In two parts.   1 Month, day, παρήνεγκε, person's name lost.   5 l. Σαραπίων.

230 Inv. 4405 (24–5016A–B × 4). Cm. 7 × 7·3. Date: early IV cent. A.D.

(Beginning lost.)

Πτολ....[...
ἀχύρου λί(τρας) ἑκατὸν
εἴκοσι, λί(τραι) ρκ´. (second hand?) Σουχ[ιδᾶς σεση(μείωμαι).

Ribbed pottery.   3 σεσ. perhaps in a new line.

231 Inv. 4437 (24–5043A–E). Cm. 7·1 × 5·5. Date: late III/early IV cent. A.D.

(Beginning lost.)

λί(τρας) τρια[κοσίας ἑξήκοντα,
γ(ίνονται) λί(τραι) τ[ξ.
καὶ τῇ ιη ὁ αὐτὸς .[....
ἀχύ(ρου) λί(τρας) ἑκατ[ὸν εἴκοσι, γ(ίνονται) λί(τραι) ρκ.

Yellow-gray pottery.   4 αχυ λ ostr.

232 Inv. 4537 (25–5074–A × 2). Cm. 2·8 × 4·7. Date: beginning of IV cent. A.D.

Τῦβι η   Jan. 3/4
παρή]νεγκε
]. ϛ´ ἰν-
[δικτίονος (Breaks off.)]

233 Inv. 4482 (25–4016–A × 3). Cm. 4·9 × 4·4. Date: IV cent. A.D.

Μεσορὴ ϛ   July 30
παρήνηγκον
Ἀιῶν καὶ Ὧρος
(Breaks off.)

2 l. παρήνεγκον.

FODDER

234 Inv. 9053 (27–C43G¹–Q). Cm. 10·5 × 6·5.   Date: Dec. 23, 274 A.D.,
or Dec. 24, 279 A.D.

Αὐρήλιοι Ἄριος καὶ Ἡρωνῖνος ἀμφό-
τεροι ἐπιμεληταὶ χόρτου κωμάρχαι
κώμης Καρανίδος Σαταβοῦτι καὶ
Μέλανι χαίριν. παρελάβαμεν πα-
5 ρ' ὑμῶν χρότου δεσμὰς ὠκτα-
κοσίας πεντήκοντα.
   ἔτους ε⁻ Χοίακ κζ.   Dec. 23, 274, or Dec. 24, 279

4 l. χαίρειν.   5 l. χόρτου, ὀκτα-.

235 Inv. 4506 (25–5072E–A × 14). Cm. 5·7 × 7·8.   Date: Aug. 4,
288 A.D.   Plate VI

παρὰ Φιλίππου καὶ Νί-
λου καὶ τῶν συνπαρὰ αὐ-
τῶν. παρελάβαμεν παρὰ
Νίλου ὀνηλάτου κώμ(ης)
5 Καρανίδος γόμος α
χόρτου δαισμὰς ρ'.

(ἔτους) δ ϛ' καὶ γ ϛ' Μεσορὴ
ια'.   Aug. 4, 288

5 l. γόμον.   6 l. δεσμὰς.   Cf. *Serta Rudbergiana*, pp. 85 ff.

236 Inv. 4510 (25–5072E–A × 14). Cm. 8·3 × 7·2.   Date: Aug. 4, 288 A.D.

παρὰ Φιλίππου καὶ Νίλου
καὶ τῶν συνπαρὰ αὐτῶν.
παρελάβαμεν παρὰ Πελαρίου
ὀνηλάτου κώμης Καρα-
5 νίδος γόμος α χόρτου
δαισμὰς ρ'. (ἔτους) δ ϛ καὶ γ ϛ
Μεσορὴ ια'.   Aug. 4, 288

5 l. γόμον.   6 l. δεσμὰς.   Cf. *Serta Rudbergiana*, pp. 85 ff.

237 Inv. 4530 (25–5072G–C × 16). Cm. 7·5 × 6·1. Date: late III/early
IV cent. A.D.

  Ἀνοῦθις Σαμβᾶ
  δεσμ(ὰς) μ
  Μεχεὶρ ιαˉ.   Feb. 5/6

Pottery with broad, low ribs.

238 Inv. 4531 (25–5072G–C × 16). Cm. 5·4 × 7. Date: late III/early
IV cent. A.D.

  ἐπαγ(ομένων) γ   Aug. 26
  Σεμίας
  κ(αὶ) Γεννᾶδις
  δεσμ(ὰς)
 5 ιϛ.

239 Inv. 4543 (25–5083B–N). Cm. 7 × 5. Date: early IV cent. A.D.

  Μεσωρ(ὴ) θ τοὺς   Aug. 2
  συνδέσμ(ους) δεκα-
  οκτώ.

1 l. Μεσορ(ή). 2 συνδεσμ (or perhaps συνδεμ) ostr.

240 Inv. 4524 (25–5072G–C × 16). Cm. 6·6 × 6·6. Date: late III/early
IV cent. A.D.

  Ἀνοῦθις
  «ϛ» Σαμβᾶ συν-
  δέσμ(ους) ιϛ.

241 Inv. 9268 (28–C101B–C). Cm. 6·1 × 6·9. Date: IV cent. A.D.
  Ἀθὺρ η   Nov. 4/5
  τῶν δεμ(άτων)
  δέμ(ατα) κδ.

Light grayish red pottery.

242 Inv. 9267 (28–C101B–B). Cm. 5·4 × 5·1. Date: IV cent. A.D.
  Ἀθὺρ ιζ τῶν δεμ(άτων) Nov. 13/14
  δέμ(ατα) ιη.

A deep furrow in the pottery.

243 Inv. 4532 (25-5072G-C × 16). Cm. 5·5 × 6·9.   Date: late III/early IV cent. A.D.

    Ἐπήπ α   June 25
    δέματα
    κβ.

1 l. Ἐπίφ.

244 Inv. 4533 (25-5072G-C × 16). Cm. 8·9 × 7·2.   Date: late III/early IV cent. A.D.

    Ἐπὶπ η   July 2
    δέματα
    κβ.

245 Inv. 4614 (26-BS2-W). Cm. 6·7 × 7·2.   Date: III cent. A.D. ?

  δι(ὰ) Ὥρου δέματα [. .

BEANS

246 Inv. 4307 (24-5000-L × 3). Cm. 7·6 × 5·1.   Date: Nov. 11, 301 A.D.

  Μέλ[α] καὶ Ἥρωνι καὶ Ἰσ[ιδώρῳ
  δι(ὰ) Γεροντίου δεκ(απρώτου)
  πασήλου ἀρτάβα[ς
   δύο, γ(ίνονται) β.
 5 Ἀθὺρ ιε.   Nov. 11

1 l. Μέλανι? The number of letters lost at the end of the line is uncertain. 2 A word (the verb?) may be missing after δεκ), at the end of the line. 3 l. φασήλου.

247 Inv. 4547 (25-5091-C × 9). Cm. 4·8 × 7·9.   Date: late III/early IV cent. A.D.

   Πανεσᾶτις Αὐ-
   νῆ καὶ Σαραπι-
   ὰς γυνὴ αὐτοῦ

   πασήλου μάτ(ια)
 5   ζ.

Light-colored pottery. 4 l. φασήλου.

WINE

248 Inv. 4355 (24–5005C–A × 8). Cm. 5·4 × 9·4.   Date: late III/early IV cent. A.D.

  λόγος ὄξος·
  παρὰ Παῆσις
  Παθερμούθι(ος) κνί(δια) ι
  παρὰ Ἥρων Ἀπω-
5 νιέως κνί(δια) κ
  παρὰ Ἴσει ιγ
  Μέλας Εὐδαίμο(νος) α
  Ὀρσενοῦφ(ις) Σαραπίω(νος) α
  Κοπρῆς Πάπου α
10 Μῶρος ἱερεὺς α

1 l. ὄξους. 2 l. Παῆσιος. 4 l. Ἥρωνος. 8 ορσενουφ′ ostr., very cursively written.

249 Inv. 9137 (26–X). Cm. 10·5 × 7·9. Date: IV cent. A.D.

  λόγος οἴνου
  σάκ(κων)
  Κοπρῆς «κ(ε)φ(αλαιωτὴς)» σάκ(κος) α
  Παπέευ(ς) Ἀβὸκ σάκ(κος) α
5 Παλήμων Κατᾶς σάκ(κος) α
  Ἅρπαλος Παιαρόου σάκ(κος) α
  Κεφαλᾶς σάκ(κος) α
  Πτολεμαῖος Ἰσιδώρου σάκ(κος) α
  Ἡρᾶς Κούνι(ος) σάκ(κος) α
10 Ἀιῶν Ἰσιδώρου σάκ(κος) α

Ribbed pottery. 2 σακ′ ostr.; so also ll. 4 and 7. 3 κφ ostr., canceled. σα corrected from α. σακ ostr.; also ll. 5, 6, 8–10. 4 παπεευ ostr. 9 κουνι ostr.

250 Inv. 4616 (26–BS18–B). Cm. 10 × 18·6. Date: III/IV cent. A.D.

  ἡμι[
  Ἰταλικ[
  Αἰγυπτι[ακ
  κῷα μ·[
5 λάγυνοι ξ ε·[
  Αἰγυπτια[κ
  ἐλαίου βαδ[

Ἀμινναῖα κ[εράμια (?)
Ἀδριανὰ ·[
10   Μενδησι[
ἐρίων τυγ[

Written in very large letters. 7 βάδ[οι, βάδ[ια? 8 Cf. Tait, *Ostraca*, I, p. 114, no. 240, 6, note, and *Thes. Lingu. Lat.*, s.v. Amineus.

OIL

251 Inv. 4353 (24–5005B–A × 10). Cm. 6·9 × 7.   Date: late III cent. A.D.

τ[ῶν] ἐλ[αίω]ν τῶν πεπρ(α)-
μένων διπλᾶ
κεράμια γ
ἀναλαμβ(άνονται) δ/.

1 Surface badly damaged.   πεπρ̅ ostr.   4 αναλαμβ, end of word damaged ; ἀναλαμβ(ανόμενα)?

252 Inv. 4594 (26–B14F–A).   Cm. 7·8 × 11·1.   Date: III cent. A.D.

]. Ἀτισίου   με(τρηταὶ) ε
] Αὐρηλί(ου) με(τρηταὶ) ϛ
]ου   με(τρηταὶ) γ
Ἀν]τωνί(ου) με(τρηταὶ) ζ
5   ] .   με(τρηταὶ) ε
]αξ   με(τρηταὶ) γ
]   με(τρηταὶ) η
με(τρηταὶ)] γ

In right margin :

Φαῶφι Ἀθὺρ μην(ῶν)

1 με ostr. ; so also ll. 2–8.   2 αυρηλι ostr.   9 Reading uncertain ; μην ostr. ?

253 Inv. 9234 (28–C36K–U).   Cm. 5·3 × 7·5.   Date: May 22, 302 A.D.

. . . .]τορας
. . . . . .] . αγυηοδο̣
. . . .]ενουθη . . .
. .] γανίδας
5   δ]ύο, γ(ίνονται) β.   Ἡρακλεί-

δης σεση(μείωμαι).
(ἔτους) ιη ϛ καὶ ιζ καὶ ι ϛ´
Παχὼν κζ.   May 22, 302

1-3 I don't understand. We expect e.g. παρέδωκε (name), s. of (name), ὑπὲρ κώμης Καρανίδος γαν. δύο. 4 γανίς, cf. γᾶν, γάνδιον Hesychius.

254 Inv. 4292 (24-1131-C × 20). Cm. 10·9 × 6·7.   Date: late III/early
                                                        IV cent. A.D.

Αὐρήλιος Πρωτᾶς βουλ(ευτὴς)
ἐπιμελητὴς θησαυρὸν
Λευκογίου Αὐρηλίῳ Πρίσ-
σκῳ Εὐδαίμονος χαίρειν.
5 παρέλαβον παρὰ σοῦ ὑπὲρ κώ-
μης Καρανίδος γανίδα
μίαν. Παῦνι α.   May 26

In two parts. 2 l. θησαυρῶν or -οῦ. 3 l. Αὐρηλίῳ Πρίσκῳ. 6 Cf. ostr. 253, 4 note.

WOOL

255 Inv. 4314 (24-5002D-O × 13). Cm. 13·7 × 10·7.   Date: late III/early
                                                         IV cent. A.D.

ἐρέα·
Ἀτίσιος Πανᾶς   λί(τραι) ν
καὶ Ἥρης   λί(τραι) ν
Ἀβὸκ Γεμ(έλλου)   λί(τραι) ν
5 Πανεσάτης   λί(τραι) κε
Διόσκορος   λί(τραι) κε
Σαταβοῦς   λί(τραι) κε
Ἀχιλλᾶς κ(αὶ) Σαβεῖ(νος)   λί(τραι) κε
Παπέεις κ(αὶ) Παδευκ(ης)   λί(τραι) κε
10 Μέλας κ(αὶ) Θικοκ( )   λί(τραι) κε
Δοῦλος κ(αὶ) Μακρ(ῖνος)   λί(τραι) κε

2 l. Πανᾶτος or Πανᾶ? λ ostr., passim. 8 ϛ ostr.; so also ll. 9-11. 9 παδευκ ostr. 10 θικοκ ostr. (θ ϛ κοκ?).

CLOTHES

256 Inv. 9020 (27–C26G–A). Cm. 4·8 × 6·5. Date: late III/early IV cent. A.D.

]. καὶ Ἰσίδωρ[ος
καὶ Πτολλᾶς
στιχάρι(ον) [ἕν,
a.

1 The number of letters lost at the end of the line is uncertain. 2 Whether something is lost at the beginning and end of the line is uncertain.

WOOD

257 Inv. 9240 (28–C49H–E). Cm. 10·4 × 8·8. Date: Nov. 7, 309 A.D.

Αὐρ(ήλιος) Νειλίων ἀποδ(έκτης)
ξύλων ἀρτεκο(πίας) μον(ῆς)
Ἰσίου Αὐρ(ηλίοις) Ἀφρο[δ]ισ(ίῳ)
καὶ Ἥρωνι καὶ Σαραπ(ίωνι).
5 παρήνεκκας
ξύλ(ων) γό(μους) τρῖς.
(ἔτους) ιη ∫ ἔτους κ(αὶ) ϛ
Ἀθὺρ ια. Nov. 7, 309

2 αρτεκο ostr.; l. ἀρτο-. μου ostr., uncertain reading. 3 First word very uncertain, reading of end of l. uncertain. 5 l. παρήνεγκας, for παρηνέγκατε.

DOORS AND A TABLET

258 Inv. 4316 (24–5002D–O × 13). Cm. 8·5 × 8·2. Date: late III/early IV cent. A.D.

παραδέδωκι Τιβερῖνος
ἀρχέποδος θύρας ια
καὶ πτυχὴ μία
Πεηοῦ καὶ Σώτας.

Yellowish gray pottery. 1 l. παραδέδωκε. 2 l. ἀρχέφοδος. 3 l. πτυχὴν μίαν. 4 l. Πεηοῦς κ. Σ. as subscription or Πεηοῦ (Πεηοῦτι?) κ. Σώτᾳ, dat.

Payments and Deliveries of Uncertain Nature

259 Inv. 4400 (24–5014C–C × 2). Cm. 10·7 × 7·1. Date: late III cent. A.D.

(ἔτους)] Παχὼν κζ [. . . . . May 22
] Κα[ρα]νίδος Ἀμμών(ιος) Παιη(οῦ)

] δ[ε]κατρεῖς, γί(νονται) ιγ̄. Κρισ( )
σεση(μείωμαι)

Reddish pottery, ribbed. Surface badly damaged and writing partly effaced.
3 [⊦ ostr., faint; there may be a symbol between γι and ιγ̄ (ϛ′ or σ^a?).

260 Inv. 4306 (24–5000–L × 3). Cm. 9 × 7·8.   Date: IV cent. A.D.

  Πετῶλ καὶ Εἰ[. . . . . . .
  κωμάρ(χαις) κώμης Κ[αρανίδος
  . . . ιαι καὶ [. .

Ribbed pottery. In parts faded away completely.

Lists of Land

261 Inv. 9083 (27–C80A–A). Cm. 5 × 7·3.   Date: III cent. A.D.

    (ἄρουραι)] γ
   ] (ἄρουραι) δ
  ]ίου (ἄρουραι) κε ιϛ′
  ]τολιας (ἄρουρα) αd
5]ρίνου (ἄρουραι) β
  ]ρίνου (ἄρουραι) δ
  Πτο]λε(μαίου) (ἄρουρα) αd
  ] . εγρα( ) (ἄρουραι) γ.

7]λε ostr. 8] . εγρα) ostr.

262 Inv. 4452 (24–5050A–A × 3). Cm. 7·5 × 5·9.   Date: late III/early IV cent. A.D.

  πιτακίου κότις
  Τιμολᾶ κλῆ(ρος) (ἀρούρης) ϛ′
  Θεαγένους κλῆ(ρος) (ἀρούρης) ϛ′
  κλῆ(ρος) Πουνᾶ (ἀρούρης) ϛ′
5 κλ]ῆ(ρος) Φιλίππου (ἀρούρης) ϛ′
  ] . . (ἀρούρης) d
  ]ος (ἀρούρης) ϛ′
  ] (ἀρούρης) ϛ′

Light-colored red pottery. 1 l. ⟨ἀντίγραφον?⟩ πιττακίου κοίτης. Probably part of the same text in ostr. 263, but something is lost between the two parts.

263 Inv. 4439 (24-5048-S × 13). Cm. 7·4 × 4·9.   Date: late III/early IV cent. A.D.

] (ἀρούρης) d
] Νότου κλή(ρος) (ἀρούρης) ϛ´
] μέσου κλή(ρος) (ἀρούρης) ϛ´

Light yellowish red pottery, about 1 cm. thick.   3 κλη (almost like ηλη) ostr.; κλή(ρος) or κλή(ρου)?   Probably part of the same text as ostr. 262, but they do not join immediately.

264 Inv. 9112 (27-CS34-A). Cm. 6·7 × 3·4.   Date: late III/early IV cent. A.D.

βασι(λικῆς) σπ(ορίμου) (ἄρουραι) ϛd$\overline{ιϛ}$
ἰδιω(τικῆς) σπ(ορίμου) (ἄρουραι) ϛgηλ⟨ō⟩ ξō
(ἀρτάβαι) ιβ κη
(ἀρτάβαι) ϛd

3 κη for $\overline{κδ}$?

265 Inv. 4322 (24-5002E-J). Cm. 5·4 × 9·5.   Date: late III/early IV cent. A.D.

κρέως· σὺν
τῇ α ἀρ(ούρῃ) [[aϥ]]
aL$\overline{ϥō}$
χοιριδ(ίοις) g$\overline{μη}$
5   βοιδ(ίοις) g$\overline{μη}$

LITURGICAL WORK

Work on the Embankments

LISTS OF WORKERS

266 Inv. 4455 (24-5051A-A × 3). Cm. 8·6 × 11·2.   Date: late III/early IV cent. A.D.

κεφ(αλαιωτὴς) Ἄμμων Παησίου ν(αύβια) β
Ἐκύσιος Παησίου ἐργ(άτης) α ν(αύβια) β
Κωπρῆς Ἡρᾶ ἐργ(άται) β ν(αύβια) δ
Ἀπίων Παρήους ἐργ(άτης) α ν(αύβια) β
5   Κάστωρ Πτολεμαίου ἐργ(άτης) α ν(αύβια) β
ἐργ(άται) ϛ ν(αύβια) ιβ.

Ribbed pottery.   1 κεφ′ ostr., cursively written.   3 l. Κοπρῆς.

267 Inv. 9176 (28-242*-S I). Cm. 10·2 × 8·3. Date: late III/early IV cent. A.D.

    διώρ(υγος) Ἐκφιάλης·
    Πατ[ερμοῦθις] Διοσκόρου   ν(αύβια) β
 κε Σερ[ῆνος] Ἁρπάλου   ν(αύβια) β
    ..[. . . . . . .]αλ . . α   ν(αύβια) β
5   Δίδ[υ]μος [. . . . .] Οὐαλερί(ου) ν(αύβιον) α
    Χαι[ρήμων] Ὥρου   ν(αύβιον) α

3 κε(φαλαιωτὴς)? 5 ουαλερι ostr.; [δοῦλ(ος)]?

268 Inv. 9124 (27-X). Cm. 10·6 × 6·5. Date: late III/early IV cent. A.D.

 κεφ(αλαιωτὴς) Πτολλᾶς Οὐενάφ(ριος) ν(αύβια) β
         Παλήμων Ἀχιλλᾶ   β
         Κάστωρ Ἡρᾶ   β
         Σαμβᾶς Πτολεμαί(ου)   β
5   Τατῖσις Πρίσκου   β
         Σύρος Ἰσιδώρου   β
         γί(νονται) ν(αύβια) ιβ.

269 Inv. 9125 (27-X). Cm. 12 × 8·3. Date: late III/early IV cent. A.D.

 κεφ(αλαιωτὴς) Ἀγενῆς Οὐενάφ(ριος) ν(αύβια) β
         Σαμβαθίων   ν(αύβια) β
         Κλῆμες Σαμπᾶ   ν(αύβια) β
         Ἅρπαλος Σωκρᾶ   ν(αύβια) β
5   Παῆσις Αὐγῆ   ν(αύβια) β
         Μισθίας   ν(αύβια) β
         γί(νονται) ν(αύβια) ιβ.

1 ουεναφ ostr., ν𐅵 ostr.; also ll. 2-5, 7. 6 ν𐅵′ ostr.

RECEIPTS FOR WORK

270 Inv. 4596 (26-B25A-F). Cm. 8·9 × 6·4. Date: July 30, 210 A.D.?

    Δημήτριος δοῦλ(ος) Παν-
    τᾶτος εἰργά(σατο) ἀπὸ β̄.   July 26 (?)
    (ἔτους) ιη‵ κυρίων Αὐτοκ(ρατόρων)   210
    Μεσορὴ ϛ. ὁμ(οίως) ἄλλας ἡμ(έρας) δ⁻.   July 30

2 ειργα or ηργα ostr.

271 Inv. 4600 (26–B32A–A).   Cm. 8·5 × 9·3.   Date: Aug. 13, 215 A.D.?
Plate VI

    ἔτους κγ′ // Μεσορὴ κ⁻   Aug. 13, 215?
    εἰργάσατο εἰς διώ(ρυγα)
    Περιαγωγοῦ κώ(μης)
    Καρανίδος
5   Δημήτριος
      Σαμβᾶ.

---

272 Inv. 9146 (26–X).   Cm. 5 × 7·8.   Date: Oct. 20, 187 A.D.

    κη (ἔτους) Φαῶφι κβ   Oct. 20, 187
    Πωλίων γέρδ(ιος)
    παρέδω(κε).

273 Inv. 9284 (found 1928, below 127B and C).   Cm. 7·1 × 9·4.
Date: June 24, 188 A.D.

    κη (ἔτους) Παῦνι λ′   June 24, 188
    Ἰσίδωρος Σουχάμ-
    μωνος παρέδ(ωκεν) ὑπὲρ
    ἀρουρῶν ναύβια δ′.
5   σεσημίωμαι.

Dark grayish brown pottery.   1 λ′ or α′ (May 26)?   5 l. σεσημείωμαι.
Official's name omitted.

274 Inv. 4595 (26–B15C–A).   Cm. 8·8 × 6·9.   Date: June 28, 192 A.D.

    λβ (ἔτους) Ἐπὶφ δ Περιαγ(ωγοῦ)   June 28, 192
    Ἱέρων μηχανάρ(ιος)
    παρέδωκ(ε).

Red pottery.   1 περιαγ ostr.   2 μηχαναρ ostr.   3 παρεδωκ ostr.

275 Inv. 9269 (28–C106A–D).   Cm. 6·2 × 4·9.   Date: July 14, 192 A.D.

    λβ (ἔτους) Ἐπὶφ κ̄ Περι-   July 14, 192
    αγωγοῦ Πασίω[ν
    Κόμωνος πα[ρέδωκε.

276 Inv. 4580 (26–B2K–T). Cm. 10.8 × 7.7.   Date: June 23, 204 or
233 A.D.?

(ἔτους) ιβ// Παοῖνι κθ   June 23, 204 or 233?
Ἰσίων Πτολε(μαίου) αυσαπ( )
παρέδωκεν χώ(ματος) ναύβιον
ἕν, γ(ίνεται) α⁻.
5 (second hand) ε(ἰς) Παοῦ(νι) ἐνάτῃ καὶ εἰ[κοστῇ
σεση(μείωμαι).

1 l. Παῦνι.   2 αυσαπ or αναπ, meaning?   5 επαοις ostr.   Latter part of line considerably faded. Cf. ostr. 278.

277 Inv. 9213 (28–B141E–B). Cm. 5.4 × 5.3.   Date: Sept. 23, 212 A.D.?

κα (ἔτους) Θὼθ κϛ̅   Sept. 23, 212?
Πτολεμ(αῖος) Πετε-
ρῶνος καὶ Ὁραῦς
Πασίωνος . .
5 παρέδωκεν
ναύβια τρία.

Dark grayish brown pottery.   1 κα ς ostr. (hardly κθ?).   5 l. παρέδοσαν.
The writing is considerably faded.

278 Inv. 4571 (26–B1C–R I). Cm. 5.9 × 5.4.   Date: June 13, 213 A.D.?

κα (ἔτους) Παῦνι
ιθ Ἰσχυρᾶς   June 13, 213?
Πτολεμ(αίου) παρέ-
δωκ(ε).
5 σεσ(ημείωμαι) εἰς Παῦνι ἐνάτῃ
καὶ δεκάτῃ.   June 13

1 κα or κδ?   3 παρε/δωκ ostr.   5/6 perhaps by a second hand.

279 Inv. 4393 (24–5008B–G × 14). Cm. 10.4 × 5.7.   Date: III cent. A.D.

Νίγερ Διδύμου [Π]ατᾶς.
παρ[έ]δω(κας) ναύβ[ια] ρ⁻.
(ἔτους) γ// Θ[ὼθ] ι.   Sept. 7/8

1 l. Πατᾷ?   3 Θ[. .] ι or Ἐ[πὶ]φ [. .]?   The text is rather faded.

280 Inv. 9078 (27–C61A–E). Cm. 9 × 6·1.   Date: III cent. A.D.

       δ (ἔτους) Ἐπεὶφ´ κη⁻   July 22
       Κόμων Πασίωνο[ς
       π(αρέδωκε).

1 δ or ϛ?

281 Inv. 9163 (28–165*–J II). Cm. 9·3 × 8.   Date: III cent. A.D.

       δ (ἔτους) Μεσορὴ ιζ⁻   Aug. 10
       Σύ[ρ]ος Διογένους
       π(αρέδωκε).

1 A letter may be lost in front of δ, as the surface is rather damaged.

282 Inv. 4578 (26–B1D–D). Cm. 8·1 × 5·9.   Date: early III cent. A.D.

       Θὼθ θ Ἰσχυρᾶς   Sept. 6/7
       Πτολεμ(αίου) παρέδωκ(ε).

283 Inv. 4545 (25–5085B–H). Cm. 6·5 × 3·7.   Date: III cent. A.D.

       Θὼθ ιβ Σαραπίων   Sept. 9/10
       δοῦλ(ος) Νουσωνᾶ
       παρέδωκ(ε).

284 Inv. 9107 (27–CA71–Y). Cm. 6·4 × 8·4.   Date: III cent. A.D.

       Θὼθ κγ   Sept. 20/21
       Χαρίδημος Λεω-
       νίδου καὶ Σαραπίων
       υἱὸς καὶ Λεωνίδ(ης)
   5 ἄλλο(ς) παρέδ(οσαν) ναύ-
       βια τρία.

4 λεωνιδ ostr.   5 αλλο παρεδ ostr.

285 Inv. 4570 (26–B1C–Q I). Cm. 5·9 × 6·4.   Date: early III cent. A.D.

       Φαῶφι ιᾱ   Oct. 8/9
       Ἰσχυρᾶς Πτολε(μαίου)
       παρέδωκ(ε).

Rather light colored pottery.

286 Inv. 9226 (28–BS150–V). Cm. 5·5 × 6·4.   Date : III cent. A.D.

  Ἀθὺρ γ̄ Νίν-   Oct. 30/31
  νος Ἰσιδώρ(ου)
  παρέδωκε.

2 ϊσιδωρ ostr.

287 Inv. 9091 (27–CA19–M). Cm. 8·7 × 9·6.   Date : III cent. A.D.

  Φαμ(ενὼθ) ῑϛ̄   March 12
  Ὀννῶφ(ρις) Ὡσῆ-
  πι παρέδ(ωκε).
  σεσημίωμαι.

   5 (second hand) νο ⸓ λν̣τ.

1 φαμ ostr.   2 οννωφ ostr.   3 παρεδ ostr.   4 l. σεσημείωμαι.   5 Reading of the line rather uncertain. Cf. ostr. 288, 5.

288 Inv. 4575 (26–B1D–A). Cm. 7·6 × 8·2.   Date : early III cent. A.D.

  Παῦνι ῑγ̄   June 7
  Σαραπίων Πτο-
  λεμ(αίου) παρέδ(ωκε).
  σεσημίωμαι.

   5 (second hand) νο ⸓ λντ

3 παρεδ ostr.   4 l. σεσημείωμαι.   5 Meaning? ν(αύβια) ο (ἀρτάβαι) λ ν(αύβια) τ? Cf. ostr. 287, 5.

289 Inv. 4577 (26–B1D–C) Cm. 6·8 × 8·8.   Date : early III cent. A.D.

  Ἐπεὶφ α Σαραπίω(ν)   June 25
  Πτολεμαί(ου) παρέδ(ωκε).

Yellowish red pottery.

290 Inv. 4576 (26–B1D–B). Cm. 5 × 7·9.   Date : early III cent. A.D.

  Μεσορὴ η̄   Aug. 1
  Σαραπίων Πτο-
  λεμαίου παρέδ(ωκε).
  ἐση(μειωσάμην).

Yellowish red pottery.   3 παρεδ ostr.   4 εση̄ ostr.

G

291 Inv. 9189 (28–B115*–X). Cm. 7·5 × 9·1.   Date: late III/early IV
                                                         cent. A.D.?

        (Probably 2 lines lost.)
    . . . . . .] . . . . . παρ-
    έδω]κε. Μεσορὴ ι̅α̅.   Aug. 4

Surface damaged by decay.

292 Inv. 9251 (28–C62N–F). Cm. 4 × 5·8.   Date: III cent. A.D.

    Μεσορὴ ιη   Aug. 11
    Π . . ερίων
    Παμοῦν
    παρέδωκε
  5 ν(αύβια) ε´.

Rather light colored pottery.

293 Inv. 4573 (26–B1C–T I). Cm. 5·6 × 5·8.   Date: early III cent. A.D.

    Μεσορὴ ἐπα-
    γομ(ένων) γ̅ Σαραπί-   Aug. 26
    ων Πτολεμ(αίου)
    παρέδωκ(ε).

Yellowish red pottery.

294 Inv. 9232 (28–C36B–E). Cm. 6·3 × 8·2.   Date: III cent. A.D.

    ἐν Ἑρμαίθο(υ)
    δι' ἐμοῦ Φιλίπ-
    που Ἰσίδωρο(ς)
    Κασί(ωνος) ν(αύβια) ι.

1 viz. διώρυγι?

UNCERTAIN

295 Inv. 9195 (28–B115*–D I). Cm. 6·8 × 7·2.   Date: I cent. A.D.?

    (ἔτους)] ιγ ˝Ωρος Καχέπις
    . . . .]. ι L˝

1 Κα–ις or Ἰσα–ης?

296 Inv. 9194 (28–B115*–C I). Cm. 6·8 × 5·1. Date : I cent. A.D. ?

(ἔτους) ιε Ἀπίω(ν) Φίλων-
ος Φαμ(ενὼθ) ῑδ ς̣. March 10

Rather dark pottery. 2 σ or merely a curl?

297 Inv. 9190 (28–B115*–Y). Cm. 8·8 × 9·9. Date : I cent. A.D. ?

(ἔτους) ιε Πᾶς
Πα( ) ᾱ. April 26 or May 26

Rather dark pottery. 2 πα ostr. ; Πα(χὼν) or Πα(ῦνι)?

298 Inv. 9193 (28–B115*–B I). Cm. 5·6 × 5·7. Date : I cent. A.D. ?

(ἔτους) ιζ Φθὲς̄
Παχὼ(ν) ῑς̣ φμ. May 11

299 Inv. 9186 (28–B114*–D). Cm. 10·7 × 6·9. Date : I cent. B.C. ?
(June 18, 9 B.C. ?)

(ἔτους) κα Ἀρνώ(της) Πετεχό(ϊτος)(?) λ̣ ζ⁻
Παῦ(νι) κ̄δ̄/. June 18, 9 B.C. ?

1 λ̣ e.g. λο(ιπὰ)? The reading of the ostracon is rather uncertain.

300 Inv. 9192 (28–B115*–A I). Cm. 8 × 7·7. Date : I cent. A.D. ?
(One line in Demotic.)

Φαῶ(φι) κ̄δ̄ ξ κ̄δ̄ ξ. Oct. 21/22

301 Inv. 9191 (28–B115*–Z). Cm. 9·3 × 6·7. Date : I cent. A.D. ?
(One line in Demotic.)

Μεσω(ρὴ) ζ ˆαν⫽. July 31

2 l. Μεσορὴ.

302 Inv. 9197 (28–B115*–F I). Cm. 9·3 × 4·8. Date : I cent. A.D. ?

Πεηρο( ) Ἡρο( )
Μεσορὴ λ̄ ˆακ Aug. 23
ἐπα(γομένων) β̄ ˆα⫽. Aug. 25

303 Inv. 9140 (26–X). Cm. 6·5 × 5·8. Date: III cent. A.D.

με Πτολεμ(αῖος)
Σιμικικεῖ
(ἔτους) ε Θὼθ ἕκτῃ
καὶ εἰκάδι. Sept. 23/24

304 Inv. 4608 (26–B45E–D). Cm. 6·8 × 5·7. Date: III cent. A.D.

νβ' Πολυδ(εύκης)
Σωκράτ(ους)
(ἔτους) ε Θὼθ ἕκτῃ καὶ
εἰκάδι. Sept. 23/24

305 Inv. 4597 (26–B25V–A). Cm. 6·8 × 6·7. Date: I/II cent. A.D.

λ̄ Μεχεὶρ   Feb. 24/25
Κερᾶς Κοοῦς
κ̄β̄.

Yellow-gray pottery. As first written, the same text is turned in the other direction on the ostracon, perhaps with an error in 2; then washed out and repeated as above.

306 Inv. 4461 (24–023–B). Cm. 6·3 × 4·6. Date: III cent. A.D.

μ⁻ Σωκράτ[ης
Πετεσ[ούχου
Θαρμ(οῦθι) ἐνδεκ[άτῃ. April 6

Yellow-gray pottery. 3 θαρ^μ ostr., l. Φαρμ(οῦθι).

307 Inv. 4585 (26–B9K–G). Cm. 8·1 × 5·7. Date: early III cent. A.D.

ν⁻ Σαταβοῦς
Ἡρᾶ
Φαρμ(οῦθι) πεντεκαι-
δεκάτῃ. April 10

308 Inv. 9138 (26–X). Cm. 9·9 × 5·9. Date: III cent. A.D.

Φαρμ(οῦθι) κδ⁻   April 19
Σεπρίων ε⁻.

309 Inv. 9216 (28–B154K*–J). Cm. 5·7 × 5·4. Date: III cent. A.D.?

Παη( )
Φαρμοῦ(θι) κϛ̄ φ. April 21

1 παη ostr.

310 Inv. 4451 (24–5050A–A × 3). Cm. 6·6 × 4·8.   Date: III cent. A.D.

μδ̄ Ἀφροδ(ίσιος) Πεθεῦτος
(second hand) Παῦνι τρίτῃ
καὶ εἰκάδι.   June 17

Light-colored gray pottery.

311 Inv. 4592 (26–B12M–D). Cm. 7·9 × 5·2.   Date: early III cent. A.D.

Ἐπὶφ γ̄ Ἀμμῶνις   June 27
δοῦλ(ος) Παπέει συνλ( ) κελ( )
ᾱ ἐν β̄, β̄ ἐν β̄, γ̄ [ἐν x̄.

Yellowish gray pottery.   2 συν^λ κε^λ ostr., συλλ(ογεῖ)? Cf. ostr. 322, 369.
συνλ(ογέως) κελ(λαρικῶν) ? Youtie.

312 Inv. 4610 (26–B54A–E). Cm. 4·9 × 7·1.   Date: III cent. A.D.

Ἡρωνᾶς
Χαιρήμωνος
Ἐπεὶφ ὀγδόῃ
καὶ δεκ(άτῃ).   July 12

Yellow-gray pottery.   4 δεκ ostr.

313 Inv. 4447 (24–5048–S × 13). Cm. 8·5 × 8·6.   Date: III cent. A.D.

κβ̄   Πεθεῦς Πασόξει
       Ἐπεὶφ ἑβδόμῃ καὶ
       εἰκοσ(τῇ).   July 21

Grayish brown pottery.   3 εικοσ ostr.

314 Inv. 9141 (26–X). Cm. 7·4 × 5·1.   Date: early III cent. A.D.

Σαβεῖνος Πτολεμαίου
Ἐπεὶφ ἐνάτῃ καὶ εἰκάς.   July 23

2 l. εἰκάδι.

315 Inv. 4583 (26–B5H–C). Cm. 7·3 × 8·1.   Date: III cent. A.D.

κβ Ἐπεὶφ′
Ἀντίγονος.

1 Is Ἐ. κβ, July 16, meant?

316 Inv. 9202 (28–B127E–C). Cm. 13·3 × 8·5.   Date: III cent. A.D.

κα⁻ Ἡρᾶς Διδυμίωνος
Μεσορὴ τετράδι.   July 28

317 Inv. 9220 (28–B167A–H). Cm. 8·8 × 8·9.   Date: III cent. A.D.
  Μεσορὴ ι Σεμπρώνιος   Aug. 3
  Κασυλλᾶτος.

318 Inv. 9272 (28–C107A–F). Cm. 9·3 × 5·8.   Date: III cent. A.D.
  Ἡρᾶς Ἡρακ(λείδου)
  Μεσορὴ τρισκαιδεκάτῃ.   Aug. 6

319 Inv. 4603 (26–B43A–R). Cm. 10·3 × 8·8.   Date: III cent. A.D.
  Μεσορὴ ιζ   Aug. 10
  Πεεῦς βουκ(όλος) κη
         κθ

3 Correction of 2 κη?

320 Inv. 9201 (28–B124C*–E). Cm. 10·3 × 7·5.   Date: III cent. A.D.
  καˡ Ὀννῶφρις Μυχείους
  Μεσορὴ τριακάς.   Aug. 23

2 Not Μεγχείους?

321 Inv. 9228 (28–BS160–H I). Cm. 6·6 × 4·4.   Date: III cent. A.D.
  ἐπαγομ(ένων) ε   Aug. 28
  Πτολ(εμαῖος) Ἰσίωνος.

322 Inv. 4572 (26–B1C–S I). Cm. 4·7 × 5·1.   Date: early III cent. A.D.
  συνλ( ) κελ( )
  Σαρα(πίων) Πτολε(μαίου)
  κζ̄ Πιτχόος
  ῑη ῑθ κ̄ κ̄α. ἐση(μειωσάμην).

1 συν̂ ostr.; συνλ( ) or συν( )? Cf. ostr. 311. κε̣ ostr.   4 ἐση ostr. (perhaps ἐσε).

323 Inv. 4574 (26–B1C–U I). Cm. 6 × 5·6.   Date: early III cent. A.D.
  Σαβεῖνος Ἰσχυρᾶ
  κηλ( ) β.

2 κὴ β ostr. (Or to be read κη⁻ β? Day of the month and e.g. ναύβια β?)

324 Inv. 9230 (28–BS160–D II).   Cm. 5·2 × 4·3.   Date: III cent. A.D.

$$\overline{\theta\ \zeta}$$
Χαρίδημος Πε-
θέως κατὰ
πέντε.

Greenish gray, light-colored pottery.   1 Meaning? Θ(ὼθ) ζ, Sept. 4/5 ? (οζ?)
3 κατα seems certain.

325 Inv. 4569 (26–B1C–P I).   Cm. 6·8 × 10·4.   Date: early III cent. A.D.

ῑζ̄ Σαβῖνος
Σώκοπος.

326 Inv. 4487 (25–5033F–D).   Cm. 8·6 × 5·1.   Date: III cent. A.D.

ιζ
Ὡρίων ια.

327 Inv. 9106 (27–CA70–J I).   Cm. 6·7 × 6.   Date: late III/early IV
cent. A.D.

κε
Ἀνδροκ(λῆς) καὶ Ὡρίων καὶ Ὧρος
πηχ( ) ἐπὶ .. ρυστου.

3 Meaning? πηχ ostr.

328 Inv. 9271 (28–C107A–D).   Cm. 8 × 3·5.   Date: III cent. A.D. ?

κη⁻ Παῆσις
Ἡρακλ[είδου.

Transportation by Donkeys

LISTS OF DONKEY-DRIVERS AND CARAVANS

329 Inv. 9057 (27–C43G⁴–B).   Cm. 9 × 9·5.   Date: late III cent. A.D.
Plate VII

π(αρὰ) τῶν δεκαπρώτων
Κάστορος καὶ Σαταβοῦ.
ἐξ αὐτῆς κ(ώμης) κτή(νη) ἔχον-
τες ἄνευ κτη(νῶν) δημοσίων

5   κτήν(η) ὀν(ικὰ) τ
    ἐκ δὲ ἄλλων κω(μῶν) κτή(νη)
    ἐπισταθῆ(ναι) τῷ κινδύνῳ
    τῆς κώμ(ης).

Ribbed pottery. The writing is in a very degenerate, cursive hand, and the reading is, therefore, uncertain in parts.

---

330 Inv. 4582 (26–B5C–H).   Cm. 8·8 × 8·5.   Date: III cent. A.D.

Ἡρᾶς Κάστορος   α
Ἰσίδωρος Ὥρου   α
. . . .   α
. . . .   α
5 . . .] . λε⁻
ὀν]η(λάτης)· Κοπρῆς

3, 4 Writing almost completely faded (perhaps washed out on purpose?).
5]·( ) λε⁻?

331 Inv. 4590 (26–B12L–B I).   Cm. 4·4 × 3·9.   Date: III cent. A.D.

Λεονίδης   α
Εὐήμερος   α
Πατειεῖς   α
Ἰσίδωρος   [.

1 l. Λεωνίδης.

332 Inv. 4475 (25–341–X).   Cm. 8·3 × 12·4.   Date: late III cent. A.D.

Σύρος Ὠρίωνος   α
Μάνης Μάρωνος
Χαι[ρ]ᾶς Πε( )   β′
Οὐαλέριος Ἀμῖτος   α
5 Χαιρήμων Κοπρῆ   α
Πτολλᾶς Τοβίου   α
Πτολλᾶς Σωκρᾶ   β
Ἀχιλλᾶς Σώτου   β
Ἰσίδωρος Διοσκόρου
10 καὶ ὁ ἀδελ(φὸς)   β′

3 πε(ostr. The writing is sometimes very faint.

333 Inv. 4366 (24–5006A–AD × 5). Cm. 11·7 × 8·4.   Date: late III cent. A.D.

  Σατορ]νεῖλ[ος . . . .
  Σεμπρ]ώνιος .[. . . . . .
  . . . . . .] Κλήμεν[τος . . .
  . . . . . .]s Κοπρῆ ὄ(νος) α[ʹ
5 . . . .]δουʹ ὄ(νος) αʹ
  Πτολεμαῖο]s Ἰουλιανοῦ ὄ(νος) αʹ
  Κάστωρ(?) Τού]ρβωνος ὄ(νος) αʹ

334 Inv. 4418 (24–5020H–F × 2). Cm. 7·6 × 4.   Date: late III cent. A.D.

  ]αμεας α
  ] . α
  ].ες β
  ] . α

Left half lost. 3 Πε]μές?

335 Inv. 9044 (27–C43G¹–F and G). Cm. 8·5 × 13.   Date: late III cent. A.D.

  Ὡρίων Ὡρίων(ος) ὄνο(ς) αʹ
  Κάστωρ Πτολε(μαίου) [ὄνο](ς) αʹ
  ⟦[. . . . . .   αʹ]⟧
  Κλήμης   ὄνο(ς) αʹ
5 Δημήτριος Ὥρου ὄνο(ς) αʹ
  Παειᾶνις Ἀφήλ(ικος) ὄνο(ς) αʹ
  Πτολεμαῖος Ἀμμωνίου ὄνο(ς) αʹ
  Σαραπίων Ἰσι(δώρου) ὄνο(ς) αʹ
  Παννοῦς   ὄνο(ς) αʹ
10 Κελᾶς Ἑρμοῦ ὄνο(ς) αʹ
  Ἀπφ[οῦς] Ἀπίω[νος] ὄνο(ς) αʹ
    《γ》
  γ(ίνονται) ι.

Found in two parts. 1 Or Ὧρος instead of Ὡρίων? 4 Second hand or only a new pen? 6 Or ἀφῆλ(ιξ)? 8 ιϲι ostr. 10 Reading uncertain. 11 Also uncertain.

336 Inv. 4305 (24–4030A–C) and 4305 a (24–5051A–A × 3). Cm. 6·6 × 14·8 and 7·2 × 16·1. Date: late III/early IV cent. A.D.

  Col. I.   Col. II
 Ἀχιλλᾶς α   Σαραπ[ίων .

90   GREEK OSTRACA   [337-

Σαϋμαοῦς	γ	Πιτὸν	α
Σαιρῆνις	β	Πακ[...]ις	α
Θεωνᾶς	α	Παι[ώνι]ος	α
5 Δημῆτρις	α	5 Παυ[.....]	α
Παπαίει	α	Μακρ[εῖ]νος	β α
Παλήμων	α	δοῦλος Ἀνδρ( )	α
Παρηοῦς	α	Χαιρήμων	α
Πτολᾶς	α	Δῖος	α
10 Πρίσκος	α	10 Λάιος	α
δι' Ἀδῖσις	α	Οὐνᾶφρις	α
.ἀπὸ τοῦ λαγοπράτου Ἀτρῇ		Πτολεμαῖος	α
Εὐρημαῖρος α		Ἀβαοῦς	α
Σεύθης Ἀμμ(ωνίου) α		Πτολεμαῖος	α
15 Σεύθης Ἡρᾶ α		15 Παντῆλις	α
		δοῦλος Δίου	α
		Οὐεναφ⟨ρ⟩ις	α
		Μέλας	α
		Ἥρων	α
		20 Πτολεμαῖος	
		ἄλλος	α

In two parts when found. Partly blackened. Col. I. 3 l. Σερῆνις. 5 l. Δημήτριος. 9 l. Πτολλᾶς. 11 l. Ἀτίσιος or Ἀτισίου. Or Διάδισις? 14 αμμ ostr., last μ corrected. Col. II. 7 ανδρ' ostr. 11 l. Οὐενᾶφρις (-άφριος)? 17 ουεναφις ostr.

337 Inv. 4318 (24–5002D–O × 13). Cm. 7·7 × 9·7. Date: late III/early IV cent. A.D.

ὄνοι· α' ἐκβολή·
Καπέεις Ἀπολλωνίου
Ἥρων Ἀμμωνᾶ
Ἀκοτᾶς
5 Ὀλ' Ἀμουλῆ
ἐργάται ὁμοίως·
Θέων ἀπ(ελεύθερος) Ἀειῶνος
Ἰσίδωρος Ὥρου
⟦Μέλας Ὥρου⟧
10 Παειᾶνος Ἀφήλ(ικος)
Ὠρείων Χαιρήμ(ονος)

9 Canceled with several lines. 10 Or ἀφῆλ(ιξ)? 11 Perhaps added later.

338 Inv. 4420 (24-5024E-A × 4). Cm. 7.9 × 11.9. Date: late III/early IV cent. A.D.

    Δημήτριος Ἀτρῆ   α
    Σάλιος Σεραπίων   α
    Σώτας Δαμᾶς   α
    Διόσκορος Κολῆς   α
5   Παλεῖ Παιήσιος   α
    δοῦλος Λέλιος   α
    Παλῆς Πα[λ]ῆς   α

Light-colored, ribbed pottery.   2 l. Σεραπίωνος.   5 l. Πεήσιος.

339 Inv. 4453 (24-5050A-A × 3). Cm. 9.8 × 6.9. Date: late III/early IV cent. A.D.

    δι(ὰ) τῶν κωμαρχῶν
    Οὐσενοῦφις   α
    Σελποῦς   α
    Σαταβοῦς   α
5   Ἀτῖσις   α
    Παλήμων Πτολλᾶ   α
    Πεμὲς   α
    Πτολλᾶς   [
    Παπέευ[ς

340 Inv. 4456 (24-5053B-C). Cm. 7.9 × 9.5. Date: late III/early IV cent. A.D.

    . [
    Πατερμ[ούθιος .
    Γερμανὸς Γεμέλ-
    λου α
5   καὶ δι(ὰ) κωμαρχῶ(ν)
    β

Beginning lost.

341 Inv. 4500 (25-5071A-A × 3). Cm. 8.6 × 10.2. Date: late III/early IV cent. A.D.

    Σαυμαοῦς α
    Δῖος οὐετρανὸς [Διοσ-
    κόρου .

Παλήμων . . . .
5   Παράνου

2 Or [διὰ Διοσ/κόρου? Writing in part very much faded.

342 Inv. 4513 (25-5072E-A × 14). Cm. 9·1 × 11·8. Date: late III/early IV cent. A.D.

Ἀειῶν Παπέειτος   α
Ἀρίστων Σερήνου   γ
Ἅρπαλος Ἁρπαειὲς α
Ἀτῖσις Παειάνου   β
5   Εὐήμερος   α
Οὐεναφ(ρις) Ἀειώνεως β
Πτολλαρίων   β
Σεμπρωνία   β
Τιμόθεως Οὐα(λερίου) α
10 Ἰσίδωρος Ὥρου   α
[[δι(ὰ) Ν]] ὄν(οι) ι϶
Νεῖλος
ἀρχ(έφοδος)

6 ονεναφ' ostr., very cursively written.

343 Inv. 4523 (25-5072G-C × 16). Cm. 9·8 × 5·1. Date: late III/early IV cent. A.D.

. . . . [
Ἀπείων   α
Ἄμων   α
Ἀιῶν Ἀμω( ) α
5   Εὐνᾶς α
Παιὲς   α
Ἀχιλλᾶς   α
. . [

Surface badly corroded, and writing in parts almost illegible.

344 Inv. 4553 (25-5091-C × 9). Cm. 7·5 × 10·3. Date: late III/early IV cent. A.D.

[   ]
[. . . . . .] . [   ]
Σα]ραπίων Ἀρτε[μιδώρου (?)

Παθερμοῦθις Διοσκόρου
5 Ἀπολλώνιος οὐε(τρανός)
Σαρᾶς
Μῶρος ἱερεύς
Λεωνίδης
γ(ίνονται) η
10 δημ(όσιος) Πτολεμαῖος
ὀνηλ(άτης) Σαρᾶς

1 or 2 Supply [Πτολεμαῖος]; cf. 10.

345 Inv. 4554 (25-5091-C × 9). Cm. 9·9 × 10·3. Date: late III/early IV cent. A.D.

. . . . . .
. . . .
. . . .   ἀ
     Ἀτρῆς   ἀ
5   Κάλλων   ἀ
    Ἀμμώνιος   ἀ
    Σεβῆρος   γ
    Ἀπολ]λωνᾶ[ς   ὀνο(s) α
    Οὐ]ενάφρεις Π[ρίσκου(?)] ὄνοι β
10 Οὐενάφρεις   ὄν(οι) β
    Γ]ερμανὸς   ὄν(ος) α

Rather dark colored pottery. Writing faded and in parts illegible. 2 End of line διὰ? 7 l. Σευῆρος. 8 ονο ostr. 10 ον ostr. 11 ον ostr.

346 Inv. 4560 (25-5095A-A × 4). Cm. 10·4 × 12·3. Date: late III/early IV cent. A.D.

. . . . . [
Α . . [
. . . . . [
. . . . . [
5 . . . . . [
Πτολ[εμα]ῖ[ος   ·
Ἀμμώνιος   ·
Κλήμ[ης]   α
Πατᾶς   α

10 Ἀτρῆς [.
Χαιρή[μων .
Ἥρων α

Writing very much faded, and the reading uncertain.

347 Inv. 4563 (25–5095A–A × 4). Cm. 15·9 × 12·8. Date: late III/early IV cent. A.D.

Col. I   Col. II

/Σοῦχις Ἀμουλῇ   ....]. [....]. [..
/Ἀμουλῆς   Ἀραβικός
Ἥρων Ἀπωνέως   Ἀπολλώνιος οὐετρανός
Ἀβαοῦς   /καὶ οἱ ἀδελφοὶ ὄνοι β
5 /Δημήτριος   5 /Πτολλαρίων   α
/Παῦλος Ἰσιδώρου   Πεμὲς Ἑρμείου   α
Δίδυμος Δημητρίου   /Ἀμμωνᾶς   α
Κάστωρ Νεᾶ   ὄνοι ι   /Κάστωρ Τού⟨ρ⟩βωνος α
πολ(ιτῶν) δημόσιος   Οὐαλέριος Πτολεμαίου α
10 /Σαρᾶς Ἁρπαλειές   10 Αἰῶν Γερμανοῦ
/Συρίων Σώτου   /Παλῆνις
/Κόμων Καλλωνίου   /Κασιανὸς
/Πατῖσις Ἰσιδώρου   ὄνοι ῑ
Ἡρακλῆς Παθερ(μούθιος)
15 /Παῆσις ἀδελφός

In four larger and four smaller parts. Col. I. 9 πολ ostr. 14 παθερ ostr. Another copy of I, 9–14 is ostr. 348. Col. II, 10, add ⟨α⟩; so also 11–12.

348 Inv. 4308 (24–5000–L × 3). Cm. 5·4 × 5·2. Date: late III/early IV cent. A.D.

πολ(ιτῶν) δημόσιος·
Σαρ[ᾶς] Ἁρπ[α]λειές
Συρείων Σώτου
Κόμων Καλλωνί[ου
5 Πατῖσις Ἰσιδώρου
Ἡρ[ακλῆς Παθερ(μούθιος)
(Breaks off.)

= Ostr. 347 col. I, 9 ff. 1 πολ ostr. 3 l. Συρίων. 6 Restored from ostr. 347 col. I, 14.

349 Inv. 9170 (28–B154K*–C). Cm. 6·2 × 5·5.   Date: late III/early IV cent. A.D.

$$
\begin{array}{ll}
\text{Κυ} \ldots \ldots \ldots & a \\
\ldots \ldots \ldots \ldots / & a \\
\ldots \ldots \ldots \iota\nu\text{ος} & a \\
\ldots \ldots \text{Αὐνῆ} & a \\
5 \ldots \ldots \omega\nu \,.\, [&
\end{array}
$$

Perhaps incomplete both at the beginning and at the end.

350 Inv. 9029 (27–C35B–G). Cm. 7·2 × 10·5.   Date: late III/early IV cent. A.D.

Καπέεις   ὄνο(ι) β
Σερῆνος Πτολ(εμαίου) ὄν(οι) γ
Ἰούλιος   ὄν(οι) β
Ἥρων γυμ(νασιαρχήσας) α
5 Ἀτῖσις Πεκύ(σιος)   α

Rather dark, grayish brown pottery.   5 πεκυ ostr.

351 Inv. 9074 (27–C56G–F I). Cm. 9 × 10.   Date: late III/early IV cent. A.D.

Παῆσις Σαταβοῦ
Ἀτῖς Σερήνου
Ὧρος Αὐτῶπις
Ἄρπαλλος Σερήνου
5 Πτολλᾶς Σαραπίω(νος)
κεφ(αλαιωτὴς) Δημῆτρις Ἴσι
Σεύθης Ἡρᾶ
Σεμπρώνιος
Πτολεμαῖο(ς) Πτολε(μαίου)
10 ὁ Μέλας Εὐδαίμ(ονος)

3 Or αιθωπις?   4 l. Ἄρπαλος.   6 κεφ ostr.   9 πτολεμαιο πτολε ostr.
10 ο i.e. ὁ(νηλάτης?). ευδαιμ ostr.

352 Inv. 9115 (27–CS34–K). Cm. 3·2 × 4·4.   Date: late III/early IV cent. A.D.

Ἀ]τῖσις   α
Χαιρήμων   α
Πτολεμαῖος α

Παμοῦν α
5 Νεφερᾶς α
κεφ(αλαιωτὴς) Ἡρακλῆς ϛ

6 κεφ written very cursively (ᐞ).

353 Inv. 9139 (26-X). Cm. 6·8 × 4·3. Date: late III/early IV cent. A.D.

Ἀμμώνιος καὶ Ἀειῶν
Νεῖλος καὶ Καρῖνος καὶ Ἰσίων
Νεμεσῖνος καὶ Παῆσις,
γί(νονται) ὁμοῦ ὄνοι κϛ.

Yellow-gray pottery.

354 Inv. 4425 (24-5024F-G × 5). Cm. 10·6 × 9·9. Date: early IV cent. A.D.

Ἥρων [Ὠρί]ωνος α
Οὐενᾶφρις ἀδελφ[ὸς .]
Ὀλ Ἀμουλῆ [.]
Σώτας Ἀπολλω(νίου) α
5 Πελᾶλις Κασίου α
Πρίσκος
Πανοῦρις Καλλω(νίου) α
Κόμων Καλλωνίου α
Ἀραβικὸς α
10 Σερῆνος Ἁρπᾶ α
Παλήμων Θα( ) α

11 θα/ ostr., uncertain.

355 Inv. 4428 (24-5024F-G × 5). Cm. 14·9 × 7·7. Date: early IV cent. A.D.

Αυπφ Σερήνειος α
Πανᾶς ὁμοίως α
Ἀφροδ(ίσιος) Μέλας α
Ἀτέεις Πρί(σ)κος α
5 Ἐκεῦσι Ἐκεῦτος α
Παρὲς Κάστωρος α
Ἀνῦφις Ἄριος α

Light-colored pottery, ribbed. From the rim of bowl. 1 Miswritten, instead of Ἀπφῦ? l. Σερηνίου. 4 l. Πρίσκου. 6 l. Κάστορος. 7 l. Ἀρίου.

356 Inv. 9021 (27–C29A–X I). Cm. 9·7 × 13·8. Date: late III/early IV cent. A.D.

οἱ ἀπελθότες ὑπὸ ξύλου
εἰς τὴν μονήν·
κεφ(αλαιωτὴς) Σαρᾶς Κομαρίον α
Ὡρίων Λεονίδου α′
5 Λεονίδης Παπέει α
Οὐαλᾶς Σαραπίονος α
Ἀκυτᾶς Ἀπολλωνίου α
δι(ὰ) Ἰσιδώρου
π]εδιοφύλαξ.

Ribbed pottery. 1 l. ἀπελθόντες. 3 l. Κομαρίον(ος) (or Κωμ-); Κομαρί(ονος) ὄν(ος) α? 7 ακυτας, not -λας. 9 l. πεδιοφύλακος.

DELIVERY OF DONKEYS BY INDIVIDUALS

357 Inv. 4606 (26–B45A–C). Cm. 8 × 6·1. Date: III cent. A.D.

ὄν[ος
Μελανᾶς Σαβείνου
εἶς. ἐπαγομ(ένων) πέμ-
πτῃ.   Aug. 28

358 Inv. 4605 (26–B45A–B). Cm. 5·9 × 5·4. Date: III cent. A.D.

ὄνος
Πολυδεύκ(ης) Μελανᾶ
εἶς. ἐπαγομ(ένων) πέμ-
πτῃ.   Aug. 28

359 Inv. 9117 (27–CS52–F II). Cm. 6·3 × 6·8. Date: late III/early IV cent. A.D.

Σαραπάμμων Ἡρᾷ
ὄνοι β′.

Light-colored pottery.

FROM THE GRANARY TO THE HARBOR

360 Inv. 9050 (27–C43G¹–N). Cm. 5·6 × 6·9. Date: late III cent. A.D.

[θησαυροῦ κώμης Καρανίδος γενήματος . ἔτους]
ὀνόματος Νεᾶς Διοσ]κόρου

δι(ὰ) κτηνῶν ἰδί(ων) δι(ὰ)
Παλήμονος ὄνοι
5 δέκα, [γ(ίνονται)] ὄν(οι) [ι.
(ἔτους) α Φαῶφι α'. Sept. 28/29

1 Lost; restoration somewhat uncertain. 4 l. ὄνους. 5 Partly faded.

361 Inv. 4527 (25-5072G-C × 16). Cm. 7·7 × 4·8. Date: late III cent. A.D.

θ(ησαυροῦ) ὁρι(οδεικτίας) κ(ώμης) Καρ[ανίδος] γ[ενήματος. ἔτους
ὀνό(ματος) Ἀμμώνιος Παπέειτος
δι(ὰ) Πτολλαρίονος ὄν(ο) [. . . . .
(ἔτους) α Φαμε(νὼθ) κϛ. March 22

Writing very much faded.   1 Abbreviations in restored parts not indicated.
2 l. Ἀμμωνίου.   3 ον ostr., i.e. ὄν(ον) or ὄν(ους).

362 Inv. 4430 (24-5028E-A × 7). Cm. 5·7 × 4·3. Date: II/III cent. A.D.

Πασοκνοπ(αῖος) Ζήν(ωνος)
Παχὼ(ν) ζ̄ May 2
σάκκ(ους) γ.
(ἔτους) α Παχὼ(ν)
5 ζ̄. May 2

363 Inv. 9282 (28-C65 inner court). Cm. 7·6 × 5·8. Date: late III cent. A.D.

θη(σαυροῦ) ὁριοδ(εικτίας) Καρ(ανίδος) ὀνό(ματος)
Μάνης Μάρωνος δι(ὰ) κτη(νῶν)
Ἀρσι(νοΐτου) ὄν(ους) τέσσαρες, γ(ίνονται) δ.
α (ἔτους) Παχὼ(ν) κα. May 16

Yellow-gray pottery.   3 l. τέσσαρας.

364 Inv. 4391 (24-5008B-G × 14). Cm. 9·6 × 6·2. Date: late III cent. A.D. Plate VII

κόμης Καρανίδος
ὀνόματος Ὧρος
Ὧρος Ἀμῖτος
ὄνοι δ εἰσέβλην
5 κρειθῆς.
(ἔτους) β Τῦβι ιδ. Jan. 9/10

Partly ribbed. Unskilled hand, each letter printed by itself.   1 l. κώμης.
2 l. Ὥρου.   3 l. Ὧρος or «ορος».   4 l. ὄνους.

365 Inv. 9173 (28–242*–O I). Cm. 9 × 6·7. Date: late III cent. A.D.

θησ(αυροῦ) ὁρι(οδεικτίας) Καρ(ανίδος) α (ἔτους) Μάνης
    Μάρωνος
Ἡρακλεοπ(ολίτου) ὄν(ους) δεκαεπτά, γ(ίνονται) ιζ‾.
(ἔτους) β´ Μεχ(ὶρ) ια.   Feb. 5/6

Surface of pottery rather dark. 1 Μαν- or Μεν-. 3 μεχ ostr. ια or ιδ.

366 Inv. 4390 (24–5008B–G × 14). Cm. 6·9 × 6. Date: late III cent. A.D.

γενή(ματος) α (ἔτους) θησ(αυροῦ) ὁρ(ιοδεικτίας) Καρ(ανίδος)
Σευῆρος Σευήρου
σάκ(κον) α.
(ἔτους) β´ Μεχ(ὶρ) κθ.   Feb. 23/24

367 Inv. 9109 (27–CS9–A). Cm. 7·4 × 5·7. Date: late III cent. A.D.

θησ(αυροῦ) Καρανίδ(ος) ὁρι(οδεικτίας) γ(εν)ή(ματος) α (ἔτους)
Ἡρωδιανὸς οὐετρ(ανὸς) δι(ὰ) κτη(νῶν)
Ἰβιῶ(νος) Αξ( ) ὄν(ους) πέντε, γ(ίνονται) ε.
(ἔτους) β´ Φαμ(ενὼθ) ζ´.   March 3

1 γῆ ostr. 3 αξ´´ ostr.; not Ἀργ(αίου).

368 Inv. 9280 (28–C65–E). Cm. 7·8 × 8·2. Date: III cent. A.D.

(ἔτους) β Φαμεντ η   March 4
Πλήειν Μύσθου
σά(κκους) δοίω, γ(ίνονται) β.

1 l. Φαμενώθ. 3 l. δύο.

369 Inv. 9254 (28–C65*E–L). Cm. 8·3 × 5·7. Date: late III cent. A.D.

(ἔτους) β Φαρμοῦθι ᾱ Κερ(ανίδος)   March 27
συνλογεῖ Μῶρις δι(ὰ)
Μάνης Μάρωνος
σά(κκους) δεκαέξ, γ(ίνονται) ις.

1 κερ ostr., l. Καρανίδος. 2 Cf. ostr. 311. Perhaps receipt for delivery.

370 Inv. 9051 (27–C43G¹–O). Cm. 6 × 5·8. Date: late III cent. A.D.

θη(σαυροῦ) Καραν(ίδος) δι(ὰ)
κτη(νῶν) Ναρμού-
θεως ὀνό(ματος) Ναᾶς

   Διοσκόρου ὄνοι
5 δέκα, γ(ίνονται) ὄν̣(οι) ι̣. (ἔτους) β
   Φ̣α̣ρ̣μ̣ο̣ῦθι α̣.   March 27

4 l. ὄνους.

371 Inv. 9054 (27–C43G¹–R). Cm. 7 × 8·8. Date: late III cent. A.D.

   θησ(αυροῦ) κώ(μης) Ἱερᾶς Νει-
   κολάου δι(ὰ) κτηνῶ(ν)
   Ναρμούθεως
   ὀνόμ(ατος) Πτολλᾶ
5 Νείλου ὄνοι δύο,
   γεί(νονται) β.
   (ἔτους) β′ Φαρμοῦθι
   κδ′.   Apr. 19

5 l. ὄνους. 6 l. γί(νονται).

372 Inv. 4443 (24–5048–S × 13). Cm. 5 × 5·3. Date: late III cent. A.D.

   ἀπὸ κ(ώμης) Καρανίδο̣(ς) [γενήματος
   α (ἔτους) Κλη̣͞μες Σα[μπᾶ
    σάκ(κους) β [
   (ἔτους) β Παῦ[νι . .   May/June

1 απο ͞κ καρανιδ°. ostr. 3 σακ ostr.

373 Inv. 9154 (28–X). Cm. 4·3 × 2·5. Date: late III/early IV cent. A.D.

   ]α υἱὸς Παιηοῦ
   ]   ὄνον α
   ]. (ἔτους) κα̣ὶ α (ἔτους) .

Ribbed pottery. Writing on the inside of the sherd.

374 Inv. 9033 (27–C37K–C). Cm. 6·8 × 7. Date: late III cent. A.D.

   γενν(ήματος) α̣ (ἔτους)
   ἐν θησαρῷ κώ(μης)
   Καρανίδος
   ὀνόματος Πτολᾶς
5 Σωκάρτου Κανα-
   ιαθο̣ς διὰ Σαλάκου

ὄνοι δώδεκα.
ἔτους γ Χοί(ακ) α   Nov. 27/28

1 l. γενήματος.   2 l. θησαυρῷ.   4 l. Πτολλᾶ.   5 l. Σωκράτους.   7 l. ὄνους.
8 χοι ostr.

375 Inv. 4591 (26–B12L–Q II).   Cm. 4.9 × 5.8.   Date: III cent. A.D.

σιτολ(όγων) Καρ(ανίδος) γεν[ή(ματος) β (ἔτους)
   σάκ(κους) ϛ̄ . [. . . .
      διὰ Συρίω[νος.
(ἔτους) γ̄ Χύακ ια.   Dec. 7/8

2 σακ ostr.   4 l. Χοίακ.

376 Inv. 9175 (28–242*–R I).   Cm. 5.4 × 5.6.   Date: late III cent. A.D.

Πτολεμαῖος Ἰουλια-
νοῦ καὶ Ἀπολινάριον
Μώτιος σάκκοι δε-
καεπτά, γ(ίνονται) ιζ.
5 (ἔτους) γ Τῦβι ϊ.   Jan. 5/6

3 l. σάκκους.

377 Inv. 4449 (24–5048–S × 13).   Cm. 10.1 × 7.9.   Date: late III cent. A.D.

γενή(ματος) β (ἔτους) Καρανίδος
Ὧρος Ἀμεῖτος δι(ὰ) κτη(νῶν) ἰ(δίων)
   σάκ(κους) β΄.
(ἔτους) γ΄ Φαρ(μοῦθι) κε–.   April 20

3 σακ ostr.

378 Inv. 9244 (28–C59C–D).   Cm. 9.9 × 6.3.   Date: late III cent. A.D.

γενή(ματος) β (ἔτους) Καρανίδος Πτ[ο-
λεμαῖος Ἰουλιανοῦ δι(ὰ) Νεί-
λου σάκ(κους) δ.
(ἔτους) γ΄ Φαρμ(οῦθι) κη΄.   April 23

379 Inv. 9257 (28–C65*E–X).   Cm. 8.8 × 4.5.   Date: late III cent. A.D.

γενή(ματος) β (ἔτους) ὁριοδικ(τίας)
Καρ(ανίδος) Μάνης Μάρωνος
διὰ κτη(νῶν) Δίννεως σάκ(κους)
πέντε, γ(ίνονται) ε–. (ἔτους) γϛ Παῦν(ι) [. .   May/June

1 l. ὁριοδεικτίας.   4 Or day omitted, for lack of space?

380 Inv. 9088 (27–CA12–L).   Cm. 3·7 × 3·1.   Date: late III cent. A.D.

δεκ(απρώτ. .) [
γεν(ήματος) α [ἔτους
Αὐρ(ήλιος) Ἀνδ[
(ἔτους) γ [

3 αυρ ostr.

381 Inv. 4509 (25–5072E–A × 14).   Cm. 6·1 × 7·5.   Date: late III cent. A.D.

θη(σαυροῦ) ὁρ(ιοδεικτίας) Κ(αρανίδος) γενή(ματος) β (ἔτους)
δεκ(απρώτου) Ἑρμείου Ἀμμώ-
νιος Παπέιτος δι(ὰ) Νίλου
δι(ὰ) κτη(νῶν) Κυνοπ(ολίτου) δι(ὰ) Φαυῆ
5 ὄν(ους) τέσσαρας, ὄν(οι) δ. κα(ὶ)
διὰ κτη(νῶν) Πανοπολείτ(ου) η–.

Surface partly damaged by a black decay.

382 Inv. 9152 (26–X).   Cm. 9·8 × 5·3.   Date: late III cent. A.D.?

κ]ώ(μης) Καρ[ανίδος
γ]εν(ήματος) β . . . . . ὀνόμα(τος)

(Traces of 5 lines more)

383 Inv. 4389 (24–5008B–G × 14).   Cm. 10·1 × 6·1.   Date: late III cent. A.D.   Oct. 25/26

(ἔτους) δ Φαῶφι κη γενή(ματος) β͡
θησ(αυροῦ) «ορι]οδιας» ὁριοδικτίας
Κ]αρανίδος δι(ὰ) Ὥρου σάκ(κους) δοίω.

1 In parts faded. γενη ostr., rather faint. β (ἔτους), or β͡ ⟨ἔτους⟩?   2 l. ὁριοδεικτίας.   3 l. δύο.

384 Inv. 4548 (25–5091–C × 9).   Cm. 5·9 × 9·8.   Date: late III cent. A.D.

Ψενύ-
ρεως
Ἀμμω-
νιανὸς
5 οὐετρ(ανὸς)
σάκκοι γ̄.
ἔτους δ̄
Ἀθὺρ κ̄η̄.   Nov. 24/25

6 l. σάκκους.

385 Inv. 9206 (28-B132A-B I). Cm. 8·6 × 4·5. Date: III cent. A.D.

Χαιρήμων Πτολεμαίου
διὰ Ἀσωτᾶτος σάκ(κους)
δύο, γ(ίνονται) β. (ἔτους) δ⸍ Παῦνι ϛ. May 31

2 Or Ασ..τατος? σακ ostr. 3 /ᵉ ostr. ↳ ostr. ɔ: (ἔτους) (might be κ!).

386 Inv. 4441 (24-5048-S × 13). Cm. 11·2 × 8·1. Date: late III cent. A.D.

]( ) Ἀμμώνιος Παπέιτος
σάκοι ιβ̄ (ἀρτάβαι) λα μ(έτρα) ζ
διὰ κτην(ῶν) Ἀρσινόης.
(ἔτους) δ/ Ἐπὶφ ιδ/. July 8

1 Beginning of line lost.]/ ostr. 2 l. σάκκους, (ἀρτάβας). 3 κτην ostr.

387 Inv. 9055 (27-C43G¹-S). Cm. 6·4 × 4·5. Date: late III cent. A.D.

Λιβιανῆς κρι(θῆς) γ (ἔτους) θησ(αυροῦ) Καρα[ν(ίδος)
καὶ ὁριο(δεικτίας) διὰ κτηνῶν
Ἡρακλοπολίτης
Σαταβοῦς Νείλου
5 ὄν(ους) β.

1 Or θησ(αυρῶν)? Last part of line badly decayed and reading rather uncertain. 3 l. Ἡρακλεοπολίτου.

388 Inv. 4417 (24-5020H-F × 2). Cm. 6·9 × 5·6. Date: late III cent. A.D.

γενή(ματος) δ (ἔτους) ὁρ(ιοδεικτίας) Κερκ(εσούχωι) τῶν ἀπὸ
Καρ(ανίδος) Ἀμμών(ιος) Παπέειτος
δι(ὰ) κτη(νῶν) Ναρμούθεως
σάκ(κους) τέσσαρας, γ(ίνονται) σάκ(κοι)
5 δ⁻. (ἔτους) ε⁄⁄ Ἀθὺρ ι/. Nov. 6/7

3 -θεως or -ϛεως? 4 σακ ostr. ┌ σακ ostr.

389 Inv. 9247 (28-C61A-B). Cm. 7·5 × 9·3. Date: late III cent. A.D.

γενήμα(τος) δ (ἔτους)
ὀνόμα(τος) Μάνης Μάρω-
νος καὶ Ἡρωεὶς ἀδελφ(ὴ)
σάκκοι ῑγ διὰ κτη-
5 νῶν Σαλακῶνος

καὶ Διδᾶ.
(ἔτους) ε″ Μεχεὶρ
ε̄. Jan. 30/31

2 l. Μάνη.   3 l. Ἡρωίδος ἀδελφ(ῆς).   4 l. σάκκους.   Between 6 and 7 open space.

390 Inv. 4386 (24–5008B–G × 14).   Cm. 7.5 × 6.4.   Date: late III cent. A.D.

Ἀγριππῖνος Πτολεμαί(ου)
εἰς Μεχὶρ κ̄ᾱ διὰ Κοπρῆ   Feb. 15/16
Πισαίτου σάκ(κους) πέντε, γ(ίνονται) ε.
ε (ἔτους) Μεχὶρ κα.   Feb. 15/16

3 σακ ostr.

391 Inv. 9210 (28–B132A–F I).   Cm. 7.1 × 4.4.   Date: III cent. A.D.

Ἰσίδωρος Σισόϊτος
σάκ(κους) δύο, γ(ίνονται) β.   (ἔτους) ε″
Παῦνι ϛ.   May 31

2 σακ ostr.

392 Inv. 9207 (28–B132A–C I).   Cm. 7.3 × 6.3.   Date: III cent. A.D.

Κοννῶς Χαιρ(ήμονος)
σάκ(κους) δύο, γ(ίνονται) β.
(ἔτους) ε″ Παῦνι ϛ.   May 31

Writing partly damaged by fire.   2 σακ ostr.

393 Inv. 9209 (28–B132A–E I).   Cm. 7.8 × 6.   Date: III cent. A.D.

Πεπῶς Ἑρμᾶ
σάκ(κους) τρία, γ(ίνονται) γ.
(ἔτους) ε″ Παῦνι
ϛ.   May 31

Surface partly blackened by fire.   2 σακ ostr.   l. τρεῖς.

394 Inv. 9208 (28–B132A–D I).   Cm. 10.8 × 7.8.   Date: III cent. A.D.

Ἀρτεμίδωρος Φωκᾶ
σάκ(κους) τέσσαρες, γ(ίνονται) δ.
(ἔτους) ε Παῦνι ⟨·⟩.   May/June

Surface partly blackened by fire.   2 σακ ostr.   l. τέσσαρας.   3 Παῦν(ι) ι?

395 Inv. 9205 (28-B132A-A I). Cm. 6.3 × 4.8. Date: III cent. A.D.

Βελλῆς Πτολ(εμαίου)
σάκ(κους) τέσσαρες,
γ(ίνονται) δ. (ἔτους) ϛ⁗ Παῦνι
ϛ. May 31

Surface damaged and blackened by fire. 2 σακ ostr. l. τέσσαρας.

396 Inv. 9204 (28-B132A-Z). Cm. 8.8 × 5.7. Date: III cent. A.D.

Ἀμμώνιος
οὐετρανὸς
σάκκοι ια.
(ἔτους) ϛ⁗ Παῦ(νι) [. May/June

Surface damaged and blackened by fire. 3 l. σάκκους.

397 Inv. 4363 (24-5005F-A × 3). Cm. 7.3 × 6.3. Date: late III cent. A.D.

σιτο(λόγων) ὁριοδ(εικτίας) Καραν(ίδος)
γεν[ή(ματος)] ε (ἔτους) μ(ετέβαλεν) Ἀπύγ-
χις [Κ]οπρῆ σάκ(κους) ἐξ
δι(ὰ) [. . .]που
5 Ἀντινό(ου). Μεχὶρ ιζ. Feb. 11/12

The whole text is rather faded. 1 σιτο οριοδ καραν ostr. 2 § μ/ ostr.
3 σακ ostr. 5 or Ἀντινο(έως)?

---

398 Inv. 9089 (27-CA19-B). Cm. 8.5 × 6.7. Date: Dec. 9, 270 A.D.?

θη(σαυροῦ) Πτολεμαείδος
γεν(ήματος) γ (ἔτους) διὰ κτη(νῶν) Ὀξυ- 269/70?
ρυγχίτου Ἀτῖσις
καὶ Κλήμης ὄνοι η
5 ἐννέα, γ(ίνονται) ὄν(οι) θ.
(ἔτους) α⁗ Χοίακ ιγ. Dec. 9, 270?

4 l. ὄνους.

399 Inv. 9167 (28-238*-B). Cm. 7.8 × 6.7. Date: Jan. 26, 281 A.D.?

γενή(ματος) ε (ἔτους) Καρανίδος 279/80?
Μάνης Μάρωνος σάκ(κους) ϛ-.
ϛ (ἔτους) Μεχ(εὶρ) α. Jan. 26, 281?

Rather dark colored pottery. 2 σακ ostr. 3 §/ μεχ ostr.

400 Inv. 4445 (24–5048–S × 13). Cm. 5·3 × 8·6. Date: Feb. 20, 281 A.D.

 ἔτους ἕκτου τοῦ κ[υρίου
 ἡμῶν Πρόβου Σεβα(στοῦ)
 Μεχεὶρ κϛ γενήμ(ατος)   Feb. 20, 281
 ε (ἔτους) διὰ κτηνῶν   279/80
5 Ἀράβων ὀνόματος
 Ἀρτεμίδωρος Φωκ(ᾶ)
 ὄνοι τέσσαρες.

2 ϲεβα ostr.   4 ϛ ostr.   6 l. Ἀρτεμιδώρου.   7 l. ὄνους τέσσαρας.

401 Inv. 4364 (24–5005F–A × 3). Cm. 7·9 × 6·3.   Date: Feb. 13, 283 A.D.

 γενή(ματος) ζ (ἔτους) θησαυροῦ ὀριο-   281/82?
 δι(κτίας) Καρανίδος Ἀπύγχις
 Κοπρῆ διὰ καμή(λων) Ψενύ-
 ρεως ϲάκ(κους) τέσσαρες,
5 γ(ίνονται) δ. Μεχεὶρ ιθ.   Feb. 13

Gray pottery.   1 γενη ostr. l. ὁριοδεικτίας.   4 l. τέσσαρας.

402 Inv. 9087 (27–CA12–H). Cm. 5·5 × 9. Date: April 13, 283 A.D.?

 θη(σαυροῦ) κώμ(ης) Καρανίδος δι(ὰ) δημοσίων
 κτη(νῶν) δε(καπρώτου) Ἀμμωνίου ὀνό(ματος)
 Πτολεμαίου Ἰουλιανοῦ γεν(ήματος) ζ (ἔτους)   281/82?
 σάκ(κους) δεκαεννέα.
5 (ἔτους) α΄ Φαρμοῦθι ιη.   April 13, 283?

3 Originally ζ ϛ καὶ α ϛ, corrected to ζϛ΄ (perhaps by a second hand).

403 Inv. 9081 (27–C65M–A). Cm. 6·8 × 6·8. Date: April 25, 283 A.D.?

 Ἡρωὶς καὶ Μά-
 νης γενή(ματος) ζ (ἔτους) θησ(αυροῦ)   281/82?
 Καρ(ανίδος) διὰ δη(μοσίων) κτη(νῶν)
 σάκκοι δέκα.
5 (ἔτους) α΄ Φαρ(μοῦθι) λ–.   April 25, 283?

4 l. σάκκους.

404 Inv. 9122 (27–CS60–J II). Cm. 7·1 × 6·2. Date: April 30, 283 A.D.?

Σύρος δοῦλος Ὡρί-
ωνος γενή(ματος) ϛ (ἔτους) θησ(αυροῦ)   280/81?
Καρ(ανίδος) διὰ καμήλων
σάκκοι τρῖς. (ἔτους) α΄ Παχὼ(ν) ε΄.   April 30, 283?

4 l. σάκκους.

405 Inv. 9056 (27–C43G⁴–A). Cm. 7·9 × 9·8. Date: May 1, 283 A.D.?

γε(νήματος) α (ἔτους) καὶ η (ἔτους) κώ(μης) Καρανί-   282/83?
δος δι(ὰ) κτη(νῶν) Πτολεμαίδος ὀνό(ματος)
Ναᾶς Διοσκόρου ὄνοι
τέσσαρες.
5 (ἔτους) α Παχὼν ϛ.   May 1, 283?

1 η ϛ΄ ostr. (κ or β?).   3 l. ὄνους/τέσσαρας.

406 Inv. 9046 (27–C43G¹–J). Cm. 11·7 × 7·8. Date: Sept. 6, 284 A.D.?

γενή(ματος) ᾳ (ἔτους) θη(σαυροῦ) κώ(μης) Καρανίδος   282/83?
δι(ὰ) κτη(νῶν) Ἑρμενίδου δι(ὰ) Παιᾶς
ὀνό(ματος) Ναᾶς Διοσκόρου ὄνοι β,
γ(ίνονται) β. (ἔτους) α Θὼθ θ.   Sept. 6, 284?

1 ᾳ or θ?   2 Ἑρ– or Ἀρ–?   3 l. ὄνους.

407 Inv. 9052 (27–C43G¹–P). Cm. 6·8 × 5·4. Date: Dec. 6, 285 A.D.?

ἐν θη(σαυρῷ) κ(ώμης) Ἱερᾶς Νεικ(ολάου)
γενή(ματος) β (ἔτους) ὀνό(ματος) Σατα-   283/84?
βοῦς γν(ωστὴρ)(?) δι(ὰ) Συρω-
τράτους ὄνοῖ σάκκοι
5 ε. (ἔτους) β΄
Χοίακ ι΄.   Dec. 6, 285?

Rather light colored pottery.   2 l. Σαταβοῦτος γνωστῆρος.   3 γν⁺ ostr. (or πθ?); δι ostr. l. Συροσ/τρ.?   4 l. ὄνους ⟨πέντε, γίνονται⟩.   5 ε perhaps by second hand.

408 Inv. 4511 (25–5072E–A × 14). Cm. 6·1 × 7·9. Date: 285/86 A.D.?

θη(σαυροῦ) γενή(ματος) πρότου ἔτους   284/85
Διοκλητιανοῦ με(γίστου) θ(εοφιλεστάτου)(?)
Ἀμμώνιος Παπείτος

διὰ κτηνῶν Νεικολά(ου)
5 Ἀρσηνο(ίτου) ὄνο⟦σ⟧ι πέν-
τη.

Pottery of light yellowish gray color.   1 l. πρώτου.   2 μεη θL ostr.   4 l. κτη-
νῶν.   5 l. Ἀρσιν-; l. ὄνους πέν/τε.

409 Inv. 4526 (25–5072G–C × 16). Cm. 8·3 × 6·8.   Date: Nov. 27, 286 A.D.

θη(σαυροῦ) ὁρ(ιοδεικτίας) Καρ(ανίδος) γ(εν)ή(ματος) β (ἔτους)
Ἀμμώνιος Παπέει δι(ὰ) Νικᾶ   285/86
δι(ὰ) κτη(νῶν) Ἀρσινο(ίτου) ὄν(ους) πέντε,
γ(ίνονται) ε. (ἔτους) γ κ(αὶ) β′ Χοί(ακ) α–.   Nov. 27, 286

Pottery of rather light color.   Surface partly damaged through a black decay
which covers some of the writing.   1 γῆ ostr.   4 χ ┼ ostr.

410 Inv. 9080 (27–C65F–B). Cm. 7·5 × 4·5.   Date: 286/87 A.D.?

γενή(ματος) β (?) (ἔτους) κ]αὶ α⁻ . [. . .] . . [. . .] .   285/86?
Καρ]ανίδος [. . . . .] .
. .]νης . .[. . . . .].( )
τ]έσσαρες, γ(ίνονται) δ. [. . . . . .
5] Δίννεως.

The writing is badly damaged by decay.   3] . ʃ ostr., perhaps ον ʃ = ὄν(ους).
4 l. τέσσαρας.   Perhaps [διὰ κτηνῶν]/Δίνν.

411 Inv. 9049 (27–C43G¹–M). Cm. 6·4 × 8·1.   Date: Oct. 1, 287 A.D.?

δεκα(πρώτου) Ἀγαθοῦ Δ(αίμονος)
γενή(ματος) γ (ἔτους) καὶ β (ἔτους) Ναᾶς   286/87
Διοσκόρου ὄν(ους)
ὀκτώ.
5 Φαῶφ(ι) γ′.   Oct. 1, 287?

1 δ ostr.

412 Inv. 4340 (24–5002G–A × 18). Cm. 6·1 × 5·8.   Date: Jan. 25, 288 A.D.

θησ(αυροῦ) ὁρ(ιοδεικτίας) Καρ(ανίδος) Ἀγριππῖ(νος)
Ἀγριππί(νου) δι(ὰ) Πεηοῦ ἀπὸ
μισθω(τῶν) ἐμβο(λῆς) Ἀρσινο(ίτου) νο(μοῦ)
ὄν(ους) τέσσαρες, γ(ίνονται) δ–.
5 (ἔτους) δʃ γ̄ Τῦβι κθ.   Jan. 25, 288

3 αρσινο uncertain.   4 l. τέσσαρας.

413 Inv. 9041 (27–C43G¹–C). Cm. 3·5 × 6·3.   Date: 287/88 A.D.?

γ (ἔτους) καὶ β (ἔτους)   286/87
Λιβᾶς κρηθῆ
ὀνόματος Νεοῦ
Διοσκόρου δι(ὰ) κτη-
5 νῶν Νέστου δι(ὰ)
Σοῦλ ὄν(ους) ⟦δ⟧ γ,
γ.

2 l. Λιβιανῆς κριθῆς? 6 ον ostr.

414 Inv. 4387 (24–5008B–G × 14). Cm. 4·8 × 4·9.   Date: Aug./Sept. 288 A.D.

δ′ καὶ γ ἔτους   287/88
μετ(έβαλον) Ὧρος καὶ ...
λ( ) ὄν(ους) δύ[ο, γ(ίνονται) ὄν(οι)
β′ διὰ [
5 (ἔτους) ε̄ Θὼθ [Aug./Sept. 288

Most of the text is very much faded and the reading uncertain. 2 End of line faded and perhaps partly lost. 3 λ ostr.; e.g. Πτο/λ(εμαῖος)? 5 ε̄ or ϛ̄.

415 Inv. 4541 (25–5077–D). Cm. 8·1 × 11·1.   Date: Jan. 7, 289 A.D.

θη(σαυροῦ) κώ(μης)] Καραν[ίδος
γεν]ή(ματος) δ (ἔτους) καὶ γ (ἔτους) Ἀ[....   287/88
...]νος Πτολεμαίου δι(ὰ) [....
...] ὀνηλ(άτου) δι(ὰ) κτη(νῶν) Δίννε[ως ὄν(ους)
5 χ. (ἔτους) ε ϛ′ κ]αὶ δ ϛ′ Τῦβι ιβ′. ἐμέτρ[ησεν   Jan. 7, 289
ὁ αὐτὸς(?)] πυροῦ ἀρτάβας
ῥ]υπαρὰς ἕξ, γ(ίνονται) (πυροῦ ἀρτάβαι) ϛ.

Left part of surface corroded; right upper corner lost. 7 /÷ ostr.

416 Inv. 4392 (24–5008B–G × 14). Cm. 8·1 × 6·4.   Date: Jan. 7, 289 A.D.

θη(σαυροῦ) κώ(μης) Καρανίδος
γενή(ματος) δ (ἔτους) καὶ γ (ἔτους) Ὧρος   287/88
μη(τρὸς) Ἀμείτος δι(ὰ) κτη(νῶν)
Ὀξυρ(υγχίτου) δι(ὰ) Πουπλίου
5 ὄν(ους) δεκατρεῖς, γ(ίνονται)
ιγ. (ἔτους) ε καὶ δ ϛ′
Τῦβι ιβ′.   Jan. 7, 289

417 Inv. 9047 (27–C43G¹–K). Cm. 12·5 × 6·9.   Date: Dec. 288/Jan. 289 A.D.

θη(σαυροῦ) κώ(μης) Καρανί(δος)
γενή(ματος) δ (ἔτους) καὶ γ (ἔτους)   287/88
Ναᾶς Διοσκόρου
δι(ὰ) κτη(νῶν) Καμίνου
5 δι(ὰ) Πωλίωνος
ὄνοι ὀκτώ, γ(ίνονται) η.
(ἔτους) ε ϛ′ καὶ δ ϛ′ Τῦβι .–.   Dec. 288/Jan. 289

Yellow-gray pottery.   6 l. ὄνους.

418 Inv. 4328 (24–5002G–A × 18). Cm. 6·1 × 5·6.   Date: Feb. 2, 289 A.D.

θη(σαυροῦ) κώ(μης) ὁριοδ(εικτίας) Καρανίδος
γ(εν)ή(ματος) δ (ἔτους) καὶ γ (ἔτους) ὀνό(ματος) Ἰσιδώρου 287/88
Ἀγριππίνου δι(ὰ) κτη(νῶν) Ψεν-
θεῶ δι(ὰ) Σάρωνος ὄνοι
5 δύο, γ(ίνονται) ὄνοι β′.
(ἔτους) ε καὶ δϛ′ Μεχεὶρ η.   Feb. 2, 289

2 γῆ ostr.   4 l. ὄνους.

419 Inv. 4505 (25–5072E–A × 14). Cm. 8·8 × 6·8.   Date: March/April, 289 A.D.

θησαυροῦ ὁριοδεικτίας κ]ώμης Καρανίδος
δεκα(πρώτου) Φιλαδέλ[φου γενή(ματος)] δ (ἔτους) καὶ
γ (ἔτους) Ἁπρῆς ὁ [καὶ Ὀννῶφρις Ὀννώ]φρι-   287/88
ος ὄνοι ὀκτ[ώ, γ(ίνονται) η. καὶ διὰ
5 Ἀντωνίνου [ὄνοι
..... [γ(ίνονται) x. (ἔτους)] εϛ δϛ
Φαρμοῦθι [..   March/April 289

The surface is badly damaged by a black decay and much of the writing is illegible.   4 l. ὄνους.

420 Inv. 9178 (28–242*–D II). Cm. 3 × 5·2.   Date: Feb. 13, 290 A.D.?

θησαυροῦ κώμης Καρανίδος γε]νή(ματος) ε (ἔτους) καὶ δ
(ἔτους)   288/89
[Person's name   διὰ Ἀ]ειῶνος
διὰ κτηνῶν] Καμίνους

διὰ Person's name ὄνους τ]ρεῖς,
5 γ(ίνονται) γ. (ἔτους) ςϛʹ καὶ ε]ϛʹ
  Με]χ(ὶρ) ιθ.

Surface of pottery rather dark. The probable abbreviations in the beginnings of the lines are not indicated.   3 l. Καμίνου.   6 μεχ ostr.

421 Inv. 9030 (27–C35B–H).   Cm. 6·8 × 9·2.   Date: March 15, 290 A.D.

θησ(αυροῦ) κώ(μης) Καρανίδος
γενή(ματος) ε (ἔτους) καὶ δ (ἔτους) Νέας   288/89
Διοσκόρου δι(ὰ) Κάστορος
υἱοῦ Διοσκόρου δι(ὰ) κτη(νῶν)
5 Ἰβιῶ(νος) δι(ὰ) Δημητρίου
ὄν(ους) ὀκτὼ ἥμισυ,
γ(ίνονται) ὄν(οι) ηϛʹ.
(ἔτους) ϛ καὶ εϛʹ Φαμενὼθ ιθ.   March 15, 290

1 θησ κω, upper part decayed. Perhaps καρανιδʹ.   2 γενη ostr.

422 Inv. 9086 (27–X).   Cm. 7·5 × 5·5.   Date: March 15, 290 A.D.

θησ(αυροῦ) κ(ώμης) Καρανίδ(ος)
γενή(ματος) ε (ἔτους) καὶ δ (ἔτους)   288/89
Πεηοῦς Ἀγριππίνου
δι(ὰ) Παλλάδου καὶ Σαραπί-
5 ωνος δι(ὰ) κτη(νῶν) Δίνν(εως) δι(ὰ) Ἀβὸκ
ὀν(ηλάτου) ὄν(ους) ἑπτὰ ἥμισυ, γί(νονται) ὄν(οι) ζ ϛʹ.
(ἔτους) ϛ καὶ εϛʹ Φαμενὼθ ιθ.   March 15, 290

5 The writing at the end of the l. is very faint.   6 ονϛ ονʹ ostr.   7 ιθ added later.

423 Inv. 4593 (26–B14D–A).   Cm. 8·3 × 6·7.   Date: Oct. 22, 290 A.D.

θη(σαυροῦ) κώμης Καρ(ανίδος)
γενή(ματος) ϛ (ἔτους) καὶ ε (ἔτους) ὀνό(ματος) Ἀτισιο[ς   289/90
Παπιρίου δι(ὰ) κτ(ηνῶν) Ἰβιῶ(νος) δι(ὰ) Δη-
μητρίου ὄνοι ἑ-
5 πτά, γ(ίνονται) ὄνοι ζ.
(ἔτους) ζϛ καὶ ϛϛʹ Φαῶφι
κε.   Oct. 22, 290

4 l. ὄνους.   ε corrected from ζ.

424 Inv. 4333 (24–5002G–A × 18). Cm. 8·9 × 5·3.   Date: Jan. 19, 291 A.D.

θη(σαυροῦ) κώ(μης) Καρανίδ(ος) γενή(ματος) ϛ (ἔτους)
καὶ ε (ἔτους) Πτολεμαῖος Κοπρῆ   289/90
διὰ Πεεῦτο[ς] ὄν(ους) δύο·
καὶ ὀνό(ματος) Οὐαλερίας Ἀντωνίας
5 ὄν(ους) πέντε, γ(ίνονται) ὄν(οι) ζ⁻.
(ἔτους) ζϛ′ καὶ ϛϛ′ Τῦβι κδ.   Jan. 19, 291

425 Inv. 4401 (24–5014C–C × 2). Cm. 9·2 × 7·2.   Date: Jan. 22, 291 A.D.

θη(σαυροῦ) ὁριοδικ(τίας) κ(ώμης) Καραν(ίδος)
γενή(ματος) ϛ (ἔτους) καὶ ε (ἔτους) ὀνό(ματος) Σαραπίωνος   289/90
Μακρί(νου) δι(ὰ) κτη(νῶν) Κυνοπολί(του) δι(ὰ)
Παυῆ ὄν(οι) εἰκοσιείς,
5 γ(ίνονται) ὄν(οι) κα.
(ἔτους) ζ καὶ ϛϛ Τῦβι κζ.   Jan. 22, 291

Reddish brown pottery.   1 l. ὁριοδεικ(τίας).   4 l. ὄνους εἴκοσι ἕνα.

426 Inv. 4341 (24–5002 G–A × 18). Cm. 5·6 × 7·6.   Date: Jan. 23, 291 A.D.

θη(σαυροῦ) ὁριοδι(κτίας) Καραν(ίδος)
γενή(ματος) ϛ (ἔτους) καὶ ε (ἔτους) ὀνό(ματος) Πεηοῦ   289/90
σακ(κοφόρου) δι(ὰ) κτη(νῶν) Δίννεω[ς
δι(ὰ) Ἑρμέως ὄνοι
5 ἕξ, γ(ίνονται) ὄνοι ϛ.
(ἔτους) ζϛ καὶ ϛϛ Τῦβι κη.   Jan. 23, 291

1 θῆ οριοδι/ καραν ostr. l. ὁριοδεικτίας.   2 γενῆ (perhaps γῆ) ostr.   4 l. ὄνους.

427 Inv. 4438 (24–5047–A). Cm. 9·8 × 6·8.   Date: April 15, 291 A.D.

θη(σαυροῦ) κώ(μης) Καρ(ανίδος) γενή(ματος) ϛ (ἔτους)
καὶ ε (ἔτους) δι(ὰ) κτη(νῶν) Ἀτ'τί(νου) δι(ὰ) Ἀρ-   289/90
ειανοῦ ὀνό(ματος) Κάστωρ ἑκα-
τοντ(άρχης) καὶ Ἡρᾶ ὄν(ους) δύο,
5 γ(ίνονται) ὄν(οι) β.
(ἔτους) ζ καὶ ϛϛ′ Φαρ(μοῦθι) κ.   April 15, 291

2 ατ'τ⁺ ostr.   3 l. Κάστορος.   4 εκα/τοντ ostr. l. ἑκατοντάρχου.

428 Inv. 9048 (27–C43G¹–L). Cm. 5·4 × 5·8.   Date: May 21, 291 A.D.

Λιβιανῆς κριθῆς γενή(ματος)
ζ (ἔτους) καὶ ϛ (ἔτους) ὀνό(ματος) Πτολεμαίου   290/91
μη(τρὸς) Δημητροῦτος δι(ὰ) κτη(νῶν)
Μαγδώλων δι(ὰ) Διδύμου ὄνοι
5   δύο, γ(ίνονται) β.
(ἔτους) ζʃ καὶ ϛʃ Παχὼν
κϛ.   May 21, 291

4 l. ὄνους.

429 Inv. 4508 (25–5072 E–A × 14).   Cm. 7·5 × 7·2.   Date: 290/91 A.D.?

θησ(αυροῦ) κώ(μης) Καρ[α(νίδος)
γ[ενή(ματος) ϛ] (ἔτους) ε (ἔτους) [διὰ κτηνῶν (?)   289/90?
Ναρμούθ[εως] δι(ὰ) Ἡ.-
. . . . καὶ Πατρόκ(λου)
5   ὀνόματος Ἀμμω-
νίου Παπέι-
τος . . . .
. . . .

Surface much damaged by decay, and the writing to a large extent illegible.

430 Inv. 4342 (24–5002G–A × 18).   Cm. 10·2 × 9.   Date: May 14, 292 A.D.

θη(σαυροῦ) κώμης Καρανίδος δεκ(απρώτου) Πτολεμαίου
ὑπομι(ηματογραφήσαντος) γεν(ήματος) ζ (ἔτους) καὶ ϛ (ἔτους)
ὀν(όματος) Πτολεμαί-   290/91
ου Κοπρῆ δι(ὰ) Πιηοῦ δι(ὰ) κτηνῶ(ν) Φιλ(αδελφείας)
δι(ὰ) Ἀμάει ὄνοι θ. (ἔτους) ηʃ καὶ ζʃ Παχὼν
5   ιθ.   May 14, 292

From the shoulder of a jar.   3 l. Πεηοῦ.   4 l. ὄνους.

431 Inv. 9262 (28–C88B–C).   Cm. 8·9 × 5·9.   Date: May 16, 292 A.D.

θη(σαυροῦ) κώμης Καρανίδος δεκ(απρώτου)
Πτολεμαίου ὑπομν(ηματογραφήσαντος)
γενήματος ζ (ἔτους) καὶ ϛ (ἔτους) ὀνό(ματος)   290/91
Ἰουλία Ἀρμίλλα δι(ὰ) Διο-

5 σκόρου δι(ὰ) κτῆνῶν
'Ηρακλεοπολίτου δι(ὰ) 'Ωρίω-
ν]ος ὄνοι ἕξ'. (ἔτους) η∫ καὶ ζ∫ Παχὼν κα. May 16, 292

4 l. Ἰουλίας Ἀρμίλλας.   7 l. ὄνους.

432 Inv. 4512 (25–5072 E–A × 14). Cm. 8·3 × 11·4.   Date: June 28, 292 A.D.

θη(σαυροῦ) κώ(μης) ὁριοδι(κτίας) Καρανίδος
γενή(ματος) ζ̄ (ἔτους) καὶ ϛ (ἔτους) ὀνό(ματος) Ἀμμώνιος   290/91
Παπείτος δι(ὰ) Νείλου δι(ὰ) κτη(νῶν)
Διονυσ(ιάδος) δι(ὰ) Διδᾶ ὄν(ους) δέκα,
5 γ(ίνονται) ι.
(ἔτους) η∫ καὶ ζ∫´ Ἐπὶφ δ´.   June 28, 292

1 l. ὁριοδει(κτίας).   2 l. Ἀμμωνίου.

433 Inv. 4502 (25–5072 E–A × 14). Cm. 8·8 × 3·7.   Date: Sept. 6, 292 A.D.

θη(σαυροῦ) κώ(μης) ὁριοδ(εικτίας) Καρ(ανίδος) γενή(ματος) ε
(ἔτους) δ (ἔτους) Ἀπρῆς   288/89
ὁ καὶ Ὀννῶφρις Ὀννώφριος
δι(ὰ) Πτολ(εμαίου) σάκ(κους) τέσσαρας,
σάκ(κοι) δ´. (ἔτους) θ´ καὶ
5 η ∫″ Θὼθ θ.   Sept. 6, 292 A.D.

Surface damaged by dots of black decay.

434 Inv. 4507 (25–5072 E–A × 14). Cm. 6·7 × 9·6.   Date: Dec. 7, 292 A.D.

θησ(αυροῦ) κώ(μης) δεκ(απρώτου) Διονυ-
σίωνος γεν(ήματος) ζ (ἔτους) καὶ ϛ (ἔτους)   290/91
ὀνό(ματος) Ἀμμώνιος Παπέειτος
δι(ὰ) κτη(νῶν) Ταμέλανος δι(ὰ) Αὐ-
5 νῆ ὀνηλ(άτου) ὄν(ους) πέντε,
γ(ίνονται) ὄν(οι) ε.
(ἔτους) θ∫ καὶ η∫ Χοίακ ια.   Dec. 7, 292

Light-colored pottery. Partly damaged by decay forming black spots on the surface.   3 l. Ἀμμωνίου.   6 Almost illegible; γ ον´ ε?

435 Inv. 4330 (24–5002G–A × 18). Cm. 6·2 × 7·8.   Date: Dec. 21, 292 A.D.

θη(σαυροῦ) Ἡρακλείδου
δεκ(απρώτου) γενή(ματος) ζ (ἔτους) καὶ ϛ (ἔτους)   290/91

ὀνό(ματος) Πεηοῦ σακκοφ(όρου)
δι(ὰ) κτή(νους) Χαιρήμονος
5 ὄνος εἷς, γ(ίνεται) α.
(ἔτους) θ𝈺 καὶ η𝈺 Χοίακ
κε.   Dec. 21, 292

5 l. ὄνον ἕνα.

436 Inv. 4514 (25–5072 E–A × 14). Cm. 6·7 × 9·8. Date: Jan. 26, 293 A.D.

θη(σαυροῦ) ὁριοδ(εικτίας) Καρανίδος
γενή(ματος) η (ἔτους) καὶ ζ (ἔτους) ὀνό(ματος) Ἀιῶνος   291/92
Ἀμω( ) δι(ὰ) κτη(νῶν) Φιλα(δελφείας) δι(ὰ) Ἀμάει
ὄν(ους) πέντε, γ(ίνονται) ὄν(οι) ε.
5 ἐνάτου (ἔτους) καὶ η (ἔτους)
Μεχεὶρ α΄.   Jan. 26, 293

Surface badly damaged by a black decay; writing in parts almost illegible.
6 Perhaps ια or κα?

437 Inv. 4520 (25–5072F–J × 6). Cm. 10·6 × 10·6. Date: March 29, 293 A.D.

θη(σαυροῦ) κώ(μης) Καρ(ανίδος) δεκ(απρώτου) Πτολ(εμαίου)
γενή(ματος) η (ἔτους)
κ(αὶ) ζ (ἔτους) ὀνό(ματος) Ἀμμώνιος Παπεῖτος   291/92
δι(ὰ) Νίλου κ(αὶ) Ἀναμοῦν δι(ὰ) κτη(νῶν)
Ἰβιῶ(νος) δι(ὰ) Σαρμάτου ὄνοι ιδ⁻.
5 (ἔτους) ἐνάτου κ(αὶ) η𝈺′ Φαρμοῦ(θι)
γ.   March 29, 293

Yellowish gray pottery. 1 πτολ⁻ ostr. (or πτο⁻?); γενη ostr., very cursively written. 2 l. Ἀμμωνίου. 4 l. ὄνους.

438 Inv. 9172 (28–242*–M I). Cm. 9·2 × 6·6. Date: March 29, 293 A.D.

θησ(αυροῦ) κώ(μης) Καρ(ανίδος) δεκ(απρώτου) Πτο(λεμαίου)
γενή(ματος)
η (ἔτους) κ(αὶ) ζ (ἔτους) ὀνό(ματος) Νέας Διοσ-   291/92
κόρου δι(ὰ) Κάστορος δι(ὰ) κτη(νῶν)
Καμίνους δι(ὰ) Πωλίωνο(ς)
5 ὄνοι η.
(ἔτους) ἐνάτου κ(αὶ) η𝈺′
Φαρ(μοῦθι) γ.   March 29, 293

1 γενη ostr. 3 κτη ostr. 4 l. Καμίνου or -ων. πωλιωνο for lack of space.
5 l. ὄνους.

439 Inv. 9145 (26–X).   Cm. 9·5 × 6·3.   Date: March 29, 293 A.D.

θησ(αυροῦ) κώ(μης) Καρ(ανίδος) δεκ(απρώτου) Πτο(λεμαίου)
   γενή(ματος) η (ἔτους)
κ(αὶ) ζ (ἔτους) ὀνό(ματος) Πτολεμαῖος Κοπρῆ   291/92
δι(ὰ) Πεηοῦ ὄνοις η.
(ἔτους) ἐνάτου κ(αὶ) η𝅵ʹ
5 Φαρμοῦθι γ.   March 29, 293

2 πτōλεμαιος ostr.; l. Πτολεμαίου.   3 l. ὄνους (or ὄνοι, nominative instead of accusative).

440 Inv. 4327 (24–5002G–A × 18).   Cm. 9·6 × 8·8.   Date: March 29,
                                                          293 A.D. Plate VIII

θη(σαυροῦ) κώ(μης) Καρ(ανίδος) δεκ(απρώτου) Πτολ(εμαίου)
γενή(ματος) η (ἔτους) (καὶ) ζ (ἔτους) ὀνό(ματος) Πτολεμαῖος 291/92
Κοπρῆ (καὶ) Οὐαλερία Ἀντωνία
δι(ὰ) Πεηοῦ δι(ὰ) κτη(νῶν) Μαγαίδος
5 δι(ὰ) Ζωσίμου ὄνοι ια.
(ἔτους) ἐνάτου (καὶ) η𝅵ʹ
   Φαρμοῦθι
        γ.   March 29, 293

2 γενη (or perhaps γη only) ostr.; πτōλεμαιος ostr. (first abbreviated, then written out); l. Πτολεμαίου.   3 l. Οὐαλερίας Ἀντωνίας.   5 l. ὄνους.

441 Inv. 4413 (24–5020A–E × 7).   Cm. 7·2 × 6·4.   Date: May 28, 293 A.D.

θησ(αυροῦ) ὁριοδι(κτίας) Καρανίδος
γενή(ματος) η (ἔτους) καὶ ζ (ἔτους) ὀνό(ματος)   291/92
Τιβερίνου δι(ὰ) κτη(νῶν)
Κυνοπ(ολίτου) δι(ὰ) Φαυῆ
5 ὄν(οι) εἰκοσιείς,
γ(ίνονται) κα.
(ἔτους)] ἐνάτου καὶ η𝅵 καὶ α𝅵ʹ
       Παῦ(νι) γʹ.   May 28, 293

1 l. ὁριοδεικτίας.   5 l. ὄν(ους), ἕνα.

442 Inv. 9183 (28–242*–J II).   Cm. 9·3 × 5·5.   Date: June 18, 293 A.D.

θη(σαυροῦ) ὁριοδι(κτίας) Καρ(ανίδος) γεν(ήματος) ζ (ἔτους)
ὀν(όματος) Μάνης   290/91
Μάρωνος ὀνηλ(άτου) Ἱέραξ Νειλάμμω-

νος δεκαπέντη, σάκ(κοι) ιε¯.
πυρ(οῦ) δ' ἀρτ(άβας), σάκ(κοι) δεκαεπτά.
5 (ἔτους) ἐνάτου Παῦνι κδ. June 18, 293

1 l. ὁριοδεικτίας; l. Μάνη or Μάνητος? 2 l. Ἱέρακος. 3 l. πέντε. 4 Very much faded.

443 Inv. 4518 (25–5072F–J × 6). Cm. 8·1 × 5·4. Date: June 28, 293 A.D.

(Beginning lost.)

γ[ενήματος η ἔτους καὶ ζ ἔτους 291/92
δι(ὰ) κτη(νῶν) δημ[οσίων διὰ . . . . .
ὄν(ους) τέσσαρες, γ(ίνονται) δ.
(ἔτους) ἐνάτου καὶ ηϛ καὶ αϛ′
5   Ἐπεὶφ δ᾽. June 28, 293

Abbreviations are not indicated in the restored parts. 3 l. τέσσαρας.

444 Inv. 4504 (25–5072 E–A × 14). Cm. 8·2 × 6·7. Date: Aug. 21, 293 A.D.

θη(σαυροῦ) κώ(μης) ὁριοδ(εικτίας) Καρανίδος
γενή(ματος) η (ἔτους) καὶ ζ (ἔτους) ὀνό(ματος) Νείλου 291/92
Κασιανοῦ δι(ὰ) Ἀντωνείνου
δι(ὰ) δημοσί(ων) κτηνῶν δι(ὰ) Ἀγαθ( )
5 ὄν(ον) ἕνα, γ(ίνεται) α.
(ἔτους) θϛ′ καὶ ηϛ′ καὶ αϛ′
Μεσορὴ κη¯. Aug. 21, 293

Pottery of a light color. Surface badly damaged by a black decay.

445 Inv. 4329 (24–5002G–A × 18). Cm. 6·9 × 8·6. Date: Aug. 24, 293 A.D.

θη(σαυροῦ) ὁρι(ο)δικ(τίας) Καρανίδος
γενή(ματος) η (ἔτους) καὶ ζ (ἔτους) ὀνό(ματος) Πτολεμαίου
Κοπρῆ   291/92
καὶ Πεηοῦ, Πτολεμαίου ἀπερ(γαζομένου) δι(ὰ) Πεη(οῦ),
δι(ὰ) κτη(νῶν) Ἀτ᾽τίνου δι(ὰ) Ἀριανοῦ
5 ὄνοι ἕξ, γ(ίνονται) ϛ.
(ἔτους) ἐνάτου καὶ ηϛ καὶ αϛ′
Μεσορὴ ἐπαγομ(ένων)
   α. Aug. 24, 293 A.D.

Yellowish gray pottery. 1 l. ὁριοδεικτίας. 2 κοπρ⁷ ostr. 3 απερ ostr. Or Πεηοῦ Πτολεμαίου, ἀπερ(γαζομένων)? 5 l. ὄνους.

446 Inv. 4339 (24–5002G–A × 18). Cm. 8·9 × 7·1.   Date: Oct. 10, 293 A.D.

θη(σαυροῦ) κώ(μης) Καρ(ανίδος) γενή(ματος) η (ἔτους) καὶ ζ
(ἔτους) 291/92
δεκ(απρώτων) Εὐτόνις καὶ Συρίωνος
καὶ Μέλα καὶ Ἡρακλείδου ὀνό(ματος)
Ἀγριππῖνος Ἀγριππίνου
5 δι(ὰ) Πεηοῦ σακκοφόρου δι(ὰ)
κτηνῶν Ὀξ(υρυγχίτου) δι(ὰ) Ἀμμωνᾶ
ὄνοι β΄. (ἔτους) δεκάτου
   καὶ ἐνάτου καὶ βϚ΄ Φαῶφι ιγ̄.   Oct. 10, 293

1 γε corrected from δε.   2 l. Εὐτονίου.   4 l. Ἀγριππίνου.   7 l. ὄνους.

447 Inv. 4525 (25–5072G–C × 16). Cm. 11·3 × 6·6.   Date: April 6, 294 A.D?

θη(σαυροῦ) Καρ(ανίδος) δεκαπ(ρώτου) Ἥρωνος
ὀνό(ματος) Ἀμμώνιος Παπέει
σάκκοι ἕξ, γ(ίνονται) ϛ̄.
(ἔτους) ι Φαρ(μοῦθι) ια.   April 6, 294?

2 l. Ἀμμωνίου.   3 l. σάκκους.   4 ι or β?

448 Inv. 4334 (24–5002G–A × 18). Cm. 9·4 × 5·8.   Date: May 28, 294 A.D.

θη(σαυροῦ) κώ(μης) Καρ(ανίδος) δεκ(απρώτου) Πτο(λεμαίου)
γενή(ματος)
θ (ἔτους) (καὶ) η (ἔτους) ὀνό(ματος) Πτο(λεμαίου) Κοπρῆ   292/93
δι(ὰ) Πτο(λεμαίου) ὄνοι γ.
(ἔτους) ι (καὶ) θϚ΄ (καὶ) β΄
5 Παῦνι γ.   May 28, 294

1 γενη ostr.   3 l. ὄνους.

449 Inv. 4332 (24–5002G–A × 18). Cm. 6·5 × 7·3.   Date: June 2, 294 A.D.

θη(σαυροῦ) κώ(μης) Καρ(ανίδος)
δεκ(απρώτου) Πτο(λεμαίου) γενή(ματος) θ (ἔτους)
(καὶ) η (ἔτους) ὀνό(ματος) Πτολε-   292/93
μαῖος Κοπρῆ δι(ὰ)
5 κτη(νῶν) Ναρ(μούθεως) δι(ὰ)

Ἀτοῦς ὄνοι ϛ̄.
(ἔτους) ι (καὶ) θϛ (καὶ) β´ Παῦνι   June 2, 294
η´.

2 γενη ostr.   3 l. Πτολεμαίου.   6 l. ὄνους.

450 Inv. 9005 (27–242F–U). Cm. 7·3 × 4·9.   Date: 293/94 A.D.

θη(σαυροῦ) κώ(μης) Καρ(ανίδος) δ]εκαπρώτου Πτολε-
μαίου γε]νή(ματος) θ (ἔτους) καὶ η ἔτου[ς   292/93
ὀνό(ματος) . . .] . [. . .]ας Ἱέρων-
ος δι[ὰ Πτολε-
5 [μαίου ὄνοι .]
[Date.]   293/94

1 Restored from ostr. 448–449.   3]as nominative instead of genitive?

451 Inv. 4488 (25–5051C–B). Cm. 7·4 × 6·4.   Date: 293/94 A.D.?

δεκαπ[ρώτου
Πτολεμαίο(υ) γενή(ματος) ἐνά[του ἔτους καὶ η ἔτους
ὀνό(ματος) . . . . [διὰ   292/93
. . κος ὄνους . . . . .
5 . . . . . .

The text very much faded, and reading rather uncertain.   2 πτολεμαιο ostr.
γενη ostr.   3 ονο ostr.

452 Inv. 4331 (24–5002G–A × 18). Cm. 6 × 5·9.   Date: 292/94 A.D.

δεκαπρ[ώτου
Πτ[ολ]εμα[ίου
ὀν(όματος) Σωκρ[ά-
το(υς) Πτο-
5 λ(εμαίου) ὄν(ους)
ζ.

The whole text is faded.   3 ον ostr.   5 ον ostr.   Same hand as ostr. 644.

453 Inv. 4522 (25–5072G–C × 16). Cm. 5·7 × 5·9.   Date: April 23,
                                                                    295 A.D.

θη(σαυροῦ) ὁριοδ(εικτίας) Καρανίδος
γενή(ματος) ι (ἔτους) καὶ ἐνάτου καὶ β (ἔτους)   293/94
ὀνό(ματος) Ἀμμωνίου Παπέει
δι(ὰ) Ἀμμωνίου καὶ Ἥρωνος

5 δι(ὰ) κτη(νῶν) δη(μοσίων) ὄν(ους)
τρεῖς, γ(ίνονται) γ.
(ἔτους) ιαϛ καὶ ιϛ καὶ γϛ′
Φαρ(μοῦθι) κη. April 23, 295

1 Καρανίδος very cursively written.

454 Inv. 4540 (25–5076D–A). Cm. 7·7 × 7·7. Date: Feb. 26, 296 A.D.

θη(σαυροῦ) Καραν(ίδος) δεκ(απρώτων)
Σ]ουχιδ(ᾶ) καὶ τῶν κοιν(ωνῶν)
γε]νή(ματος) ια καὶ ι καὶ γ (ἔτους) 294/95
ὀνό](ματος) Μακρῖνος Πτο-
5 λ[εμα]ίου δι(ὰ) Μέλα ὀνηλ(άτου)
ὄνοι ἕξ, γ(ίνονται) ϛ.
(ἔτους) ιβϛ καὶ ιαϛ καὶ δϛ′
Φαμενὼθ
α⁻. Feb. 26, 296

1 θῆ καραν′ (or καρανιδ′ ?) ostr. 2]ουχιδ′ ostr.; only one letter seems to be lost at the beginning. 4 l. Μακρίνου. 6 l. ὄνους.

455 Inv. 4319 (24–5002D–O × 13). Cm. 7·9 × 6·1. Date: April 19, 296 A.D.

θη(σαυροῦ) κώ(μης) Καρανίδος γενή(ματος)
ια (ἔτους) καὶ ι (ἔτους) καὶ γ (ἔτους) ὀνό(ματος) Πτολεμαί- 294/95
ου Κοπρῆ διὰ Πεηοῦ ὄνο(υς)
τρεῖς, γί(νονται) ὄν(οι) γ. [(ἔτους)] ιβϛ′ καὶ ιαϛ′
5 καὶ δϛ′ Φα[ρμ]οῦ[θι] κδ′. April 19, 296

Yellowish gray pottery. 3 ονο ostr. 4 Very much faded. 5 Also considerably faded.

456 Inv. 4423 (24–5024E–A × 4). Cm. 6·2 × 4·9. Date: July 11, 296 A.D.

θησαυροῦ κώμης Κα]ρανίδος γενή(ματος) ια (ἔτους) καὶ ι
(ἔτους) 294/95
καὶ γ] (ἔτους) ὀνόματος Κάστωρ
..... δι](ὰ) Ἡρᾶ σάκκος εἷς, γ(ίνεται) α⁻.
ἔτους ιβϛ′ καὶ ιαϛ′] καὶ δϛ Ἐπεὶφ ιζ⁻. July 11, 296

Left half lost. Abbreviations in restored part not indicated. 2 Of ϛ′ the last stroke is visible. 1. Κάστορος. 3 l. σάκκον ἕνα.

457 Inv. 4557 (25–5092–C × 3). Cm. 7·3 × 8·6. Date: Dec. 27, 296 A.D.

θη[σαυροῦ κώμης Καρανίδος
γενή(ματος) ιβ (ἔτους) [καὶ ι]α (ἔτους) καὶ δ (ἔτους)

ὀνό(ματος) Ἥρων Πανεσάτης 295/96
δι(ὰ) κτη(νῶν) σάκκο(υς) δύο,
5 γ(ίνονται) ὄν(οι) β.
(ἔτους) ιγϛ′ καὶ ιβϛ′ καὶ εϛ′
Τῦβι α⁻. Dec. 27, 296

Whether line 1 contained ὁριοδεικτίας is uncertain.   3 l. Ἥρωνος Πανεσάτου.
4 Origin of beasts not mentioned.   5 γ ον ostr.

458 Inv. 9253 (28–C65*E–F). Cm. 9·6 × 5·5.   Date: Jan. 30, 298 or
306 A.D.?

θη(σαυροῦ) Καρ(ανίδος) γενή(ματος) ιγ (ἔτους) Πεμὲς Κυρ-
ίλλου δι(ὰ) 296/97 or 304/5?
κτη(νῶν) Ναρμούθ(εως) δι(ὰ) Μάνης Μά-
ρωνος ὄνο(υς) ἕνδεκα, γ(ίνονται) ια⁻.
(ἔτους) ιδϛ′ Μεχεὶρ ε⁻. Jan. 30, 298 or 306?

The text partly faded.   3 ονο ostr.

459 Inv. 4546 (25–5091–C × 9). Cm. 7·2 × 7.   Date: May 31, 298 A.D.

θησαυροῦ ὁριοδεικτίας Καραν]ίδ(ος)
γενή(ματος) ιγ (ἔτους) καὶ ιβ (ἔτους) καὶ ε (ἔτους)
ὀ]νό(ματος) Ἀμουλῆς Πεκύσι-
ος δ]ι(ὰ) Τιβερίνου ὀνηλ(άτου) 296/97
5 ὄνος ἷς, γ(ίνεται) α.
(ἔτους) ιδϛ] καὶ ιγϛ καὶ ϛϛ′
Παῦνι ϛ. May 31, 298

1]ιδϛ′ ostr.   2 γενη (abbreviation uncertain) ostr.   3 l. Ἀμουλῆ.   4]ι′
ostr.   ονηλ^ ostr.   5 l. ὄνον ἕνα.

460 Inv. 4320 (24–5002D–O × 13). Cm. 6·3 × 6·2.   Date: June 2, 298 A.D.

θη(σαυροῦ) ὁρι(οδεικτίας) Καρανί(δος) γενή(ματος)
ιγ (ἔτους) καὶ ιβ (ἔτους) καὶ ε (ἔτους) 296/97
δι(ὰ) ἰδίου κτή(νους) ὀνό(ματος) Πε-
ηοῦ σακκοφ(όρου) ὄνος
5 ἷς, γ(ίνεται) α.
(ἔτους) ιδϛ καὶ ιγϛ καὶ ϛϛ′
Παῦνι η. June 2, 298

4 l. ὄνον/ἕνα.

461 Inv. 9103 (27–CA21–H). Cm. 7·4 × 4·7. Date: June 6, 298 A.D.?
θη(σαυροῦ) ὡρ(ιοδεικτίας) Καρανίδος γενή(ματος) ιγ (ἔτους)
καὶ ιβ (ἔτους) καὶ ε (ἔτους) ὀνό(ματος) Πτολε-   296/97
μαίου μη(τρὸς) Δημητροῦτος
δι(ὰ) Σαταβοῦ δι(ὰ) Παλή-
5   μονος ὄνος ῖς,
γ(ίνεται) α.
Παῦνι ιβ.   June 6

1 l. ὀρ(ιοδ.). Not Κερ(κεσούχων)?   5 l. ὄνον ἕνα.

462 Inv. 9225 (28–BS145*–A). Cm. 7·7 × 6·1. Date: June 14, 298 A.D.
θη(σαυροῦ) ὀρι(οδεικτίας) Καρανίδος
γενή(ματος) ιγ (ἔτους) καὶ ιβ (ἔτους) καὶ ε (ἔτους)   296/97
ὀνό(ματος) Ἀμουλῆ οὐετρ(ανοῦ)
τῶν ἀπὸ Παῦνι β ἕως   May 27
5   κ′ δι(ὰ) ἰδίω(ν) κτη(νῶν) ὄνοι   June 14
ἕξ, γ(ίνονται) ϛ. Γάλλιος Πα-
μῆ ἐπιφερό(μενος).
(ἔτους) ιδϛ καὶ ιγϛ καὶ ϛϛ′
Παῦνι κ′.   June 14, 298

1 καρανιδος′ ostr.   5 ιδι^α κτη ostr. l. ὄνους. 6/7 Correctly read?

463 Inv. 9274 (28–CS23–K). Cm. 9·7 × 6·3. Date: Oct. 24, 298 A.D.
θη(σαυροῦ) κώ(μης) Καρ(ανίδος) γενή(ματος) ιδ (ἔτους) καὶ ιγ
     (ἔτους) καὶ ϛ (ἔτους)   297/98
θείας διατυπώσεως ὀν(όματος) Χαιρήμο-
νος οὐε(τρανοῦ) σάκκοι τρεῖς, γ(ίνονται) γ.
(ἔτους) ιε καὶ ιδϛ καὶ ζϛ′ Φαῶφι κζ.   Oct. 24, 298

3 l. σάκκους.

464 Inv. 4464 (24–X). Cm. 10·2 × 8·9. Date: Nov. 8, 298 A.D.
θησαυροῦ] κώ[μης Καρα]νίδος
γενήματος ι]γ (ἔτους) καὶ [ιβ (ἔτους) κα]ὶ ε (ἔτους) ὀν(όματος)   296/97
Πτο]λεμαῖος Κοπρῆ δι(ὰ) Παιηοῦ
δι(ὰ) κτην(ῶν) ἰδίω[ν ὄνους] πέντε,
5   γ(ίνονται) ὄν(οι) ε⁻.

(ἔτους) ιεϛ´ καὶ ιδϛ´ καὶ ζϛ[´
Ἀθὺρ ιβ´.   Nov. 8, 298

Surface badly damaged by decay. 1 First word was abbreviated, also first word of l. 2. 3 l. Πτολεμαίου. 4 κτην ostr.? 5 γ ον ostr.

465 Inv. 4384 (24–5008B–G × 14). Cm. 5·5 × 5·8.   Date: Dec. 27, 298 A.D.

    θη(σαυροῦ) ὁριοδι(κτίας) Καρανίδος
    δεκα(πρώτων) Σεουηρίνου
    καὶ Ἀνδρίσ(κου) [γενή(ματος) ιδ (ἔτους)
    καὶ ιγ (ἔτους) καὶ [ϛ (ἔτους) ὀνόματος   297/98
5 Μέλας Ὥρου ὄνον
    ἕνα, γ(ίνεται) α´.
    (ἔτους) ιεϛ καὶ ιδ[ϛ καὶ] ζϛ
    Τῦβι α.   Dec. 27, 298

1 l. ὁριοδει(κτίας). 3 End of line faded; ´ (from ϛ´) can still be seen. 4 ι (in ιγ) corrected from ζ. End of line faded. 7 Partly faded.

466 Inv. 9090 (27–CA19–F). Cm. 4·4 × 5·1.   Date: Jan. 19, 299 A.D.

    θη(σαυροῦ) ὁρι(οδεικτίας) Καρανίδος
    δεκαπ(ρώτων) Σεουηρίνου
    καὶ Ἀνδρίσ(κου) γενή(ματος) ιδ (ἔτους)
    καὶ ιγ (ἔτους) καὶ ϛ (ἔτους) δι(ὰ) ἰδίω(ν)   297/98
5 κτη(νῶν) ὀνό(ματος) Παλή-
    μων Πτολλᾶ
    ὄνο[[ν]]ι [[ἕνα]] δύο, γ(ίνονται) [[α]] β.
    (ἔτους) ιεϛ καὶ ιδϛ καὶ ζϛ
    Τῦβι κδ´.   Jan. 19, 299

5 l. Παλή/μονος. 7 l. ὄνους. / ostr. Before corrected = γ(ίνεται).

467 Inv. 4325 (24–5002G–A × 18). Cm. 6·3 × 4·4.   Date: Jan. 25, 299 A.D.

    θη(σαυροῦ) ὁρ(ιοδεικτίας) Καρ(ανίδος) δεκ(α)π(ρώτου) Σεουη(ρίνου)
    γενή(ματος) ιδ (ἔτους) καὶ ιγ (ἔτους) καὶ ϛ (ἔτους)
    δι(ὰ) ἰδί(ων) κτη(νῶν) ὀνό(ματος)   297/98
    Λήειν Βα( ) δι(ὰ) Πανησάτου
5 ὄνους δύο, γ(ίνονται) β´.

(ἔτους) ιεϛ καὶ ιδϛ καὶ ζϛ'
Τῦβι λ⁻.   Jan. 25, 299

1 θῆ ορϛ' καρ' δεκ᾽ σεουη ostr.; how the last word was abbreviated is uncertain.
2 γενη' (or perhaps γενϛ') ostr.   4 βαϛ ostr. (uncertain).

468 Inv. 9241 (28–C49J¹–J). Cm. 15·2 × 7·2.   Date: Feb. 2, 299 or 307 A.D.?

κώ(μης) Καρανίδος γενή(ματος) ιδ (ἔτους) [[δι]] διὰ   297/98 or 305/6?
κτηνῶν κώ(μης) Ψενύρεως
ὄνους δ̄ ὀνόματ(ος) Ὠρείωνος
Ἀλεξάνδρου τοῦ Μινεῦτος ἐπὶ τοῦ
5 παρόντος [[κῶ Δίννεως]].
(ἔτους) ιε' Μεχ(ὶρ) η'.   Feb. 2, 299 or 307?

5 κῶ = κώμης.

469 Inv. 9061 (27–C54D–D). Cm. 9·5 × 10.   Date: Feb. 16, 299 A.D.

θη(σαυροῦ) ὁριοδικτί(ας) Καρανίδος
δεκαπ(ρώτων) Σεουηρίνου καὶ Ἀνδρίσ(κου)
γενή(ματος) ιδ (ἔτους) καὶ ιγ (ἔτους) καὶ ϛ (ἔτους) δι(ὰ) κτη(νῶν)
ἰδί[ων   297/98
ὀνόματος Πτολλᾶ Σαραπίωνος
5 ὄνους δύο, γ(ίνονται) β⸍.
καὶ τῇ κ' ὁ αὐτὸς ἄλλ(ον) ὄνον   Feb. 14
ἕνα, γ(ίνονται) γ.
(ἔτους) ιεϛ καὶ ιδϛ καὶ ζϛ'
Μεχεὶρ κβ'.   Feb. 16, 299

1 l. ὁριοδεικτί(ας).

470 Inv. 4275 (24–113G–A × 2). Cm. 8·7 × 5·5.   Date: Feb. 17, 299 A.D.

θη(σαυροῦ) ὁριοδ(εικτίας) Καρανίδος
δε(κα)π(ρώτων) Σευηρίνο(υ) καὶ Ἀνδρίσ(κου)
γενή(ματος) ιδ (ἔτους) καὶ ιγ (ἔτους) καὶ ϛ (ἔτους) ὀνό(ματος)   297/98
Πρίσκος Εὐδαίμονος δι(ὰ) κτη(νῶν)
5 τοῦ αὐτοῦ ἀπὸ Μεχὶρ κα ἕως   Feb. 15
κγ ὄνο(υς) δύο, γ(ίνονται) β.   Feb. 17
(ἔτους) ιεϛ καὶ ιδϛ καὶ ζϛ Μεχ(ὶρ) κγ.   Feb. 17, 299

2 δε꜖ σευηρινο ostr.   4 l. Πρίσκου.

471 Inv. 9093 (27–CA19–Q). Cm. 6·5 × 6·3. Date: Feb. 18, 299 A.D.

θη(σαυροῦ) ὁριοδι(κτίας) Καρανίδος
δεκαπ(ρώτων) Σεουηρίνου καὶ Ἀνδρί(σκου)
γενή(ματος) ιδ (ἔτους) καὶ ιγ (ἔτους) καὶ ς (ἔτους) δι(ὰ)   297/98
κτη(νῶν) ὀνό(ματος) Παλήμονος
5 Αὐνῆ ὄνον ἕνα, γ(ίνεται) α.
(ἔτους) ιε ϛ′ καὶ ιδ ϛ′ καὶ ζ ϛ′
Μεχεὶρ κδ. Feb. 18, 299

Yellow-gray pottery. 1 l. ὁριοδει(κτίας). 3 γενη ostr. 5 γ ostr.

472 Inv. 9266 (28–C88C–V). Cm. 7·2 × 6·2. Date: Feb. 22, 299 A.D.

θη(σαυροῦ) ὁριοδι(κτίας) Καρανίδος
δε(καπρώτων) Σευηρίνου καὶ Ἀνδρίσ(κου)
γενή(ματος) ιδ (ἔτους) καὶ ιγ (ἔτους) καὶ ς (ἔτους) ὀνό(ματος)   297/98
Σαραπάμμων ἀδελ(φὸς) Χαιρήμονος
5 δι(ὰ) κτη(νῶν) τοῦ αὐτοῦ ὄνο(ν)
ἕνα, γ(ίνεται) α.
(ἔτους) ιεϛ καὶ ιδϛ καὶ ζϛ
Μεχὶρ κη. Feb. 22, 299

1 l. ὁριοδει(κτίας). 4 l. Σαραπάμμωνος ἀδελφοῦ.

473 Inv. 4274 (24–113G–A × 2). Cm. 5·2 × 5·9. Date: Feb. 25, 299 A.D.

θη(σαυροῦ) ὁριοδι(κτίας) Καρανίδος
δε(καπρώτων) Σευηρίνου καὶ Ἀνδρ(ίσκου)
γενή(ματος) ιδ (ἔτους) καὶ ιγ (ἔτους) καὶ ς (ἔτους)   297/98
ὀνό(ματος) Πρίσκος
5 δι(ὰ) κτη(νῶν) τοῦ αὐτοῦ
ὄνο(ν) ἕνα, γ(ίνεται) α.
(ἔτους) ιεϛ καὶ ιδϛ καὶ ζϛ
Φαμενὼθ
α. Feb. 25, 299

1 l. ὁριοδει(κτίας). 2 ανδρ ostr. 4 l. Πρίσκου.

474 Inv. 4476 (25–344–O). Cm. 7·4 × 9·4. Date: Feb. 27, 299 A.D.
Plate VIII

θη(σαυροῦ) ὁριοδι(κτίας) Καρανίδος
δε(καπρώτων) Σευηρίνο(υ) καὶ Ἀνδρίσ(κου)

γενή(ματος) ιδ (ἔτους) καὶ ιγ (ἔτους) καὶ ϛ (ἔτους) ὀνό(ματος) 297/98
Σαραπίων Μακρίνου
5 δι(ὰ) κτη(νῶν) τοῦ αὐτοῦ τῶν ἀπὸ
α′ ἕως γ″ ὄνο(υς) τέσσαρες, Feb. 25–27
γ(ίνονται) δ′.
(ἔτους) ιεϟ καὶ ιδϟ καὶ ζϟ
Φαμενὼθ γ. Feb. 27, 299

1 l. ὁριοδει(κτίας). 4 l. Σαραπίωνος. 6 l. τέσσαρας.

475 Inv. 9017 (27–C14A–G). Cm. 6·7 × 6·4. Date: April 27?, 299 A.D.

θη(σαυροῦ) ὁριοδι(κτίας) Καρ[ανίδος γενήματος
ιδ (ἔτους) καὶ ιγ (ἔτους) καὶ ϛ (ἔτους) δι(ὰ) 297/98
κτή(νους) ἰδίου ὀνόματος
Ἥρων Ἥρωνος
5 τῶν ἀπὸ λ ἕως Παχὼ- April 25
ν β′ ὄνους τρῖς, γ(ίνονται) γ. April 27
ἔτους ιεϟ′ καὶ ιδϟ′] καὶ ζϟ′
Παχὼν β.] April 27?, 299

Yellow-gray pottery. 1 l. ὁριοδει(κτίας). Last word of l. was abbreviated.
3 l. κτηνῶν ἰδίων. 4 l. Ἥρωνος Ἥ. 5 λ sc. Φαρμοῦθι λ.

476 Inv. 4321 (24–5002D–O × 13). Cm. 4·1 × 3·6. Date: 299 A.D.

Πτολεμαῖος [Κοπρῆ διὰ
Παιηοῦ(τος) ὄνο[. . . . .

(ἔτους) ιεϟ ιδϟ ζ Μ̣[ε . . . . . . Jan./Feb. or July/Aug. 299

Probably two lines missing at the beginning, e.g. θησαυροῦ κώμης Καρανίδος γενήματος ιδ (ἔτους) καὶ ιγ (ἔτους) καὶ ϛ (ἔτους) ὀνόματος Π. Κ. κτλ. 2 παιηου′ ostr. 3 Μ[εχίρ or Μ[εσορή.

477 Inv. 9153 (28–X). Cm. 7·5 × 6·3. Date: 298/99 A.D.

θησ(αυροῦ) ὁριοδι(κτίας) Καρανίδος δε(καπρώτων)
Σευηρίνο(υ) καὶ Ἀνδρίσ(κου) γενή(ματος)
ιδ (ἔτους) καὶ ιγ (ἔτους) καὶ ϛ (ἔτους) ὀνό(ματος) Σαραπᾶ 297/98
δι(ὰ) κτη(νῶν) ἰδί(ων) καὶ δι(ὰ) Μέλα
5 Εὐδαίμωνος καὶ δι(ὰ) Κόμο̣νο(ς)
ὄνοι τρῖς, γ(ίνονται) γ.
γ(ίνονται) ὄνοι κ′.

1 l. ὁριοδει(κτίας). 2 σευηρινο ostr. 5 ο̣ν corrected to και. δι ostr. κομο̣νο ostr. 6 l. ὄνους.

478 Inv. 9032 (27–C37B–C).   Cm. 8·1 × 7·8.   Date: Sept. 30, 299 A.D.

θησ(αυροῦ) ὁρι(οδεικτίας) γενή(ματος) ιε (ἔτους) καὶ ιδ (ἔτους)
καὶ
ζ (ἔτους) δεκ(απρώτων) Ὠρίωνος καὶ Φιλώτα ὀνό(ματος)   298/99
Ἥρωνος Χαιρήμωνος ὄνοι «οκ»
ὀκτώ, γ(ίνονται) η. (ἔτους) ιϛ⸍ καὶ ιε⸍ καὶ η⸍
5   Φαῶφι β.   Sept. 30, 299

2 δεκ ostr.   3 l. ὄνους.   5 β or κ?

479 Inv. 4381 (24–5008A–S × 11).   Cm. 11·4 × 7·9.   Date: Nov. 17,
                                                              299 A.D.

θη(σαυροῦ) κώ(μης) Καρανίδος δεκα(πρώτων)
Σεουηρίνου καὶ Ἀνδρ(ίσκου) γενή(ματος)
ιε (ἔτους) καὶ ιδ καὶ ζ (ἔτους) ὀνό(ματος)   298/99
Ὥρος μη(τρὸς) Ἀμείτος
5   ὄνον ἕνα, γ(ίνεται) α.
(ἔτους) ιϛ⸍ καὶ ιε⸍ καὶ η⸍
Ἀθὺρ κ′.   Nov. 17, 299

2 ανδρ ostr.   γενη⸍ ostr.   4 l. Ὥρου.

480 Inv. 9094 (27–CA19–W).   Cm. 6·7 × 6·4.   Date: Jan. 4, 300 A.D.

δεκ(απρώτου) Λεοντίου θη(σαυροῦ)
κώ(μης) Καρανίδος
ὑπὲρ γ(ενήματος) ιε (ἔτους) καὶ ιδ (ἔτους) καὶ ζ (ἔτους)   298/99
δι(ὰ) Ἀφροδισίου Ἄρης
5   ὄνοι ἕνδεκα, ια.
ιϛ (ἔτους) καὶ ιε (ἔτους) καὶ η (ἔτους) Τῦβι η′.   Jan. 4, 300

4 l. Ἄρη or Ἄρητος?   5 l. ὄνους.

481 Inv. 4285 (24–113I–C × 20).   Cm. 8·7 × 8·4.   Date: March 9 and 17,
                                                              300 A.D.

θη(σαυροῦ) ὁ(ριοδεικτίας) Καρα(νίδος) γ(εν)ή(ματος) ιε (ἔτους) ιδ
(ἔτους) ζ (ἔτους)   298/99
δεκα(πρώτων) Ὠρίωνος καὶ Φιλώτα Πρίσ-
κος Εὐδαίμονος σάκ(κους) (second hand?) πέντε,
(first hand) γ(ίνονται) σάκ(κοι) (second hand?) ε̄. (first hand) (ἔτους) ιϛ
ιε″ η⸍″

5 Φαμ(ενὼθ) ιγ΄. καὶ ἀπὸ ιγ ἕως   March 9, 300
   ὀκτώ, γ(ίνονται) σάκ(κοι) η.
 κα⁻ σάκ(κους) δεκατρῖς, γ(ίνονται) ιγ–.   March 9–17
 (ἔτους) ιϛ∫ ιε∫ η∫ Φαμ(ενὼθ) κα.   March 17, 300

1 ο-⟍-καρα γῆ ostr.   3 πέντε and 4 ε⁻ are written with a heavier stroke than the rest; later insertion, but perhaps by the same hand, filling out the spaces originally left open.   4 σακ´ ostr., rather faint.   5 ιγ: γ uncertain; θ seems impossible.   6 l. δεκατρεῖς.   7 φαμ ostr.

482 Inv. 4409 (24–5020A–E × 7).   Cm. 9 × 5·9.   Date: March, 300 A.D.

 θη(σαυροῦ) ὁρ(ιοδεικτίας) Καρ(ανίδος) γενή(ματος) ιε (ἔτους) καὶ
  ιδ (ἔτους)   298/99
 δεκα(πρώτων) Ὡρίω(νος) καὶ Φιλώτα
 Παϊμὲς Ἡρᾶ ὄν(ους) δύο,
 γ(ίνονται) β. (ἔτους) ιϛ∫ καὶ ιε∫´ Φαμ(ενὼθ)
5 .η΄.   March, 300
 καὶ δι(ὰ) Λιμναίου ὄν(ους)
 τρεῖς, γ(ίνονται) γ.
 καὶ Τίμων ὁμοίως
 ὄνος εἷς, γ(ίνεται) α΄.

Light grayish red pottery.   3 l. Πεμὲς.   The text is partly faded.

483 Inv. 4558 (25–5093K–A × 2).   Cm. 10·1 × 8·3.   Date: April 12,
                      300 A.D.

 ὁρ(ιοδεικτίας) Καρα(νίδος) γενή(ματος) ιε (ἔτους) ιδ (ἔτους) ζ
  (ἔτους)   298/99
 δεκ(απρώτων) Ὡρίωνος καὶ Φιλώτα ὀνό(ματος)
 Πανεσᾶτις σάκ(κους) τρῖς,
 γ̄. (ἔτους) ιϛ″ καὶ ιε⁻ η∫″
5 Φαρμοῦ(θι) ιζ–.   April 12, 300

1 καρα ostr.   3 l. Πανεσάτου.   σακ ostr.

484 Inv. 9038 (27–C39A–A).   Cm. 10·2 × 7.   Date: 299/300 A.D.?

 δεκαπρώτων] Ὡρίωνος καὶ Φιλώτα ὀνό(ματος)
  ]ου ὄνοι τέσσαρες, γ(ίνονται) ὄν(οι) δ.
  ]. κε⁻ καὶ [τῇ] κθ α καὶ τῇ κθ΄
 ὄνος] εἷς, γ(ίνεται) α⁻. καὶ τῇ [.] δι(ὰ) Παϊάνου ὄν(ον) α
5]α

Grayish red, light-colored pottery.   1 The amount of text lost at the beginning of the line (θησαυροῦ κτλ. γενήματος κτλ.) is uncertain. δεκαπρ. probably abbreviated.   2 l. ὄνους τέσσαρας.   4 l. ὄνον] ἕνα.

485
Inv. 4489 (25–5058A–A × 4).   Cm. 11·2 × 7·2.   Date: Feb. 21, 301 A.D.

γενή(ματος) ι϶ [(ἔτους) καὶ ιε (ἔτους) καὶ η] (ἔτους)   299/300
δεκαπ(ρώτων) Ὠρίω[νος καὶ] Φιλώτα
Πανεσᾶτις Αὐνῆ ὄνοι πέντε,
γ(ίνονται) ὄν(οι) ε¯. (ἔτους) ιζ϶ʹ ι϶ϟʹ θ¯ Μεχ(ὶρ)
5 κζ.   Feb. 21, 301

In two pieces.   3 l. ὄνους.   4 ε¯ bigger than the other letters.

486
Inv. 4564 (25–X).   Cm. 12·3 × 9·1.   Date: Feb. 23, 301 A.D.

γενή(ματος) ι϶ (ἔτους) ιε (ἔτους) η (ἔτους) δεκ(απρώτων) Ὠρίωνος
  καὶ Φιλώτα   299/300
Μακρῖνος Πτολεμαίου ὄνοι κτήνη
ἕξ, γ(ίνονται) ϛ. (ἔτους) ιζϟʹ ι϶ϟʹ θϟʹ Μεχ(ὶρ) κθʹ.   Feb. 23, 301

2 l. ὄνους.

487
Inv. 4374 (24–5008A–S × 11).   Cm. 8·1 × 7·3.   Date: April 1, 301 A.D.

θη(σαυροῦ) κώμ(ης) Καρανίδος
γενή(ματος) ι϶ (ἔτους) καὶ ιε (ἔτους) καὶ η (ἔτους)   299/300
ὀνόματος Μέλα Ὥρου ὄν(ους)
τέσσαρες´, ὄν(οι) δʹ.
5 (ἔτους) ιζϟ καὶ ι϶ϟ καὶ θϟ
Φαρμοῦθι ϛ.   April 1, 301

4 l. τέσσαρας.   ον ostr.

488
Inv. 4536 (25–5072G–C × 16).   Cm. 7·4 × 6·1.   Date: April 1, 301 A.D.

θη(σαυροῦ) κώμ(ης) Κα]ρανίδος γενή(ματος) ι϶ (ἔτους)
καὶ ιε (ἔτους) καὶ] η (ἔτους) ὀνόματος Νεῖλος   299/300
. . . . ὄν(ους)] τέσσαρες, γ(ίνονται) ὄν(οι) δʹ.
(ἔτους) ιζϟ καὶ ι϶ϟ] καὶ θϟʹ Φαρμοῦθι
5   ϛ.   April 1, 301

The lacunae filled out from ostr. 487, written on the same day.   2 l. Νείλου.
3 l. τέσσαρας.   ⌈ον ostr.

489
Inv. 9135 (26–X).   Cm. 7·5 × 8·3.   Date: April 11, 301 A.D.

θη(σαυροῦ) κώμ(ης) Καρανίδος γε]νή(ματος) ι϶ (ἔτους) καὶ ιε
  (ἔτους) καὶ η (ἔτους)   299/300

K

ὀνόματος . . . . ὄ]νοι δέκα, γ(ίνονται) [ὄ]ν(οι) ι.
(ἔτους) ιζϛ καὶ ιϛϛ καὶ θϛ Φαρ]μοῦθι ιϛ.   April 11, 301

Partly ribbed. The lost part restored according to ostr. 487.   2 l. ὄνους.

490 Inv. 9075 (27–C57C–A I). Cm. 5·6 × 10. Date: April 22, 301 A.D.

θη(σαυροῦ) κώ(μης) Καρ(ανίδος) ὑπ(ὲρ) Καρ(ανίδος)
δεκ(απρώτων) Σεουηρίνου καὶ Ἀν-
δρίσ(κου) γενή(ματος) ιδ (ἔτους) καὶ ιγ (ἔτους)   297/98
καὶ ϛ (ἔτους) Πτολεμαῖος Σαβί-
5 νου ὄνους πέντε.
(ἔτους) ιζϛ' καὶ ιϛϛ καὶ θϛ'
Φαρμοῦθι κζ'.   April 22, 301

The writing partly faded.   4 Πτολεμαῖος may have been abbreviated.

491 Inv. 9130 (27–C56N–D). Cm. 8 × 6·3. Date: March/April, 301 A.D.

θη(σαυροῦ)] κώ(μης) Καρανίδος
γενή(ματος)] ιϛ (ἔτους) καὶ ιε (ἔτους) καὶ η (ἔτους) ὀνόμα(τος)
Δημήτριος Κάλλωνος   299/300
. . . . αι . . . [ὄνους δέ-
5 κα, γ(ίνονται) ι. (ἔτους) ιζϛ καὶ ιϛ[ϛ καὶ θϛ
Φαρμοῦθι .   March/April, 301

Rather dark pottery. Restored from ostr. 487, written Φαρμ. ϛ the same year.
2 ονομα ostr.   3 l. Δημητρίου. My MS. has καλλο...ος; cf. ostr. 149.   4 Almost completely vanished; probably διὰ (name), or διὰ κτηνῶν (place name).

492 Inv. 9110 (27–CS9–B). Cm. 4·2 × 7·8.   Date: early IV cent.,
                                                 July 28, 301 A.D.?

     Κ]αρανίδος
     ]   Θυμ-
     ] δι(ὰ) Ἀναλα( )
     ]   α'
5   ] καὶ θ (ἔτους) Μεσο(ρὴ) δ.   July 28

3 δ,' αναλα' ostr.   5 Probably ιζϛ καὶ ιϛϛ] καὶ θϛ ostr.

493 Inv. 4463 (24–055–A). Cm. 2·8 × 4·8. Date: early IV cent. A.D.
                                      (Dec., 301 A.D./Jan., 302 A.D.?)

θη(σαυροῦ) κώ(μης) Κ[αρανίδος
ἐνέβαλ(εν) Α[
θϛ ἐν Αμου[300/1?

　　　　δι(ὰ) Αὐνῆ ὄν[ους τρεῖς,
5　　　γ(ίνονται) γ. Τ[ῦβι . .　　　　　　　　　Dec./Jan.?

2 Probably (abbreviated) [γενήματος ιζ (ἔτους) καὶ ιϛ (ἔτους) καὶ]| θ (ἔτους).
4 ὄν[ους or ὀν[ηλάτου.

494 Inv. 9022 (27–C29A–X II). Cm. 6·4 × 10·7. Date: Feb. 17, 302 A.D.?

　　　θησ(αυροῦ) κώμης Καρ(ανίδος)
　　　μετέβαλεν Σερῆνος Πτολ(εμαίου)
　　　γενή(ματος) ιζ (ἔτους) καὶ ιϛ (ἔτους) καὶ θ (ἔτους)　　　300/1
　　　δι(ὰ) Κοπρῆ . . . .
5　　κρι(θῆς) ὄ«ι»νου(ς) β'.
　　　Μεχεὶρ κγ.　　　　　　　　　　　　　　　　　Feb. 17

3 Very much faded.　　4 End of line perhaps ὀνηλάτου?　　5 κρ⁺ οινοᵘ ostr.

495 Inv. 4442 (24–5048–S × 13). Cm. 7·9 × 6·7. Date: Feb. 22 and 24,
　　　　　　　　　　　　　　　　　　　　　　　　　　　302 A.D.

　　　θη(σαυροῦ) ὁριοδ(εικτίας) Καρ⟨αν⟩ίδος
　　　γενήμα(τος) ιζ καὶ ιϛ καὶ
　　　θ (ἔτους) ὀνό(ματος) Μέλας Ὅρου Με-　　　　　300/1
　　　χεὶρ κη ὄν(ον) α', λ　　　　　　　　　　　　　　Feb. 22
5　　ὄ]ν(ον) α'.　　　　　　　　　　　　　　　　　　Feb. 24

Ribbed pottery.　　1 καριδος ostr.　　2 γενημα ostr.　　3 ονο ostr.　　l. Ὥρου.
4 ον ostr.　　5 .]ν ostr.

496 Inv. 4360 (24–5005C–A × 8). Cm. 7·5 × 14·7. Date: Feb. 27, 302 A.D.

　　　θησαυροῦ κώμης Κ]αραν(ίδος) γεν(ήματος) ιζ καὶ ιϛ'
　　　καὶ θ ἔτους ὀνόμα]τος Πεηοῦτος σακ-　　　　　300/1
　　　κοφόρου Μεχὶρ] κη ὄν(ον) α καὶ Φαμε-　　　　Feb. 22
　　　νὼθ γ ὄν( ) .]ν

5　　(ἔτους) ιη ϛ' καὶ ιζ ϛ'] καὶ ι ϛ' Φαμενὸθ γ.　　Feb. 27, 302

Yellow-gray pottery. In restored part, abbreviations are not indicated.
4 perhaps to be restored νοθ; cf. l. 5.　　5 l. Φαμενὼθ.

497 Inv. 4501 (25–5072E–A × 14). Cm. 9 × 9·1. Date: March 1, 302 A.D.

　　　θη(σαυροῦ) ὁριο(δεικτίας) Καραν(ίδος)
　　　γενή(ματος) ιζ (ἔτους) καὶ ιϛ καὶ θ (ἔτους)　　　300/1
　　　ὀνό(ματος) Ἥρον Ἀμμωνᾶ

Φαμενὼθ α ὄν(ον) α,   Feb. 25
5   γ(ίνεται) ὄν(ος) α.
    (ἔτους) ιη καὶ ιζ καὶ ι ς
       Φαμενὼθ ε.   March 1, 302

2 θ′ ostr.   3 ηρον instead of ηρων; l. Ἥρωνος.   4 l. Φαμενὼθ; also 7. ον ostr. 5 γ ον′ ostr.

498 Inv. 4377 (24–5008A–S × 11).   Cm. 9·9 × 8·8.   Date: March 21, 302 A.D.

θη(σαυροῦ) κώμ(ης) Καρανίδος
δεκ(απρώτου) Γεροντίου ὑπ(ὲρ) ιζ (ἔτους) καὶ ις (ἔτους)
καὶ θ (ἔτους) ὀνό(ματος) Μέλα Ὥρου ὄνο(υς) πέν-   300/1
τε, γ(ίνονται) ὄνο(ι) ε.
5   Φαμενὼθ κε″.   March 21

499 Inv. 4371 (24–5007C–A).   Cm. 7·4 × 8·6.   Date: March 24, 302 A.D.

θησαυροῦ κώ(μης) Καρανίδος
δεκ(απρώτου) Γεροντίου γενήμ(ατος)
ιζ (ἔτους) καὶ ις (ἔτους) καὶ ἐνάτου ἔτους   300/1
ὀνόμ(ατος) Τιβερίνου γυμ(νασιαρχήσαντος)
5   ὄνοι πέντε.
    (ἔτους) ιης καὶ ιζς καὶ ις
       Φαμενὼθ κη.   March 24, 302

5 l. ὄνους. Space between ονοι and πεντε as the surface was damaged before the writing of the text.

500 Inv. 9261 (28–C88A–B).   Cm. 8 × 4·9.   Date: March 31, 302 A.D.

θη(σαυροῦ) ὁριοδ(εικτίας) Καρα(νίδος) γενή(ματος) ιζ καὶ ις καὶ
   θ ⟨ἔτους⟩   300/1
ὀν⟨ό⟩ματ(ος) Ἀρμίλλας Ὡρίονος
ὄν(ος) εἷς, γ(ίνεται) α. Φαρμο⟨ῦ⟩θι ε.
(ἔτους) ιη καὶ ιζ καὶ ις′   March 31, 302
5   Ν

1 θη οριοδ καρας γενης ostr.   2 ονματ ostr.   3 ον ostr., l. ὄνον ἕνα.   5 Only a curl, perhaps indicating the addition of month and day above, l. 3: φαρμοθι ostr.

501 Inv. 9024 (27–C35B–B).   Cm. 6·5 × 11·2.   Date: July 2, 302 A.D.

διὰ σιτολόγω(ν)
μετέβαλεν Ἀρα-

βικὸς Πτολλᾶ ὑπ(ὲρ)
γενή(ματος) ιη (ἔτους) καὶ ιζ (ἔτους) καὶ
5 ι (ἔτους) πυροῦ ὄνους   301/2
τέσσαρες, γ(ίνονται) ὄν(οι) δ.
ιη (ἔτους) καὶ ιζ (ἔτους) καὶ ι (ἔτους)   302
Παῦνι κζ ἕως   June 21
Ἐπεὶφ η–.   July 2

Rather dark pottery.   6 l. τέσσαρας ; γ ostr.

502 Inv. 9068 (27–C55A–W).   Cm. 9 × 10·6.   Date: Oct. 23, 302 A.D.

διὰ σιτολόγων μετέβαλεν
Ἀρσενοῦφις Πτολε(μαίου) ἀπὸ Μεσορὴ   Aug. 5
ιβ ἕως Φαῶφι κϛ ὄνους τρῖς,   Oct. 23
γ(ίνονται) ὄν(οι) γ. ιθ (ἔτους) καὶ ιη (ἔτους) καὶ ια (ἔτους)
5 Φαῶφι κϛ.   Oct. 23, 302

2 πτολ̣ε ostr., faded.   ⁛ γ ō̄ν ostr.

503 Inv. 4552 (25–5091–C × 9).   Cm. 8·7 × 8.   Date: Oct. 23, 302 A.D.

διὰ σιτολόγων μετέβαλεν
Πανεσάτης Αὐνῆς
ὑπ(ὲρ) γεν(ήματος) ιη (ἔτους) καὶ ιζ (ἔτους) καὶ ι (ἔτους)   301/2
ἀπὸ Μεσορ(ὴ) γ ἕως ιθ (ἔτους)   July 27
5 Φαῶφι κϛ ὄνους   Oct. 23
πέντε, γ(ίνονται) ὄν(οι) ε.
ιθ (ἔτους) καὶ ιη (ἔτους) καὶ ια (ἔτους)
Φαῶφι κϛ΄.   Oct. 23, 302

2 l. Αὐνῆ.

504 Inv. 9181 (28–242*–G II).   Cm. 8·8 × 10·6.   Date: Sept. 12/Nov. 12,
                                                              302 A.D.

διὰ σιτολόγων μετέ-
βαλεν Σουχίαινα Θέωνος
ὑπ(ὲρ) γενή(ματος) ιζ (ἔτους) καὶ ιϛ (ἔτους) καὶ ἐνά-
του ἔτους διὰ Ἰσιδώρου   300/1
5 Ὥρου τῶν ἀπὸ ιθ (ἔτους) Θὼθ   Sept. 12, 302
ιε ἕως Ἀθὺρ ιϛ ὄνους   Nov. 12, 302
ἕξ΄, γ(ίνονται) ὄν(οι) ϛ.

505 Inv. 9258 (28–C65*W–C). Cm. 5·6 × 7·8. Date: Sept. 16, 302 A.D., and Jan. 9, 303 A.D.

διὰ σιτο[λόγων
μετέβαλεν ["Αρπα-
λος Ἀειώνεως
ὀνό(ματος) Σουχιαίνης
5 Θέωνος . . . εστων
. . . . . πιου ὄνους
τρεῖς, γ(ίνονται) ὄν(οι) γ̄.
ιθ (ἔτους) καὶ ιη (ἔτους) καὶ ια (ἔτους)
Θὼθ ιθ καὶ Τῦ-   Sept. 16, 302
10 βι ιδ.   Jan. 9, 303

From the rim of a dish or open bowl.

506 Inv. 9236 (28–C42G–B). Cm. 7·1 × 7·6. Date: Jan. 29, 303 A.D.

ἐν θη(σαυρῷ) κώμ(ης) Καρα[νίδος
μετέ[βα]λ[ε]ν . . . ν Σακαῶ(νος)
εἰς ὅρμου Κερκὴ
δι(ὰ) Κάστορος . . . .
5 ὄνοι . . . . .
(ἔτους) ιθϛ´ καὶ ιηϛ´ καὶ ιαϛ´
Μεχεὶρ δ.   Jan. 29, 303

Light-colored gray pottery.   1 κωμ ostr.   3 l. ὅρμον.   4 End of line faded (ὀνηλ. ?).   5 l. ὄνους. The text is very much faded. Some writing may be lost at the end of l. 3, e.g. γενή(ματος) ιη (ἔτους).

507 Inv. 9233 (28–C36K–P). Cm. 5·5 × 8·8. Date: June 30, 303 A.D.

ἀπὸ Φαρμοῦθι
ιδ ἕως Ἐπεὶφ   April 9
ϛ μετέβαλεν   June 30
Ἀραβικὸς Νοοῦ
5 ὄνους πέντε,
γ(ίνονται) ὄν(οι) ε.
ιθ (ἔτους) καὶ ιη (ἔτους) καὶ
ια (ἔτους).   303

Grayish yellow, light-colored pottery.   3 ϛ or γ?

508 Inv. 9076 (27–C59A–O). Cm. 9·6 × 14·2.   Date: 302/3 A.D.

θη(σαυροῦ) κώ(μης) Καρ(ανίδος)

(Traces of four lines.)

6 (ἔτους) ιθ∫´ καὶ ιη∫´ καὶ ια∫´   302/3

. . . .

The writing almost completely faded.   3 φ . . .

509 Inv. 4383 (24–5008A–S × 11). Cm. 10·5 × 8·4.   Date: Aug. 19–
Nov. 29, 303 A.D.

διὰ σιτολώγω(ν) μετέβαλεν
Μέλας Ὥρου ὑπ(ὲρ) γενή(ματος)
ιθ (ἔτους) καὶ ιη (ἔτους) καὶ ια πυροῦ «οῡ»   302/3
ιθ (ἔτους) Μεσορ(ὴ) κϛ ἕως   Aug. 19, 303
5   κ (ἔτους) Χοίακ β ὄν(ους)   Nov. 29, 303
τέσσαρες,
γ(ίνονται) ὄν(οι) δ´.

1 l. σιτολόγων.   4 μεσορ ostr., written on top of και ιη∫.   6 l. τέσσαρας.

510 Inv. 9008 (27–243–Z). Cm. 9·1 × 6·7.   Date: Jan./Feb. (probably
304 or 305 A.D.)

                ]. ιθ
            ]. .[   ].ς
        ]ου[   ]ιν .[
    . . .]. .[ὄνοι
5   τέσσαρες [
        Μεχὶρ [. .   Jan./Feb.

The text is almost completely faded away.   4–5 l. ὄνους] τέσσαρας.

511 Inv. 9131 (27–C56N–E). Cm. 7·5 × 8·8.   Date: Jan. 30, 306 A.D.

δι(ὰ) σιτολόγων μετέ-
βαλεν Νεῖλος Κασιαν(οῦ)
ὑπ(ὲρ) γενή(ματος) ιγ (ἔτους) καὶ α (ἔτους)   304/5
ιδ (ἔτους) καὶ β (ἔτους) Μεχεὶρ
5   ε´ ὄνους ⟨.⟩.   Jan. 30, 306

5 ὄνους ⟨ε?⟩.

512 Inv. 9126 (27–X). Cm. 12·2 × 10·2.   Date: 305/6 A.D.?

δι(ὰ) σιτολ(όγων) μετέβαλεν
Πτολλαρίων Π[ο]λ(υδεύκους)
ὑπ(ὲρ) γενή(ματος) ιγ (ἔτους) καὶ α (ἔτους) ὀνό(ματος)   304/5
. . . . θ .
5 ὄνους τέσσαρα(ς), γί(νονται) δ.
. . . .

4 Faded.   6 Date completely faded.

513 Inv. 4424 (24–5024F–G × 5). Cm. 6·4 × 4·8.   Date: 307/8 A.D.?

θη(σαυροῦ) Καρ(ανίδος) γενή(ματος)
ιε (ἔτους) γ (ἔτους) α (ἔτους) ὀνό(ματος)   306/7
Διδύμου Πτο-
λεμαίου κριθῆς
5 ὄνο(ν) ἕνα,
γ(ίνεται) ὄν(ος) α.

514 Inv. 9179 (28–242*–E II). Cm. 6·2 × 4·7.   Date: 307/8 A.D.?

θη(σαυροῦ) Καρ(ανίδος) γενή(ματος) ιε (ἔτους)
γ (ἔτους) α (ἔτους) ὀ[ν]ό(ματος) Σουχιαί-   306/7
νης [κ]ρ[ι]θ(ῆς) ὄνο(ν) ἕνα.

Gray pottery.   3 [.]ρ[.]θ ostr.

515 Inv. 4356 (24–5005C–A × 8). Cm. 5·4 × 9·9.   Date: March 4, 308 A.D.?

ἐν θη(σαυρῷ) κώμης
Καρ(ανίδος) μετέβαλεν
Πτολεμαῖος Πτολ(εμαίου)
εἰς ὅρμου Κερκὴ
5 γ(εν)ή(ματος) ιε (ἔτους) δι(ὰ) Ἀντων(ίου)   306/7?
ὀνη(λάτου) κρι(θῆς) ὄνο(υς) δ.
Φαμε(νὼθ) η.   March 4

2 καρ ostr.   4 l. ὅρμον.   5 γῆ ostr.

516 Inv. 9028 (27–C35B–F). Cm. 5·4 × 8·2.   Date: Sept. 5, 308 A.D.?

θη(σαυροῦ) κώμης Καρα-
νίδος γενήμα-
τος ις (ἔτους) καὶ δ (ἔτους)   307/8

μετεβάλετο Τα-
5 νοῦφις Πατᾶ δ(ιὰ)
κτηνῶν Δίννεως
ἐν ὅρμῳ Λευκο-
γίου σάκ(κους) δύο,
γ(ίνονται) σάκ(κοι) β'.
10 Θὼθ η'.   Sept. 5

Light-colored, ribbed pottery.   5 δ' ostr.   9 Γ σακ ostr.

517 Inv. 4291 (24–1131–C × 20). Cm. 5·7 × 4·7.   Date: probably 309/10 A.D.

θη(σαυροῦ) κώμης Καρανίδος
κανόνος ιζ (ἔτους) καὶ ε (ἔτους)   308/9
μετέβαλεν Πρίσκος
διὰ Τατῖσις ἐν ὅρμῳ
5 Λευκογίου κριθῆς
ὄν(ος) εἷς, γ(ίνεται) α.

4 l. Τατίσιος and ὅρμῳ.   6 l. ὄν(ον) ἕνα. The text is a palimpsest, but the traces of the earlier writing are too faint to be legible.

518 Inv. 4357 (24–5005C–A × 8). Cm. 6·2 × 8·2.   Date: March 31, 310 A.D.

θη(σαυροῦ) κώμης Καρα-
νίδος γενή(ματος) ιζ (ἔτους)
καὶ ε (ἔτους) μετέβαλεν   308/9
Ὠρίων Κάστορος
5 ἐν ὅρμῳ διὰ κτηνῶ(ν)
Πεκύσεως πυροῦ
ὄν(ους) πέντη, γ(ίνονται) ὄν(οι) ε.
ιη (ἔτους) καὶ ϛ (ἔτους) Φαρμο(ῦ)θι
ε.   March 31, 310

Yellowish red pottery.   5 l. κτηνῶν.   7 ον ostr. l. πέντε. γ+ ον ostr.

519 Inv. 4361 (24–5005C–A × 8). Cm. 9·4 × 9·1.   Date: Dec. 14, 310 A.D.

ἐν θη(σαυρῷ) «κω» κώμης Καρανίδος
δι(ὰ) Κοπρῆ καὶ Μέλα καὶ τῶν
κοι(νωνῶν) σι(τολόγων) γενήμ(ατος) ιη (ἔτους) καὶ ϛ (ἔτους) καὶ
δ (ἔτους)   309/10

ὀνόματος Πτολεμαίου Πτολεμα(ίου)
5 δ(ιὰ) κτηνῶν Κολλούθου ὄνοι
πέντη, γί(νονται) ε. Χοίακ ιη'.   Dec. 14

1 θη ostr. Not θη(σαυρῷ) κω(μητῶν) κώμης? 5 δ' ostr. l. ὄνους. 6 l. πέντε.

520 Inv. 9079 (27–C62E–H I). Cm. 7.5 × 8.2. Date: Jan. 28, 311 A.D.?

θη(σαυροῦ) Καρα(νίδος) [γενή(ματος)] ιη (ἔτους)
καὶ ϛ (ἔτους) μετέβαλεν   309/10
Οὐενᾶφρις
Ἀϊώνεως
5 ἐν ὅρ(μῳ) Λευκο(γίου)
πυροῦ ὄν(ους)
τέσσαρες,
ὄν(οι) δ.
Μεχὶρ
10 γ.   Jan. 28

1 θη καρα ostr. 6 ον ostr. 7 l. τέσσαρας. 8 ον ostr.

521 Inv. 4365 (24–5005F–A × 3). Cm. 10.2 × 8.6. Date: Feb. 3, 311 A.D.

ἐν θ(ησαυρῷ) κώμης Καρ(ανίδος) γ(εν)ή(ματος) ιη (ἔτους) 309/10
μετέ(βαλε) Πτολεμαῖος Πτολ(εμαίου)
εἰς ὅρμου Κερκὴ δι(ὰ)
Σαρμάτης ὀνη(λάτου) πυροῦ ὄν(ους) ϛ'.
5 (ἔτους) ιθ϶ καὶ ζ϶ καὶ ε϶ καὶ γ϶
Μεχὲρ θ.   Feb. 3, 311

Reddish pottery. 1 θ ostr. γη ostr. 3 l. ὅρμον. 4 l. Σαρμάτου. ονη ostr.
6 l. Μεχεὶρ (Μεχὶρ).

522 Inv. 9168 (28–242*–N). Cm. 7.2 × 12.4. Date: Feb. 6, 311 A.D.

ἐν θ(ησαυρῷ) κώμης Καρ(ανίδος)
γενή(ματος) ιη (ἔτους) μετέβ(αλε) Πτολλᾶς   309/10
Σαραπίωνος εἰς ὅρμου
Κερκὴ ὀνό(ματος)
5 Διοσκόρου ὀνη(λάτου) πυροῦ
ὄνο(υς) β'.
(ἔτους) ιθ϶' καὶ ζ϶' καὶ ε϶' καὶ β϶'
Μεχεὶρ ιβ.   Feb. 6, 311

1 θ ostr. καρ, end of line faded. 3 l. ὅρμον.

523 Inv. 4359 (24–5005C–A × 8). Cm. 10·9 × 6·8.   Date : March 1, 311 A.D.

  ἐν θησ(αυρῷ)
  κώμης Καρα(νίδος)
  δι(ὰ) Κοπρῆ
  καὶ τῶν κοι(νωνῶν)
5 σι(τολόγων) γενή(ματος) ιη (ἔτους)
  καὶ ϛ (ἔτους) καὶ δ (ἔτους) ὀνόμ(ατος) 309/10
  Πτολεμαίου Πτολεμαίου
  ὄνοι τρῖς δι(ὰ)
  κτηνῶν Ἀτρῆ.
10 Φαμενὼθ ε.   March 1

1 ἐν̄ θησ̄ ostr.   2 καρα ostr.   6 δ corrected. ονομ ostr.   8 l. ὄνους τρεῖς.

524 Inv. 4362 (24–5005C–A × 8). Cm. 7·6 × 5·6.   Date : Jan 13, 312 A.D. ?

  ἐν θη(σαυρῷ) κώμης Καρ(ανίδος)
  μετέβ(αλε) Πτολεμαῖος Πτο(λεμαίου)
  εἰς ὅρμου Λευκογ(ίου) γενή(ματος) ιθ (ἔτους) 310/11 ?
  δι(ὰ) Πεκῦσις ὀνη(λάτου) πυροῦ
5 ὄνο(υς) δ.
    Τῦβι ιζ.   Jan. 13

1 θη ostr.   3 l. ὅρμον.   4 l. Πεκύσιος.   6 Year may be lost at the beginning of the line.

525 Inv. 4289 (24–1131–C × 20). Cm. 8·7 × 9·2.   Date : Jan. 17, 312 or 304 A.D.

  ἐν θη(σαυρῷ) κώμης Καρ(ανίδος)
  μετέβαλ(εν) Οὐενᾶφρις Πρίσκ[ου
  εἰς ὅρμο(ν) Λευκογ(ίου) γ(εν)ή(ματος) ιθ (ἔτους) 310/11 or 302/3
  δι(ὰ) Ἀπῖπ ὀνη(λάτου) πυροῦ
5 ὄνο(υς) δ. Τῦβι κα.   Jan. 17

In three parts.   1 θη ostr.   2 μετεβαλ' ostr., partly corroded.

526 Inv. 4279 (24–1131–C × 20). Cm. 8·5 × 12·7.   Date : Jan. 17, 312 or 304 A.D.

  ἐν θη(σαυρῷ) κ]ώμης Καρ(ανίδος)
  με]τέβαλεν Οὐενᾶφρις Πρίσκου

εἰ]ς ὅρμον Λευκογίου γ(εν)ή(ματος) ιθ (ἔτους) 310/11 or 302/3
δι(ὰ) Ὡρίων(ος) πυροῦ ὄνο(ν) α.
5 Τῦβι κα. Jan. 17

1–3 Partly damaged by corrosion. Lacunae filled out from ostr. 525. 3 γη⁻ ostr., perhaps to be read γενη⁻, as very cursive.

527 Inv. 9263 (28–C88C–D). Cm. 4·5 × 6·4. Date: Jan. 27, 312 A.D.?
ἐν θη(σαυρῷ) κώμης
Καρ(ανίδος) μετέβαλεν
Σαραπάμμων
Ὡρίωνος εἰς ὅρμου
5 Κερκῆ γενή(ματος) ιθ (ἔτους) 310/11?
δι(ὰ) Οὐενᾶφρις
Ὡρί(ωνος) ὄν(ους) β.
Μεχεὶρ α. Jan. 26/27

4 l. ὅρμον. 6 l. Οὐενάφριος.

528 Inv. 9158 (28–136*–E). Cm. 4·9 × 6·3. Date: March 12, 312 A.D.?
ἐν θη(σαυρῷ) κώμης
Καρ(ανίδος) μετέβαλεν
Κοπρῆς Πρίσκου
εἰς ὅρμου Κερκῆ γενή(ματος) ιθ (ἔτους) 310/11?
5 δι(ὰ) Σώτας ὀνη(λάτου) κρι(θῆς)
ὄνου(ς) δ.
Φαμε(νὼθ) ιϛ. March 12

4 l. ὅρμον.

529 Inv. 4309 (24–5001C–B). Cm. 7·4 × 8·2. Date: Dec. 19, 312 A.D.
ἐν θη(σαυρῷ) κώμης Καρανίδος
πολιτῶν δι(ὰ) Ὡρίωνος καὶ
τοῦ κυνονοῦ σιτολόγου
γενήμα(τος) η (ἔτους) καὶ ϛ (ἔτους) καὶ δ (ἔτους) 311/12
5 ὀνόματος Σευήρου Τιβερίνου
διὰ κτηνὸν Ἀλέκα ὄνοι
ἕνδεκα, γ(ίνονται) ια′.

(ἔτους) θϛ Χοίακ κγ′. Dec. 19, 312

1 θη ostr. 3 l. κοινωνοῦ. 4 ϛ or ζ? 6 l. κτηνῶν, ὄνους.

530 Inv. 9113 (27–CS34–B). Cm. 6·6 × 6·3. Date: Dec. 20, 312 A.D ?

θη(σαυροῦ) κώ(μης) Καρανίδος πολειτῶ(ν)
δι(ὰ) σιτολ(όγων) Ὡρίωνος καὶ κοι(νωνοῦ)
γενήμ(ατος) η (ἔτους) καὶ ϛ (ἔτους) καὶ δ (ἔτους)   311/12
ὀνόματος Νεᾶτος ὄν(ος)
5 εἶς ἥμισυ, γί(νονται) αϛ⁻
δι(ὰ) κτηνῶν Ἀντωνίν(ου).
Χοίακ κ̄δ.   Dec. 20

1 θη′ κω ostr. l. πολιτῶν.   3 Perhaps ζ instead of ϛ.   4 l. ὄνον/ἕνα.
6 αντωνιν seems certain.   7 Perhaps second hand.

531 Inv. 9164 (28–165*–N II). Cm. 6·4 × 9. Date: about 312 A.D.?

ἐν θη(σαυρῷ) κ[ώμης
Καρανίδ[ος μετέβαλεν
Οὐενά[φριος Πρίσ-
κου γ(εν)ή[(ματος) . . (ἔτους)
5 ἐν θησ[αυρῷ ὅρμου (?) . . .
ὑπερθ . [
σάκκ[ους . . . .

2 The verb was perhaps abbreviated.   4 γη[ostr.   5 l. εἰς θησ[αυρὸν . . . . .
(place name); θησαυρῷ perhaps abbreviated.

532 Inv. 9027 (27–C35B–E). Cm. 6·9 × 7·2. Date: July 25, 318 A.D.?

θη(σαυροῦ) Καρανίδος μετέ-
βαλεν Ἡρᾶς Ἀτισίου
ἐν ὅρμου Λευκογίου
ὑπὲρ ια (ἔτους) δι(ὰ) Εὐδαίμο(νος)   316/17 ?
5 πυροῦ ὄν(ους) τρῖς,
γ(ίνονται) ὄν(οι) γ′.
Μεσορὴ α.   July 25

Rather light colored pottery.   3 l. εἰς ὅρμον or ἐν ὅρμῳ.

---

533 Inv. 4323 (24–5002F–B × 2). Cm. 8·7 × 7·9. Date: late III/early IV cent. A.D.

ἐν θη(σαυρῷ) κώ[μης Κ]αρα(νίδος)
. . δ [. . . . .]α

Δ[ιόσ]κορος ..[διὰ
Π]εηοῦ σακ[κοφόρου
5 ...

Almost completely faded.   1 θη ostr.   ]αρα/ ostr.   Perhaps one more line, lost.

534 Inv. 9104 (27–CA21–O). Cm. 6·6 × 5·5. Date: early IV cent. A.D.

ἐν θησαυρῷ κώ]μης Καραν(ίδος)
μετέ]βαλεν Ἥρων
Ἥρωνος εἰς ὅρμον Λευ-
κογίου γενή(ματος) . (ἔτους)
5 δι(ὰ) Αἰῶνος ὀνηλ(άτου) ὄν(ους) ε.
(ἔτους) .. ϛ καὶ . ϛ/ [
Φαμ(ενὼθ) ιϛ.   March 12

Yellow-gray pottery.   1 θησαυρῷ was abbreviated.   καραν ostr.   5 ον/ ostr.

535 Inv. 9098 (27–CA20–Y). Cm. 3·1 × 2·1. Date: early IV cent. A.D. ?

ἐ]ν θη(σαυρῷ) Καρα[νίδος
(Breaks off.)

536 Inv. 9100 (27–CA21–D). Cm. 6·4 × 5·3. Date: early IV cent. A.D.

[(Name) μετέβα-]
λεν ἐν θησαυ-
ρῷ κώμης Καρα-
νίδος ὄνους
5 τρῖς, γ(ίνονται) τρῖς.

Yellow-gray, ribbed pottery.

537 Inv. 9245 (28–C59D–B). Cm. 3·3 × 4·7.   Date: late III/early
                                                  IV cent. A.D.

γενήμ[ατος . ἔτους
ὀνόμα[τος
Μάρω[νος
τησα.[
5 ὄνο( ) [

Yellow-gray pottery.   3 Perhaps ὀνόμα[τος Μάνης]∥ Μάρω[νος?   5 ὄνο(υς) or ὄνο(ν) or nominative.

538 Inv. 9045 (27–C43G¹–H). Cm. 8·5 × 9·5.   Date : late III cent. A.D.

γενή(ματος) . (ἔτους) θησ(αυροῦ) κώ(μης) Καρα[νίδος

(Traces of four more lines; illegible.)

539 Inv. 9039 (27–C43G¹–A). Cm. 4·5 × 3·4.   Date : late III cent. A.D.

    ] Καρανήδος
    ]ν
    ] Σαταβοῦτος
    ] ὄν(ους) τρεῖς, γ(ίνονται) γ.
    ] Φαρμ(οῦθι) [. .   March/April

Grayish black pottery.   1 l. Καρανίδος.   2 Perhaps ὀ]ν(όματος).   4 ον ostr. / γ ostr.

540 Inv. 4498 (25–5071A–A × 3). Cm. 8·3 × 5·4.   Date : late III/early IV cent. A.D.

    θη(σαυροῦ) κώ[μης Καρανίδος
    διὰ κτη(νῶν) δη[μοσίων
    Ἀμμωνιανὸς Π . [. . . -
    τος ὄνους ιη.

3 -ανος: α corrected from ς.   4 ιη or ιϛ?

---

541 Inv. 4426 (24–5024F–G × 5). Cm. 12·7 × 8·6.   Date: early IV cent. A.D.

ἀπὸ θη(σαυροῦ) κώ(μης) Καρ(ανίδος) γενή(ματος) β΄ ἰνδικτίω(νος)
μετέβαλε Δίδυμος Πτολεμαίου
ἐν ὅρμῳ [Λε]υκογί[ου] πυροῦ
ὄν(ους) ὀκτώ, γ(ίνονται) η.
5   Ἀθὺ[ρ . .   Oct./Nov.

1 l. ἰνδικτίο(νος).

542 Inv. 4497 (25–5058C–B × 5). Cm. 7·2 × 9·7.   Date: early IV cent. A.D.

θ]η(σαυροῦ) κώ(μης) Καρ(ανίδος) γενή(ματος) β΄ ἰνδικτίον(ος)
ἐνέβαλε Πτολεμαῖος
Πανεσάτου δι(ὰ) δημοσίω(ν)
κτηνῶν δι(ὰ) Σαρμάτου
5 ὀνηλ(άτου) κριθ(ῆς) ὄν(ον) ἕνα,
γ(ίνεται) α΄. Παῦνι ια΄.   June 5

543 Inv. 9099 (27–CA21–C). Cm. 6·8 × 7·2. Date: early IV cent. A.D.

θη(σαυροῦ) Κερκ(εσούχων) Καρανίδος
δι(ὰ) Ἰσιδώρου καὶ Παμοῦν
σιτολ(όγων) ἐνεβάλετο
Παλήμων Πτολλᾶ
5 δι(ὰ) δημοσίω(ν) κτηνῶν δι(ὰ)
Πτολεμαίου ὀνηλ(άτου) γενή(ματος) γ
ἰνδικ(τίονος) σίτου ὄν(ον) ἕνα ἥμισυ,
γ(ίνονται) αϛ΄. Μεχεὶρ κη΄.   Feb. 22/23

544 Inv. 9013 (27–C5E–D). Cm. 7·4 × 8·3. Date: early IV cent. A.D.

θη(σαυροῦ) μέρους
Πτολεμαΐ(δος) γενή(ματος)
γ″ ἰνδικτίονος
μετέβαλεν Γερμανὸς
5 Ἁρπάλου ἐν ὅρμῳ
δι(ὰ) Ἀρίου Ὀννίννου
ὄνο(υς) τέσσαρες,
γ(ίνονται) ὄν(οι) δ.
Μεχὶρ
10 [.]   Jan./Feb.

Ribbed pottery.   5 ὅρμῳ ⟨Λευκογίου⟩ or ⟨Κερκὴ⟩?   7 ονο ostr. l. τέσσαρας.

545 Inv. 4491 (25–5058A–A×4). Cm. 8 × 7·5. Date: early IV cent. A.D.

θη(σαυροῦ) Καρανίδος
ε ἰνδικτίωνος
μετέβαλεν
Πτολεμαῖος Κοπρῇ
5 ἐν ὅρμῳ Λευκογ(ίου)
κριθῆς ὄν(ος) εἷ[ς, γίνεται α.
Ἁ[θ]ὺρ κ.   Nov. 16/17

Ribbed pottery. Partly faded.   2 l. ⟨γενήματος⟩ ε ἰνδικτίονος.   6 l. ὄνον ἕνα.

546 Inv. 4407 (24–5019–B). Cm. 10·8 × 13·4. Date: early IV cent. A.D.

ἐν θησαυρῷ κώμης Κ]αρανίδος
γενήματος . . . . ἰνδικτίο]νος μετέβαλεν
Τιβερῖνος βουλευτὴς] διὰ κτη(νῶν) καταγογῆς
διὰ Σῶτα ὀνηλάτου] πυροῦ ὄνοι δέκα, γ(ίνονται) ὄνοι΄ ι΄.

5 καὶ Μεχεὶρ] ιε΄ Τιβερῖνος΄ βουλευ(τὴς) διὰ   Feb. 9/10
   τοῦ α]ὐτοῦ ὀνη(λάτου) ὄνοι΄ δεκαωκτώ, γί(νονται) ὄνοι΄ ιη΄.
   εἰς Μεχεὶρ΄ ιε΄ καὶ Μεχεὶρ ιζ΄ διὰ τοῦ   Feb. 9/10–11/12
   αὐτοῦ ὀνηλά(του) Σῶτα πυροῦ ὄνοι δεκαδύω,
   γί(νονται) ὄνοι΄ ιβ΄. Μεχεὶρ ιζ΄.   Feb. 11/12

Abbreviations are not indicated in the restored parts.   1 There may be space for κώμης ὁριοδεικτίας Καρ. (abbreviated). 3 l. καταγωγῆς. 4 l. ὄνους. 6 l. ὄνους, l. δεκαοκτώ. 8 l. ὄνους δεκαδύο.

---

547 Inv. 9237 (28–C45C–G).   Cm. 7·3 × 5·3.   Date: late III/early IV cent. A.D.

   δι(ὰ) κτ(ηνῶν) Κυνοπ(ολίτου)
   Βακχιάδος
   Σαραπᾶς ὁμ(οίως)
   δι(ὰ) Ὡρίωνος
5 σάκκους .

Light-colored, ribbed pottery.   2 l. ⟨θησαυροῦ⟩ Β.?   3 ο⁺ ostr., i.e. Σαραπᾶ.

548 Inv. 943 (28–C57N–B).   Cm. 7 × 6·4.   Date: late III/early IV cent. A.D.

   Βακχ(ιάδος)
   Σερῆνος οὐετρ(ανὸς)
   σάκ(κους) β.

3 σακ ostr.

549 Inv. 4324 (24–5002F–B × 2).   Cm. 7·7 × 4·4.   Date: late III/early IV cent. A.D.

   Κοπρῆς Πεθέως
   κριθῆς σάκ(κους) β⁻.

2 σακ ostr.

550 Inv. 9215 (28–B154K*–D).   Cm. 4·1 × 6·7.   Date: III cent. A.D.?

   λ΄ Ἡρακλᾶ
   Πνᾶς ὀνηλ(άτης)
   δ ἐκμετρ( )
   σάκ(κους) ια.

Light red pottery.   1 λ΄ or .]α΄?   3 ἐκμετρ(ήσεως), or some form of ἐκμετρ(ητής) aut sim.

L

551 Inv. 4516 (25–5072F–J × 6). Cm. 10·3 × 8·6. Date: late III cent. A.D.

Χοίακ γ Ἀπφοῦς　　　　　　　　　　　　　　　　　Nov. 29/30
πυρ(οῦ) ὄν(ους) β, γ(ίνονται) ἀρ(τάβαι) ϛ,
μόνας.

Light-colored yellow-gray pottery.　　2 ονν ostr.

552 Inv. 4528 (25–5072G–C × 16). Cm. 11·4 × 7. Date: late III/early
IV cent. A.D.

Φαμενὼθ κδ　　　　　　　　　　　　　　　　　　March 20
Ἀπφοῦς Ὡρείων(ος)
π̣[υροῦ ὄν(ους) ε,] γ(ίνονται) ἀρ(τάβαι) ιε´
Θ[. . . . . .

4 Subscription? Writing in part very much faded.

553 Inv. 4479 (25–4009A¹–B × 3). Cm. 6·7 × 8·2. Date: IV cent. A.D.

Φαρμο(ῦθι) αἴκτ̣[η　　　　　　　　　　　　　　　April 1
Ἀντών(ιος) Ἀππ̣[ιανοῦ (?) διὰ
Ἀτρῆ ὄν(ους) δύο . [. . . . . .
σ̣ε̣σ̣η(μείωμαι).

Ribbed pottery.　　1 l. ἕκτῃ.　　3 ον̇ ostr.

554 Inv. 4521 (25–5072G–C × 16). Cm. 5·9 × 7·3. Date: late III/early
IV cent. A.D.

Φαρ[μοῦ]θι . .　　　　　　　　　　　　　　　　　April
Ἀπφοῦς δι̣ὰ̣
Ἀβὸκ ὄν̣(ους) δ,
ἀρ(τάβαι) ιβ.

Surface badly damaged by a black decay, and reading of right half rather uncertain, also the exact types of abbreviations used.

555 Inv. 4535 (25–5072G–C × 16). Cm. 6·1 × 6·5. Date: late III/early
IV cent. A.D.

Παοῦνι ιβ Ἀπφοῦς　　　　　　　　　　　　　　　June 6
Ὡρε̣ίο̣ν̣[ος δι]ὰ̣ Ἁρπά-
λου [. . . . .
ὄν̣ο[. . . . .]ο̣ς

5 δ̣ . . . [. . . . .
         . . . [. .

Light-colored reddish pottery. Surface badly damaged by black decay partly covering the writing.   1 l. Παῦνι.   2 Reading very uncertain.   4 ὄνο[ν or ὄνο[υς. Perhaps ὄν̣ο̣[υς τέσσαρ]ας?

556 Inv. 4283 (24–113I–C × 20). Cm. 8·5 × 7·1.   Date: early IV cent. A.D.

        Παῦνι ιδ   June 8
        Καναοῦτ
        Οὐενᾶφρι ὄν(ον) α.

Yellowish pottery.   3 ον ostr.

557 Inv. 4293 (24–113I–C × 20). Cm. 7·3 × 8·5.   Date: early IV cent. A.D.

        Παῦνι β   May 27
        Καναοῦτ
        Οὐενᾶ̣φρ̣ι̣
        ὄν(ους) β.

558 Inv. 4385 (24–5008B–G × 14). Cm. 3·6 × 3.   Date: end of III cent. A.D.

        ⟦Ὀρσενοῦφις⟧
        Ἀτῖσις
        ποιμὴν καὶ Κο-
        πρῆς ἀδελφ(ὸς)
5   ὄνος α′.

Yellowish gray pottery.   5 l. ὄνον α.

559 Inv. 9035 (27–C37M–A). Cm. 4·3 × 4·5.   Date: late III cent. A.D.

        Καράνις Πα-
        λήμονος ὄνοι
        τρεῖς, γ(ίνονται) γ,
        δι(ὰ) Κολλούθου
5   ὀνηλ(άτου) Ἀχνου( ).

2 l. ὄνους.   5 αχνου ostr.

560 Inv. 4335 (24–5002G–A × 18). Cm. 6·4 × 4.   Date: end of III cent. A.D.

Τιβερῖνος
ὄν(ον) α.

561 Inv. 9034 (27–C37K–E). Cm. 5·7 × 7.   Date: late III cent. A.D.

.[. . . . . .] . ὀν(όματος) Ἀ[λε-
ξάνδρου Δίου
ὄνον α.

Yellow-gray light-colored pottery.   1 ον ostr.   Surface decayed and writing faded.

562 Inv. 9174 (28–242*–P I). Cm. 3·3 × 8.   Date: late III/early IV cent. A.D.

διὰ κτη]νῶν τοῦ
αὐτ]οῦ
(?)] ὄνο(ν) α.

Yellow-gray pottery. Beginning lost. Probably nothing lost at the beginning of 3 ; ὄνον ἕνα, γ(ίνεται)] is too long even if abbreviated.

OTHER TEXTS CONCERNING LITURGICAL WORKERS
LISTS

563 Inv. 4294 (24–130–E). Cm. 14·4 × 13·3.   Date: middle or late II cent. A.D.

γ ὁμ(οί)ως
κωμ( )
   Σαμβᾶς Σοκμήνεως τοῦ Σαμβᾶ
Ἡρακ(λ)
   Σάμηνος Πετεσούχου τοῦ Πετεσούχ(ου) (μητρὸς) Ἀπιανῆ[ς
Λέβιτο[ς]
   Ὀννῶφρις Πεέως τοῦ Πεέως (μητρὸς) Σεγάθιος . [
Ἰσίδῳ[ρος]
5 Εὐτύχης δοῦλ(ος) Πάπου   γ( ) α
δ ὁμ(οί)ως
   Σαταβοῦς Ἁρμιύσεως τοῦ Πνεφερῶτος⁻
ε ὁμ(οί)ως
   Ἥρων Πεέως τοῦ Κολλούθου (μητρὸς) Ταορσεν[ούφιος
10 Ὀννῶφρις Πεέως τοῦ Πεέως (μητρὸς) Ταοννώφ[ριος

Κάστωρ υἱός
Πτολεμαῖος ἄλλος
Σισόεις Καράνου τοῦ Ἡρᾶ (μητρὸς) Ἀρτέμ(ιτος)
Ἥρων ὁ καὶ Ἡρακλᾶς ⟦υἱός⟧ ἀδελ(φός)

1 ομως ostr.; also 6, 8. 2 κωμ ostr., added afterwards in the same handwriting; also the additions above 3-5. 3 ηρα^κ ostr. The surface of the ostracon is damaged at the right edge. 4 Illegible traces of ink after Σεγάθιος. Has this connection with γ α at the end of the following line? 13 αρτεμ ostr. 'The mother's name is known to me from Karanis tax-registers of the same period, one at Michigan, one at Cairo.' Youtie.

564 Inv. 4581 (26-B4L-D). Cm. 7·1 × 3. Date: II/early III cent. A.D.

    Ἰσίδωρος
    Ἡρᾶς
    Πτολεμαῖος
    Μέλας
5   Ἀφροδῖσις

Perhaps incomplete at the beginning.

565 Inv. 9211 (28-B132A-M I). Cm. 10·6 × 18·4. Date: III cent. A.D.

    Ἐγῶκ Ἐμ[
    Νῖλος Φαι[
    Νῖλος Μικ . νι[
    Θερμοῦθι[ς
5   Ταῶλ
    Ταῶλ
    Μέλας
    Πα[
    Παπέε[ις
10 Ταῶλ

1 Hardly ἐγὼ κὲ Μ[(κε=καὶ)?

566 Inv. 4617 (26-BS26-T). Cm. 6·1 × 5·8. Date: III cent. A.D.

    ......]ων Ὀννώφρε(ως)
    ......] Θεωνᾶ
    ... Γ]ερμανοῦ
    ....]αι ...... τιανοῦ
5   ....]νου

1 ον νωφρε ostr. Surface damaged before the writing.

567 Inv. 9123 (27–X). Cm. 4·8 × 3.   Date: III cent. A.D.

   . . .]ρος
   . . .].
   'Ισί]δωρος Ἀτρῆ
   Οὐα]λερίων
  5 . . .]..[. . .

Yellow-gray pottery. 5 Perhaps . . .]ομ[. . .

568 Inv. 4367 (24–5006A–AD × 5). Cm. 5·5 × 3·8. Date: late III cent. A.D.

   κ̣α̣ι̣ Ἐκῆβ
   Κᾶος Καμέ
   Διόσκο̣ρο̣ς̣
   κελ( )

Nothing seems to be lost at the ends of the lines. 1 καὶ or Κάι? 4 κελ/ ostr. Hardly κε(φα)λ(αιωτής).

569 Inv. 4368 (24–5006A–AD × 5). Cm. 8·3 × 4·7. Date: late III cent. A.D.

   Σ̣ε̣ύθη̣ς̣ καὶ
   Ἰσχυρᾶς, Παιηο̣ῦ̣ς
   Πτολ(εμαίου)

Yellowish gray pottery. In part very much faded. 2 l. Πεηοῦς. 3 π⊤ολ/ ostr.

570 Inv. 4369 (24–5006A–AD × 5). Cm. 4·6 × 4·6. Date: late III cent. A.D.

   Ἅρπαλος Π[
   Οὐαλέριος [

571 Inv. 4370 (24–5006A–AD × 5). Cm. 5·7 × 4·6. Date: late III cent. A.D.

   δοῦλος Πολ[υδεύκους
   Εὔφελις [
   Μιύσεως Ἀμ[οίλου
   Νεῖλος Στρου[θίου
  5 Οὐαλέριος [
   Ψᾶ̣ς [

1 δοῦλος or Δοῦλος?

572 Inv. 4394 (24–5008B–G × 14). Cm. 12·5 × 15·7. Date: end of III cent. A.D.

. Θαλεῖς
Παλήμων
Πανκράτεις
Διόσκορος
5 Ὀννῶφρις
Πρίσκος
Παπίρεις
Ἰσίων
Πτολλᾶς
10 Πεῦς

In two parts. Faded and surface corroded.   1 Perhaps /θαλεις ostr.
3 l. Παγκράτης.   7 l. Παπῖρις, i.e. Παπίριος.   10 l. Πεεῦς?

573 Inv. 4398 (24–5011D–B). Cm. 5·6 × 3·9. Date: late III cent. A.D.

.] . . . . [. .
Χαιρήμων Ἀτισί[ου
Ἐκῦσις Θεωνᾶ
Ἀιῶν Ἀτισίου

Yellow-white pottery.

574 Inv. 4517 (25–5072F–J × 6). Cm. 6·7 × 5·8. Date: late III cent. A.D.

Ἡρᾶς Κάστορος
Νεῖλος Στρουθίου

575 Inv. 4611 (26–B59D–A and B). Cm. 18·5 × 13. Date: late III cent. A.D.

. . . . . . ἄλ]λος υἱός
. . . . . .] . . . Ἀειῶνος
. . . . .] ἄλλος Διοσκόρου
Ἀ[πολλ]ῶς Πανκράτους
5 Πανκράτης υἱός
Ἡρακλιτᾶς
α Παμοῦν Ἀτουσᾶ
Παῖνις ⟦Κόμων⟧ διὰ Παλήμωνος
Πτολεμαῖος ἀδελφός
10 Ἰσίδωρος Πολυδεύκους

Πασίων διὰ Ἀφροδισίου
Ἀχιλλᾶς . [. . .] . . . .
Αἰῶν . . . . [. .]φ
Ὀννῶφ[ρις]
15 Ἰσάεις υἱὸς α(ὐτοῦ)(?)
Κανᾶς Ἀχιλλέως . .

In two parts. The writing is very much faded, and the reading of it is in parts uncertain. 8 Παῦνις, correction of Κόμων, or l. Παῦνι ϛ?

576 Inv. 9283 (28–C65 inner court). Cm. 6·7 × 6·7.   Date : late III cent. A.D.

Μέλας Ἰσιδώ(ρου)
Βούρανος
Π . . . ους
Πτολλᾶς
5 Ἰσίδωρος

3 Παννοῦς? Cf. ostr. 148, 8.

577 Inv. 4469 (25–237H–C). Cm. 9·3 × 11·9.   Date : late III/early IV cent. A.D.

Οὐάλης κεφαλ(αιωτής)
Ἀντώνιος Ἀραβικοῦ
Κοπρῆς Πτολε(μαίου)
Θεονᾶς
5 Ἅρπαλος Παιαρός
Ἀβοῦς Πεκύσιο[ς
Ἀντίνο[ος] Ἀμμω[νίου
Ἀνοῦφις . . . . .
Ἀτρῆς Οὐ[εναφρ]ις
10 Δημήτριος . . . αρ . .

Surface corroded.   3 πτολε ostr.   4 l. Θεωνᾶς.   5 l. Παιαρόου?   9 l. Οὐεναφρίου or -φριος.

578 Inv. 4471 (25–262–C I). Cm. 3·6 × 1·6.   Date : late III/early IV cent. A.D.

Ἡρᾶς Ἀτίσιο[ς
Παῆσις . [

Yellowish red pottery.   1 Ἀτίσιο[ς or Ἀτισίο[υ?

579 Inv. 9171 (28-242*-Z). Cm. 4·4 × 6·6.   Date: late III/early IV cent. A.D.

  Κασιαν[ός
  Παῆσις
  Εὔμαι[ος
  Νεῖλος
5 Σαραπί[ων
  Σεύθης καὶ [
  Ἡρᾶς καὶ Σα.[
  Οὐενάφρ[ις
  Ἀπολλ[

580 Inv. 4317 (24-5002D-O × 13). Cm. 9·7 × 8·8.   Date: late III/early IV cent. A.D.

  κεφ(αλαιωτὴς) Παπῖρις
  Πανεσᾶτις
  Ἡρακλῆς
  Πατερμοῦθις Ὡρίω(νος)
5 δοῦλος Πολυδέβ(κους)
  Ἀντώνιος
  Σαραπάμμων
  Ἀπύγχεις
  Σαρᾶς
10 γ(ίνονται) θ
  Παχὼ(ν) ιζ–.   May 12

Dark surface. 4 ωρῖ ostr. for lack of space. 5 πολυδεβϟ ostr.; l. Πολυδεύκους. 7 End of the word cursive, almost παμων.

581 Inv. 4344 (24-5003D-C). Cm. 7·4 × 6·7.   Date: late III/early IV cent. A.D.

  κε [
  Μέλας Ὧρ[ου
  Διόσκορος [
  Ἐκῦσις Ἀν[
5 Ἥρων Ἥρω[νος
  Αἰῶν Παπ[έειτος
  Σαραπίων . [
  Παρηοῦς Π[
  Οὐαλέρις Ἀν.[
10 Κα[

582 Inv. 4373 (24–5008A–S × 11).   Cm. 6·3 × 7·2.   Date: late III/early IV cent. A.D.

  κεφ(αλαιωτὴς) Μέλας Ὥρου
  Πεηοῦς   κ(αὶ) οἱ κοι(νωνοί)
  Παῆσις Ἱέρωνος
  Παειᾶνος Ἀφή(λικος)
5 Σάνις α( )
  καὶ Ταουλενι.
   κε

In two parts. 2 Addition above the line belongs to 1. 4 Or ἀφῆ(λιξ)?
5 ᾱ ostr., ἀ(δελφός)? 6 και corrected from τ. End of line: . ostr.

583 Inv. 4376 (24–5008A–S × 11).   Cm. 7·9 × 6·8.   Date: late III/early IV cent. A.D.

  κεφ(αλαιωτὴς) Μέλας Ὥρου
  Νεῖλος Κασια[νοῦ
  Ἰσίδωρος [
  Παμοῦν Κ[αφάνου
5 Ἡρᾶς . [

584 Inv. 4380 (24–5008A–S × 11).   Cm. 6·1 × 8·4.   Date: late III/early IV cent. A.D.

  ]ρείου
  ] Ὥρου
  ].ασίου
  Κάσ]τωρ
5 . . .] Παννοῦ

Writing faded and surface partly blackened. 2 Μέλας s. of Ὧρος?

585 Inv. 4382 (24–5008A–S × 11).   Cm. 12·2 × 9·7.   Date: late III/early IV cent. A.D.

  Μέλας Ὠρίωνος
  ]ων Ἡρακλᾶ
  Νεῖλο]ς Κασιανοῦ
  ]θης Συρίωνος
5 Παμοῦν Καφάνου
  Ἰσίδωρος Παύλου

Παυλεῖνος Ὀφελλίου
Ο]ὐενῖνις

γ(ίνονται) η. Φαρ(μοῦθι) κα.   April 16

586 Inv. 4421 (24–5024E–A × 4). Cm. 7·2 × 6·6.   Date: late III/early IV cent. A.D.

       δημόσιος
ἀνων [[Καρανίδος]]
Ἀμάεις Κελόλ
Ἀθείσεις Κοπρῆ
Κάστωρ Πανκραθείου   ν
5 Εὐδέμων ..[.....]   .
Μισθίας ἀδελ[φὸς]   ν
Ἄκεις ἱερεὺς   ν
           ν
           λ
10   λ

Yellowish pottery.   1 l. ἀννῶνα?   2 l. Ἀμᾶις.   3 i.e. Ἀτῖσις.   5 l. Εὐδαίμων; end of line damaged.   7 ακεις: κ corrected from θ.   Whether the figures at the right edge of the ostracon are letters or only check marks, is doubtful.

587 Inv. 4422 (24–5024E–A × 4). Cm. 7·5 × 5·7.   Date: late III/early IV cent. A.D.

]..
] Ὥρου
Ἥρων Ὡρίωνος
Οὐενᾶφρ[ις ἀδελφ]ός
5 ...
      κωμητῶ(ν)
      κώμης
      Κ(αρανίδος)(?)

Writing very much faded.   8 κ ostr.

588 Inv. 4493 (25–5058C–B × 5). Cm. 6·3 × 9·1.   Date: late III/early IV cent. A.D.

    Col. I   Col. II
   / Ἀγαθίς   Σαρμ[άτης
   / Μουσῆς [Rest of the column lost.
   [[Ἀθιῶις]]

/ Πετρῶνις
5 / Ἀπολλώνιο[ς
/ Πᾶν οὐετ[ρανός (?)
/ Ἀπωνε[ύς
/ Πανου[
/ Πνᾶ[ς

Ribbed pottery. The check marks in the left margin are in a second hand.

589 Inv. 4494 (25-5058C-B × 5). Cm. 5·9 × 6·2.   Date: late III/early IV cent. A.D.

Ἀπολλώνιος Ἀπολλωνίου
Ἀπιτᾶς Πτολεμαίου
Ἀραβικὸς Πτολλᾶ
Ἀρίστων Σερήνου
5 Ἀτῖσις Πτολ[λᾶ
Αὐνῆς Ἁρποκρατίω(νος)
Ἀχιλᾶς Ἀπο[λλων]ίου
Διονᾶς Οὐενάφ(ριος)

590 Inv. 4496 (25-5058C-B × 5). Cm. 7·6 × 5.   Date: late III/early IV cent. A.D.

Εὐδαίμων Σελποῦς
Ἰσίδωρος Πεμές
Πτολεμαῖος Πτολεμαίου
Σύρος Ἰσιδώρου
5 Πνᾶς Μέλανος
Πατῖσις Ἰσιδώρου

Yellowish gray, light-colored pottery.   6 Perhaps ισιδορου ostr.

591 Inv. 4499 (25-5071A-A × 3). Cm. 6·9 × 9·3.   Date: late III/early IV cent. A.D.

Νεῖλος ὁ κεφαλαιωτής
Ἀναμοῦν
Ἀειῶν
Ἥρων
5 Ἀμμ[ώνιος
Πανεσά[της

Writing in part very much faded.

592 Inv. 4550 (25–5091–C × 9). Cm. 8.4 × 5.1.   Date: late III/early IV cent. A.D.

    // Παῦλος Τανῖς
    // Οὐενᾶφρις εξαιϲτειτης
    // Σώτας Ἀπολλωνίου
    // Ἀραβικός
5 // Παλήμων
    // Δ . . . . . Σαραπίω(νος)

2 Meaning? εξακτειτης cannot be read.

593 Inv. 4556 (25–5092–C × 3). Cm. 6 × 9.9.   Date: late III/early IV cent. A.D.

    κεφ(αλαιωτὴς)
    Σύρος Παησίου
    Μέλας ὁ τοῦ Πανι[. . . . .
    Ἰσίων Δημητρ[ίου
5 Ἀειῶν Γερμανο[ῦ
    Ἁτρῆς Κάστωρος

594 Inv. 9009 (27–B103–B). Cm. 6.2 × 7.8.   Date: late III/early IV cent. A.D.

  κεφ(αλαιωτὴς) Δημῆτρις Παησίου
                Σαβαοῦ(ς) Παησίου
                Χαιρᾶς Ἰσιδόρου
                Πτολεμαῖος Παπέειτος
5   Χαιρήμων Παύλου
                Ἄπφυς Τιβερίνου

Writing rather degenerate.   1 κεφ ostr.   3 l. Ἰσιδώρου.   5 Perhaps -μον ostr.

595 Inv. 9218 (28–B167A–D). Cm. 4.3 × 5.3.   Date: late III/early IV cent. A.D.

        Ἀτιαν[ός
        Ἀραβικ[ός
        Ἀλλοῦς [
        Παῆσ[ις
5   . [

2 αββικ[ostr., corrected.   5 δ[or α[.

596 Inv. 9184 (28-B108C*-D). Cm. 3.9 × 4.5. Date: late III/early IV cent. A.D.

Οὐ]αλέριος . [. . .
.]. αρίνου Πα[. . .
] Ἀβῶκ Μέλλ[α
] Ἀντωνι[

After having been used for writing the ostracon was cut to form a hexagonal draughtsman. 3, 4 Perhaps nothing lost at the beginnings of lines.

597 Inv. 9018 (27-C24A-B). Cm. 6 × 10.2. Date: late III/early IV cent. A.D.

. . . . . Σ(?)]αταβάτης
Μύρου
Ἡρᾶς Ἀτίσιος
Πτολ[. . . . . . .]ρίν(ου)
5 . . . .]νος
. . . .]ις
. . . . ο]υ

Ribbed pottery. 4]ριν] ostr.

598 Inv. 9026 (27-C35B-D). Cm. 7.2 × 5.4. Date: late III/early IV cent. A.D.

Ἰσίδωρος Ἀντωνίου
Πνᾶς Μέλανος
Ἀειῶν Διοσκόρου
Πτολεμᾶς Παντηᾶ
5 Ἀτῖσις Ἀβόκ
Ἡρακλᾶς Ἀϊανοῦ
Ὀρσενοῦφις Ἡρᾶ
Ἀτῖσις Κ . . .

Ribbed pottery. 1 Ostracon has perhaps ισιδορος. 2 My MS. has Ἡλίας, but Πνᾶς is more probable. 8 end: Surface decayed.

599 Inv. 9235 (28-C37Z-B). Cm. 3.9 × 3.5. Date: late III/early IV cent. A.D.

Κάστωρ Ν[εᾶ(?)
Ἀμμών[ιος
Διόσκορ[ος
.] . . . . [. . .

600 Inv. 9036 (27–C38A–A). Cm. 6·9 × 8.   Date : late III/early IV cent. A.D.

    Δημήτριος Πτολεμαίο[υ
    Ὀννᾶφρις Σαραπίω[νος
    Πρίσκος Εὐδαίμ[ονος
    Ἡρακλῆς Παθερμούθ[ιος
5   Σαραπίων Ὥρου
    Παλήμων Ἰσιδώρου
    Σαραπίων
    Μέλα

Grayish yellow, very thick pottery. The writing is partly faded and reading uncertain.

601 Inv. 9037 (27–C38B–A). Cm. 6 × 8·3.   Date : late III/early IV cent. A.D.

    Σαμβαπίων
    Διόσκορος Τιβερίνου
    Σερῆνος Ὥρου
    Ἡρωνᾶς
5   Ἀτίσης
    καὶ Ἀπίρεις

602 Inv. 9063 (27–C55A–A). Cm. 8·4 × 9·2.   Date: late III/early IV cent. A.D.

    Νίνναρος Παπειρίου
    Ἀιῶν υἱός
    Ὀννῶφρις ἄλλος υἱός
    Ἀφροδείσιος Παπειρίου
5   Πνάμις υἱός
    Ὀννῶφρις ἄλλος υἱός

603 Inv. 9064 (27–C55A–B). Cm. 7·2 × 8·8.   Date: late III/early IV cent. A.D.

    Πτολεμαῖος Χαιρή(μονος)
    Διόσκορος υἱός
    Χαιρή(μων) ἄλλος υἱός
    Οὐαλέριος μη(τρὸς) Τέλειτος
5   Μάνης Μάρωνος
    Πτολεμαῖος Ἰουλιανοῦ

604 Inv. 9065 (27–C55A–C).   Cm. 7·8 × 9.   Date: late III/early IV cent. A.D.

      Πτολεμαῖος Παγ᾽κράτους
      Μέλας ἐλαιουργός
      Σαραπίων Ὀννώφρεως
      Ἡρᾶς Ἀρτεμιδώρου
5   Διόσκορος Τιβερίνου
      Γερμανὸς Γεμέλλου

605 Inv. 9066 (27–C55A–D).   Cm. 7·5 × 9·4.   Date: late III/early IV cent. A.D.

      . . .]ρωνι[. . .
      Π̣αειᾶνις ἀδελφ[ός
      Ἀφροδείσιος ἄλλος ἀδ[ελφός
      Πολυδεύκης Σαραπίωνος
5   Πτολλαρίων υἱός

1 Or . . .]ρων Ι[. . . ?

606 Inv. 9069 (27–C55A–J I).   Cm. 6·7 × 10·2.   Date: late III/early IV cent. A.D.

      Ἥρων Δᾶμις
      Πτολεμαῖος ἀδελφός
      Τούρβων ἄλ(λος) ἀδελφός
      Ἀρτᾶς Κέλλου
5   Ἰσεῶς υἱός
      Πτολεμαῖος Σαβείνου

Ribbed pottery.

607 Inv. 9070 (27–C55A–K I).   Cm. 6·7 × 9·2.   Date: late III/early IV cent. A.D.

      Ἰσίδωρος Διοσκόρου
      Διόσκορος Θήκλιος
      Ἅρπαλος μη(τρὸς) Τέλει
      Ἥρων Ἀϊώνεως
5   Ἑρμῆς Πάτρων
      Ἡρᾶς Ἀφροδεισίου

5 l. Πάτρωνος?

608 Inv. 9071 (27–C55B–D). Cm. 6 × 9.9.   Date: late III/early IV cent. A.D.

  Μασκουλλεῖνος
  Πολυδεύκ(ης) Φαμοῦς
  Πασίων υἱός
  Πτολεμαῖος Κοπρῆ
5 Παῆσις Ἰσίωνος
  Ὧρος μη(τρὸς) Ἀμεῖτος

5 ισιωνος or ιερωνος?

609 Inv. 9072 (27–C55B–E). Cm. 7 × 8.6.   Date: late III/early IV cent. A.D.

  Παπέεις Ἀμμωνίου
  Σαβεῖνος Σαραπίωνος
  Ἀκοῦς Διοσκόρου
  Πτολεμαῖος Κάστορος
5 Γαλειοῦς Ἀγριππίνου
  Χρυσόμελλος

610 Inv. 9073 (27–C55B–F). Cm. 6.5 × 11.   Date: late III/early IV cent. A.D.

  Σαραπίων Ἥρωνος
  Ἀπολλῶς Παγκράτους
  Παγκράτης υἱός
  Πεεῦς ἄλλος υἱός
5 Νειλάμμων Αὐνῆ
  Αἰῶν Ἐσούρεως

611 Inv. 9133 (27–C56N–F). Cm. 9 × 8.9.   Date: late III/early IV cent. A.D.

  Μέλας Αὐγίου
  Ὀννᾶφρις πυμήν
  Κᾶσις Νειλᾶτος
  Ἀτῖσις Ἀπολλωνίου
5 Ἀμᾶνις Παπᾶτος
  Σερήνης Πτολεμαίου
  Πεᾶς Σαταβοῦτος
  Δημήτρης Πτολλᾶ

Dark-colored pottery. 2 l. ποιμήν. 6 l. Σερῆνος. 8 l. Δημήτριος.

612 Inv. 9252 (28–C62N–G). Cm. 3·2 × 5·8.   Date: late III/early IV cent. A.D.

    Χαι[ρήμων
    Ὠρίω[ν
    Σωκρά[της
    Ἀνήσ[ιος
5   Σαρᾶς [
    Δῖος οὐ[ετρανός (?)
    Λεωνίδη[ς

Yellow-brown pottery.

613 Inv. 9092 (27–CA19–O). Cm. 5·8 × 6·5.   Date: late III/early IV cent. A.D.

    Ἀλέξαν[δρος
    Πολυδε[ύκης
    Σερῆνος [
    Ἅρπαλος [
5   Ἀμμωνᾶ[ς
    Κάστωρ Παήσ[ιος
    Ἀλέξανδρος [
    Ἥρων Ἥρωνος [
    Συρίω[ν
10 .[

Ribbed pottery.

614 Inv. 9101 (27–CA21–F). Cm. 6·7 × 10·4.   Date: late III/early IV cent. A.D.

    Μιύσεως Ἀμοΐλου
    Πελᾶλις Κασίου
    Ἀπολλῶς Ἀπολλωνίου
    Μέλας Σωκράτους
5   Πεηοῦς Πτολεμαίου
    Πρίσκος Εὐδαίμονος
    Κόμων Καλλωνίου
    Οὐαλὲς Σαραπίωνος
    Πτολλᾶς ἀδελφός
10 Πατῖσις Ἰσιδώρου
    Ἥρων Ἥρων(ος)

9 ἀδελφός perhaps abbreviated; faded.

615 Inv. 9116 (27–CS34–K I). Cm. 12·1 × 11·1. Date: late III/early IV cent. A.D.

    Ἅρπαλος Ἡρᾶ
    Λεονίδης
    Παπέει Παντηᾶ
    Κολλοῦθος Ἀβόκ
5   Παπέεις Ἀιώνεως
    Σώτας Ἀχιλλᾶ
    δι(ὰ) Νεᾶς
    ἀρχεφόδου

Ribbed pottery.   2 l. Λεω-.

616 Inv. 9120 (27–CS60–B II). Cm. 8·8 × 9·5. Date: late III/early IV cent. A.D.

    ὑπ(ὲρ)
    κώμης Καρανίδος
    κ . ϛ καὶ .
    Νεῖλος Μ . . .
5   Οὐαλέριος Πτολεμαίου
    Παιάνης Ἀφήλικος
    Μέμφις Ἰσιδώρου
    Ἰσίδωρος μη(τρὸς) Οὐκεφελ( )
    Δημήτριος Διδύμου
10 Πεηοῦς Πτολεμαίου
    Ἰσίδωρος [
    Πτολε[μαιο.

3 Faded; e.g. κα (ἔτους) καὶ ιγ (ἔτους)? (304/5 A.D.?).   8 μ^η ουκεφελ/ ostr.

617 Inv. 9277 (28–CS105–D). Cm. 8 × 8·7. Date: late III/early IV cent. A.D.

    Ἅρπαλος Παν[
    Πτολλᾶς Σαραπί[ωνος
    Σαραπίων Ἀλεξά(νδρου)
    Μακρῖνος
5   δοῦλος Ψάμους
    Φίρμος Δείου
    Ἀμεῖτος Πε.[. . .]ρίου
    Οὐαλέριος [

Ἥρων Ἥ[ρωνος
10 Πολυδε[ύκης
Παήσιος .. [

Dark brown pottery.

618 Inv. 9256 (28–C65*E–W). Cm. 12·6 × 14·8. Date: late III/early IV cent. A.D.

........].νος
.......]. Ἀπολλωνίου
....]ς Σατορνίλου
Σύρος Παησίου
5 Σελποῦς Εὐδ[αίμονος
Πτολλᾶς Ἁρπάλου
Κάστωρ Πανω[
Δημήτριος
Αὐνῆς Πωλίωνος
10 Ἰσίδωρος
Ἀφοῦς Πάνου

Dark grayish brown pottery.

619 Inv. 9259 (28–C65*W–G). Cm. 4·6 × 8·4. Date: late III/early IV cent. A.D.

Νῖλος Στρουθί[ου
Καπέει Ἀπ[ολλωνίου
Μέλας Εὐδ[αίμονος
Πεθερμο[ῦθις
5 καὶ Πατ[
Σερῆνος Πτ[ολεμαίου
Πατεῦκ[ις
Ἰσίδορος [

8 l. Ἰσίδωρος.

620 Inv. 9260 (28–C65*W–M). Cm. 7·3 × 11·6. Date: late III/early IV cent. A.D.

Ἀμμῶνις Ἀμμ(ωνίου)
Ἀκιέφ
Πεμὲς δ′
Ἀγριπ'πῖνος

   5 Σακαῦς
    Ἀχιλλᾶς
    γ(ίνονται) θ
   (second hand) Πρόκλου.

1 αμμ ostr. 2 Reading doubtful.

621 Inv. 9148 (26–X). Cm. 8·9 × 8·3. Date: III/IV cent. A.D.

   Ἥρων Αἰῶν(ος)
   Πανκράτης
   Ἰσίδωρος Ὥρου
   . .]ερ̣ιδ̣ίων
   5]. . . λα̣/ Ἰσίδωρος

5 ὁ]ψ̣η̣λ̣ᾳ̣(της)?

622 Inv. 9151 (26–X). Cm. 9·8 × 12·1. Date: III/IV cent. A.D.

   λιπῶν
   Ἥρων Ἀμμωνᾶ
   Π]τολ(εμαῖος)
     ] οἰκοδόμος
   5]ων
      ].

1 l. λοιπῶν?

623 Inv. 9118 (27–CS52–H III). Cm. 10·4 × 10·1. Date: III/IV cent. A.D.?

   . .]νομ
   Σ]αρμάτης
   Σαρα]πάμμ⟨ω⟩ν
   · ?] Ἰωάννης

Ribbed pottery. Large letters.

624 Inv. 4303 (24–4006–Y). Cm. 7·5 × 9·9. Date: beginning of
                 IV cent. A.D.

   Παπέεις Ἀμμωνίου
   Ὡρίων Οὐαλερίου
   Παῦλος καὶ Ἰσίδωρος
   Πτ̣ο̣λ̣ε̣μ̣αίου

Ribbed pottery.

625 Inv. 4411 (24–5020A–E × 7).   Cm. 10·4 × 6·6.   Date: early
                                                               IV cent. A.D.

   Ἀειανὸς καιφαλεο(τής)
   Ἡράει ὁ νέος
   Πτολεμέος Ἥρωνος
   Ἀτῖσις Λεωνίδου
  5 Εἰσίδορος Ἀπίωνος
   Ἀμιτᾶς Ἀτρῆ
   Ἀρχίλαος Αἰακᾶ
   Φίρμος Δίου

1 l. κεφαλαιω(τής). καιφαλεο ostr. 3 l. Πτολεμαῖος. 5 l. Ἰσίδωρος.

626 Inv. 4414 (24–5020A–E × 7).   Cm. 9·5 × 7.   Date: early IV cent. A.D.

   Πατᾶς
   Κάλλων
   Ἀραβικός
   Παρηοῦς
  5 Παννοῦς
   Ἀβὸκ Μέλλας
   Ἀρίστων Σερήνου
   Ἄνειος Ἡρᾶ
   Ἥρων Αἰῶνος (ἀρτάβαι) β
 10 Ἥρων μη(τρὸς) Ταύρας

9 ⸗ ostr.

627 Inv. 4415 (24–5020D–A).   Cm. 13·9 × 9·2.   Date: early IV cent. A.D.

   // Ἀρτεμίδορος καὶ
   / ἀδελφοί
   / Ἥρων καὶ Ἰσίακ
   / Παήσης καὶ Ἡρᾶς
  5 / «και» καὶ οἱ κοινωνοὶ
   / καὶ Πτολεμαῖος
   / Κάσστορ καὶ Σωκρά-
    τος
   / Σαβῖνος Ἀειῶν καὶ
 10 οἱ κοινονοί
   / Ὀννῶφρις Πτολε(μαίου)

/ Σαβῖνος
Ἀτισίου

1 l. Ἀρτεμίδωρος.   4 l. Παῆσις.   7 l. Κάστωρ (or Κάστορος?), Σωκρά/της.
9 l. Ἀειῶνος.   10 l. κοινωνοί.

628 Inv. 4542 (25–5082B–B). Cm. 6·8 × 9·2.   Date: early IV cent. A.D.?

Πτολεμαῖος Δημ(ητρίου) καὶ
Πολλᾶς Σαραπίωνος
Μέλας καὶ Ἀϊῶν καὶ
Κάστωρ

629 Inv. 9012 (27–C5E–C). Cm. 8·3 × 6·9.   Date: early IV cent. A.D.

Γερμανός
Καναοῦ(τ) Ἁρπάλου
Πτολεμαῖος
Βιλλᾶς Ἀκατᾶ δεου
5 Ἀφροδίσκου
Ἅριος Ὀννίννου

4 Reading uncertain.   Δέον? or διὰ instead of δεου?   6 Very much faded.

630 Inv. 9023 (27–C29H–K I). Cm. 7·9 × 7·4.   Date: early IV cent. A.D.

Χ]αιρήμων Ἥρωνος
Ἡρ]ακλῆς Παθερμουθίου
Σα]ραπίων Χαιρήμων
Παθερ(?)]μοῦτις Σερήνου
5 Πεμὲ(?)]ς Ἀλεξάνδρου

Ribbed pottery.   3 l. Χαιρήμονος.   5 αλεξ corrected.

631 Inv. 4473 (25–272A–A × 2). Cm. 10·1 × 8·4.   Date: second decade
                                                              of IV cent. A.D.

κληρ(ονόμοι) Ταησίου
Οὐαλέριος Ὥρου
〚Π〛 Ἰσίδωρος Ἀρτεμιδώρου
Ἡρᾶς Σαραπίωνος
5 Πτολεμαῖος Ἡρακ(λ)
Ἀραβικός

5 ηρακ/ ostr.

632 Inv. 4478 (25–4009A¹–B × 3).   Cm. 4·7 × 3·6.   Date: IV cent. A.D.

   Σαρ[
   Χαιρήμω[ν
   Πνᾶς Μέλαν[ος
   Δίδυμος
  5 Σ]ερῆνος [

Yellowish gray pottery. 3 ελ, corrected from ο.

633 Inv. 4480 (25–4016–A × 3).   Cm. 6·8 × 7·9.   Date: IV cent. A.D.

   Διόσκορος
   Χερᾶς ὁ καὶ Α[. . . .
   Σαραβᾶς Διοδ[ώρου
   Ἀϊῶν Τιβερίνου
  5 Ἀϊῶν Κουττᾶς
   Μέλας Ἥρων(ος)
   Ἀπρατέριος
   Ἀρτεμίδορο[ς

Ribbed pottery. 2 l. Χαιρᾶς. 3 i.e. Σαραπᾶς. 5 Perhaps Κουττᾶ. 8 l. Ἀρτεμίδωρος.

634 Inv. 4483 (25–4017D–A × 3).   Cm. 7·9 × 6·8.   Date: IV cent. A.D.

   . .]δων[
   Χα[ιρή]μων
   Ἀπινε.( )

Ribbed pottery. 3 απινε·– ostr.

635 Inv. 9238 (28–C45Q–A).   Cm. 12·4 × 7·6.   Date: IV cent. A.D.

   α′ κλῆρος
   Ἀπολ( )
   Οὐαλέριος
   Ταπάεις
  5 Ἀβοῦς
   . . .] . [.].

Ribbed pottery. 2 απολ/ ostr.

INDIVIDUALS

636 Inv. 9015 (27–C7A–D). Cm. 5.4 × 4. Date: late III/early IV cent. A.D.

Ἀρίστω[ν
/ Ἁρπάλο[υ.

Rather dark colored pottery.

637 Inv. 4347 (24–5005B–A × 10). Cm. 4.3 × 3.8. Date: late III cent. A.D.

Ἀτῖσις
Ἁτρῆ.

638 Inv. 9147 (26–X). Cm. 6.5 × 9.1. Date: III/IV cent. A.D.?

Βαρερει.

ε or ει?

639 Inv. 9001 (27–221–E). Cm. 5.4 × 3.4. Date: late III/early IV cent. A.D.

Ἰσίδορος
Παπέεις.

1 l. Ἰσίδωρος.   2 l. Παπέει.

640 Inv. 4350 (24–5005B–A × 10). Cm. 6.7 × 3.7. Date: late III cent. A.D.

Νιλοῦς.

641 Inv. 9157 (28–136*–D). Cm. 8.7 × 6.3. Date: early IV cent. A.D.?

Οὐα( ).

Complete. ονα– ostr. The sherd is bigger than those used as identification slips (?). Perhaps only a writing exercise.

642 Inv. 4467 (24–North Temple–U). Cm. 5.2 × 2.8. Date: late III/early IV cent. A.D.

Παλήμων
Τιοῦκ.

643 Inv. 4562 (25–5095A–A × 4). Cm. 6.1 × 5.4. Date: late III/early IV cent. A.D.

Παπέις
Ἀμμωνίου.

644 Inv. 4336 (24–5002G–A × 18). Cm. 3·9 × 5·9. Date: end of III
cent. A.D.

Πεη-
οῦς.

Traces of ink above η in 1. (Fragment of an earlier line? The whole ostr. fragmentary?) Same hand as ostr. 452.

645 Inv. 4345 (24–5005B–A × 10). Cm. 5·6 × 5·3. Date: late III
cent. A.D.

Πεμὲ̣ς
Ἀμμωνίου.

The writing is partly covered by blots of ink.

646 Inv. 4352 (24–50c5B–A × 10). Cm. 7·3 × 5·2. Date: late III
cent. A.D.

Πεμὲς
Πανκράτου.

2 l. Παγκράτους.

647 Inv. 9275 (28–CS100–V). Cm. 6·1 × 5·7. Date: I cent. A.D.?

Πνεφερῶ(ς) Μαρρῆ.

Rather dark colored, grayish brown pottery. 1 μαρρ^η ostr.; perhaps Μαρρή(ους), or Μαρρῆ(ς); cf. ostr. 120, 3.

648 Inv. 9159 (28–152*–A). Cm. 3·9 × 3. Date: about first decade of
IV cent. A.D.

Πρίσκος.

649 Inv. 4349 (24–5005B–A × 10). Cm. 6·1 × 5·3. Date: late III
cent. A.D.

Πτολεμαῖος
Ἐβαοι( ).

2 εβαοι⁻ ostr. Ἐβᾶ οἰ(νοπαραλήμπτης) aut sim.?

650 Inv. 4354 (24–5005[B]–A × 10). Cm. 5·8 × 4·4. Date: late III
cent. A.D.

Πτολεμαῖος
Χαιρήμων

2 l. Χαιρήμον(ος)?

651 Inv. 4348 (24–5005B–A × 10). Cm. 6 × 4·2.   Date: late III cent. A.D.

   Σαραπίων
    οἰνοπα(ραλήμπτης).

652 Inv. 4351 (24–5005B–A × 10). Cm. 7 × 4·2.   Date: late III cent. A.D.

   Σαραπίων
   Μακρίνου.

653 Inv. 4388 (24–5008B–G × 14). Cm. 8·2 × 6·5.   Date: end of III cent. A.D.

   Ὠρίων μετ' ἡμῶν

(Space)

   Ὠρίων

Yellow-gray pottery. Surface damaged by corrosion. A distance of about five lines between the two lines of writing.

654 Inv. 4346 (24–5005B–A × 10). Cm. 6·9 × 2·8.   Date: late III cent. A.D.

   ]υρος

Left part of surface for writing damaged. E.g. Τα]ῦρος.

NOTE CONCERNING WORKERS

655 Inv. 9121 (27–CS60–G II). Cm. 13·4 × 18·4.   Date: late III/early IV cent. A.D.

   Ἅρπαλος καὶ Πατεῦκις
   τὸν Φαῶφι ἡμῶν ἄστιν Sept./Oct.
   καὶ τὸν Ἀθὺρ ἡμῶν ἐστιν Oct./Nov.
   καὶ τὸν Χοίακ, ἐὰν μὴ ἐκ- Nov./Dec.
 5 βάλλουσιν ἄλλον ἀντὶ ὑμῶν
   ἐκ β σου τῶν δύο τὸν
   μισθόν.

2 l. ἐστιν.

MISCELLANEOUS

RELIGIOUS

656 Inv. 4609 (26–B52B–H). Cm. 6·1 × 10·4.   Date: III cent. A.D.

    Ἴσιδος
    Σαράπιδος
    Ἑρμοῦς
  / Ἁρποκράτου
5 / Ἄπιδος
  ⟦. Αρ⟧ Ταούτμιδο[ς
  / Ἀνούβιδος

3 l. Ἑρμοῦ. 6 The first three letters seem to be washed out. Can this be a form of Thutmosis, and can Th., like Φραμῆνις and Πραμαρρῆς, have had a cult (cf. Wilcken, *Gr.* I, pp. 106 ff.)? It seems impossible to read Παρταουτμιδος. It is more probable that the pupil was asked to write the name of the god Θώουτ (Θαῦτ) in genitive, with the result as given above. (Cf. Ἀνούβ-ιδος below and e.g. Ἀρτέμιδος.)

657 Inv. 9010 (27–B115B–B). Cm. 11·7 × 12·6.   Date: late III/early IV cent. A.D.

    ΣΑΜΒΑΘΙΣ
    ΑΡΤΕΜΙ⟦Ο⟧Σ
    ΚΟΥΡΑ
    ΔΙΟΝΥΣΟ[

5   ΔΗΜ·[

Same hand as that of ostr. 658, found in another room in the same house. The ostraca do not fit together,[1] but probably contain parts of the same text. 5 There seems to be written ΔΗΜΩ[, perhaps miswritten instead of ΔΗΜΗ[ΤΡΙ. Copy of an inscription, e.g. Σαμβᾶθις Ἀρτέμις (gen., for Ἀρτέμιος; or Ἀρτέμιδι?) Κούρᾳ Διονύσῳ Δήμητρι ἐπ' ἀγαθῷ πᾶσι. (Or rough draft of an inscription?)

[1] A piece of pottery may have been lost in a space between 657 and 658.

658 Inv. 9011 (27–B115C–F). Cm. 10 × 9·4.   Date: late III/early IV cent. A.D.

    ΕΠ ΑΓΑΘΩ
    ΠΑΣΙ

Cf. notes to ostr. 657.

659 Inv. 9105 (27–CA70–O). Cm. 12·7 × 7·4. Date: III/IV cent. A.D.

ΑΝΤΩΝΙ
ΣΑΤΡΑ

Yellow-gray, ribbed pottery. Same type of writing as used in ostr. 657, 658. Person's name? 1 Ἀντώνι(ος)? 2 Σατρᾶ or Σατρα( )? Magical? Cf. e.g. Σατραπάμμων *P.G.M.*, I, iv, 2485–86; Σατραπειν *P. Oslo.* II, 15, 24–5.

660 Inv. 9203 (28–B131*–B). Cm. 8·2 × 8. Date: III cent. A.D.?

βασιλεῦσι

Magical?

NAMES OF NATIONS

661 Inv. 9249 (28–C62N–A). Cm. 6·3 × 9·9. Date: III cent. A.D.

Βαβελῶνες

1 Are Βαβυλώνιοι meant? or miswritten for Βαβυλῶνος? (Writing exercise?)

662 Inv. 9067 (27–C55A–E). Cm. 5·7 × 4·8. Date: late III/early IV cent. A.D.

Παλμηρηνοί
Ἀλαμηνωι

1 l. Παλμυρηνοί? 2 l. Ἀλαμανοί (Ἀλε-), Ἀλαμαννοί. (Writing exercise?)

QUOTATION FROM REPORT ON AN ASSEMBLY

663 Inv. 9169 (28–242*–X). Cm. 9·4 × 3. Date: late III/early IV cent. A.D.

πᾶσαι νεῖκαι τοῖς
Ῥομαίοις / εὐτυχῶς
.. τοῖς κυρίοις
ὁ μετεγρα[ψ

Yellowish red, thick pottery. 1 l. νῖκαι. 2 l. Ῥωμαίοις. 3 Perhaps traces of two letters in the beginning of the line; ως repeated? Youtie suggests ἀὶ (ͻ: ἀεί). 4 l. ὁ μεταγρά[ψας? Cf. *P. Oxy.* 41 (= Wilcken, *Chr.* I, 45), 21.

DATINGS

664 Inv. 4372 (24–5007G–E). Cm. 9·3 × 5·1.   Date: July 4 (?), 299 A.D.

(ἔτους) ιε καὶ [ιδ καὶ] ζ ϛ
Ἐπεὶφ ι.

The reading is rather uncertain.

665 Inv. 9132 (27–C56N–C). Cm. 4·8 × 4·3.   Date: late III/early IV cent. A.D.

] καὶ ι (ἔτους)
]·

1 Probably either ιαϛ] καὶ ιϛ [καὶ γϛ i.e. 294/95 A.D., or ιηϛ καὶ ιζϛ] καὶ ιϛ i.e. 301/2 A.D.

NOTES TO ACCOUNTS

666 Inv. 9155 (28–X). Cm. 6·1 × 5·5.   Date: I cent. A.D.?

$\stackrel{-}{ε\lambda}$ $\stackrel{}{\Delta}$ ος 𝈺′
$\stackrel{-}{\lambda\theta}$ ιL δ   φ

Are some of the signs demotic?

667 Inv. 4298 (24–136N–A × 2). Cm. 6·8 × 5·2.   Date: III cent. A.D.

9
9 ξ ν ο ρ λ
π ξ ρ ξ ·

668 Inv. 9212 (28–B132A*–E). Cm. 10·2 × 7·5.   Date: III cent. A.D.?

9γ τγ τκϛ⳽
θ τνϛϛ′ ρξγ
ιε ρμγ ριη
χκδ⳽ σϙη
5   τπ

669 Inv. 4485 (25–4017D–A × 3). Cm. 5·5 × 5·7.   Date: IV cent. A.D.

χερ( ) β
γ 9

Writing on the inside of the sherd; on the outside the handle of the jar.
1 χερ ostr. β is perhaps meant to be corrected to the γ of 2. Meaning?

FRAGMENTS OF PRIVATE LETTERS

670 Inv. 4300 (24–137D–AH). Cm. 5.3 × 3.8.   Date: IV cent. A.D.

  κυρίᾳ μου [ἀδελφῇ (?)
   Ἀπίω̣ν·
  τῷ ἐπὶ ἀν̣[
  ἀναγειν̣[ωσκ
5 θε ἐπὶ τη[
  κ̣·[

1 κυριᾳ or κυριε; in the latter case supply [ἄδελφε, *aut sim.*

671 Inv. 4470 (25–242G–A). Cm. 5.8 × 5.4.   Date: IV cent. A.D.

    ]τιον Ἀπφοῦ
    ]τιο( ) τὸ μέρος φοι-
νικῶνος].αι ἔρημον, τοῦ δὲ
    ] . . ξα ἔξ · εἰ Ἀρι-
5   ]ναυλ( ) ια

Part of a 'Coptic plate', red pottery, decorated with concentric circles and incised ornaments in the central part (inside). Writing on the inside. 2]τιο\ ostr. 3 γεγονέ]ναι or γενέσ]θαι? 5 ναυλ ostr.

WRITING EXERCISE

672 Inv. 4544 (25–5084B–H). Cm. 6.4 × 5.   Date: from Roman times.

3 ε η κ ostr., as it seems.

FRAGMENTS AND UNCERTAIN TEXTS

673 Inv. 9196 (28–B115*–E I). Cm. 3·3 × 6·8.   Date: I cent. A.D.?

$$\text{Π}\underline{\epsilon}\hat{\eta}\sigma\iota\varsigma\ [$$
$$.\eta[$$
$$\iota.[$$

Almost completely faded.   Reading uncertain.

674 Inv. 4586 (26–B9U–E). Cm. 10·3 × 5·2.   Date: III cent. A.D.?

$$\ldots\ldots\mu\ldots\nu\epsilon\varsigma$$

Yellowish red pottery. Lower part of the letters lost. Person's name, or inscription on pot? (Cf. e.g., Ἱέρων Ἁρπαλιές?)

675 Inv. 4598 (26–B26F–U). Cm. 7·3 × 6·3.   Date: III cent. A.D.?

(Beginning lost.)
$$\kappa\alpha\grave{\iota}\ \eta\rho\underline{\kappa}\iota\lambda\alpha\ldots[$$

Ribbed pottery.

676 Inv. 4587 (26–B11C–C). Cm. 12 × 4·5.   Date: III cent. A.D.?

$$]\upsilon\sigma\iota\pi\pi(\ )\ \kappa\epsilon\gamma(\ )\ \iota\varsigma\ \grave{o}\nu(\ )$$
$$\overline{]\kappa\beta}$$

2 Λ]ύσιππ(ος), Χρ]ύσιππ(ος), -π(ου)?   ]υσιπ^π κε^γ ις ον ostr. Inscription on pot?

677 Inv. 9285 (27–east of C67). Cm. 8·3 × 8·4.   Date: III cent. A.D.?

$$].\ \upsilon\nu\ \text{Ἡ}\underline{\rho}[$$
$$]\ \text{Μ}\underline{\acute{\upsilon}}\sigma\theta\eta\varsigma\ \sigma\iota\delta[$$
$$\mu\alpha\lambda\omega\nu^{\bullet}\ \eta\ \pi.[$$
$$\gamma\iota\nu\nu\text{o}\tau[$$

2 e.g. σιδ[ηρουργός? Cf. the inscription on the wall of the northern temple of Karanis τόπος σιδηλουργ(ῶν) (l. -δηρ-). 3 The dot is written in the text itself.

678 Inv. 9082 (27–C76–D). Cm. 4·8 × 4·7.   Date: III cent. A.D.?

$$]\ \text{Ὠρείωνος}$$
$$].\epsilon\varsigma$$
$$]\ \kappa\alpha\grave{\iota}\ \text{Ἀϊῶν}$$

Probably from a list of liturgical workers.

679 Inv. 9084 (27–C80A–C). Cm. 5 × 5·7.   Date: III cent. A.D.?

    . . . . . ς δυν-
    . . . .
    . . . . δ/
    . . . .
5   . . . . χρῳ
    . . . . Καρα-
    νίδ . . .] . ην ἀναβα-

Almost completely faded.

680 Inv. 9229 (28–BS160–J I). Cm. 7·2 × 12·7.   Date: III cent. A.D.?

    ]νι (ἀρούρης) νεοφύτ(ου ?) L   κϛ

Brown pottery. 1 ϛ νε°φυ^τ ostr. κϛ meaning? Cf. P. Mich. Inv. 5059 verso, 7: ἀπὸ νεοφύτων; arourae measures.

681 Inv. 9156 (28–131*–B). Cm. 2·1 × 4·4.   Date: late III/early IV cent. A.D.

    Ἐπ[ὶφ (?)
    Πτ[ολ
    π[

682 Inv. 4534 (25–5072G–C × 16). Cm. 5·7 × 4·7.   Date: late III/early IV cent. A.D.

    Θέων . . . .
    ο[. . . .] . . .
    α/ [. . . . .
    γ(ίνεται) . . . α

Yellow-gray pottery. Writing almost completely faded and illegible.

683 Inv. 9188 (28–B115*–W). Cm. 7 × 6·4.   Date: late III/early IV cent.?

    . . . .]χμη ιε⁻
    . . . .]φ . ν ηφ βα . . ( )
    ὑπ(έρ) . . . [. . . . .] παεν
    Χαιρᾶς [. . . . .]νειδίας

Rather dark colored pottery. Writing very much faded, and reading uncertain.

684 Inv. 9016 (27–C10B–H). Cm. 8·1 × 8·7.   Date: late III/early IV cent. A.D.?

    . . . .] . [. . . .
    . . . .]μμοι̣[. . .
    . . . πα]ραλ( ) αὐτοῦ Π̣τ̣ολ[εμαίου (?)
    . . .]χιμειγος υμε.[. . .
5   . . . . . ἐ]ν ἐγόκκ[ερῳ (?) . . .
    . . . . . .]πλι ἐκ[. . .
    . . . .] . ζ   [

3]ρα^λ ostr. 5 l. Αἰγόκερῳ?

685 Inv. 9060 (27–C54C–U). Cm. 5·9 × 3·6.   Date: late III/early IV cent. A.D.

    ] καὶ ι̣[
    ]νας Πτολ[
    ] . αν . . . πρα[
    ο]υς τεσσ[αρ
5   ] . δι(ὰ) Κ[

Perhaps concerning transportation of grain. 1 e.g. γενήματος . . ἔτους] καὶ ι̣[. ἔτους. 4 ὄνο]υς τέσσ[αρας?

686 Inv. 9111 (27–CS23–C). Cm. 5 × 4·8.   Date: late III/early IV cent. A.D.?

        ] .
        ] .
        ]α̣
    ] . διὰ̣
5   ]κ′ ἐλα-
    ] . Μακρινο( )
    ]α̣ς

6 μακριν^ο ostr.

687 Inv. 9058 (27–C51A–U III). Cm. 10·5 × 7·5.   Date: late III/IV cent. A.D.?

    Ἀφ . . . . Ἀμμω(νίου) (?)
    προ . . . .

Yellow-gray pottery. 1 αμμω ostr. The writing is almost completely faded.

688 Inv. 4539 (25–5076B–R). Cm. 10.5 × 14.9. Date: III/IV cent. A.D.

$$\delta\iota(\grave{\alpha}) \,.\, [$$
$$\delta\iota\grave{\alpha} \, [\qquad K\alpha\rho\text{-}$$
$$\alpha\nu\acute{\iota}\delta[o\varsigma$$
$$\acute{o}\mu o.[$$
5 $\quad\quad\quad \dot{\alpha}\pi[$

Light-colored pottery.

689 Inv. 9278 (28–CS105–N). Cm. 8.3 × 5.7. Date: III/IV cent. A.D.?

$$\pi\rho o\kappa\llap{/}$$
$$\dot{\alpha}\epsilon\iota \, \pi \,.\,\dot{}$$
$$\ldots$$

Light-colored pottery. 1 προκ( )?

690 Inv. 9161 (28–164*–A). Cm. 3.7 × 7.4. Date: early IV cent. A.D.

$$\text{'}I\sigma\iota\acute{\alpha}\varsigma \,.[$$
$$A\dot{v}.[$$

Perhaps from a list of names.

691 Inv. 4403 (24–5016A–B × 4). Cm. 6.4 × 5.3. Date: early IV cent. A.D.

$$.\,]\,. \qquad [$$
$$\pi\rho o\sigma\pi\epsilon \,..\, [$$
$$\Delta\iota o\delta\omega\rho o[.$$
$$\Pi]\epsilon\theta\epsilon[$$

Grayish white surface, partly lost. 2 προσπεμφ[θ.. or προσπεμψ[..? Last letter has a long hasta, below the line.

692 Inv. 9221 (28–B168K–A). Cm. 4.5 × 5.4. Date: late III/IV cent. A.D.

$$]\alpha \, \epsilon\rho o\nu\iota\theta\alpha\iota\eta\nu$$
$$] \, K\alpha\rho\alpha\nu\epsilon\acute{\iota}\delta o\varsigma \,..$$
$$]\alpha\mu\alpha\xi\prime \, \epsilon\nu \ldots$$
$$] \, \text{'}I\acute{\epsilon}\rho\alpha\xi \, \text{'}A\mu\pi\iota \,..$$
5 $\quad]\,..\,\alpha\pi\omega\,..$
$$]\,..$$

Rather light colored pottery. Writing faded. 1 θαι or θαρ? 3 ἁμαξ( )? ευ or εϛ′?

693 Inv. 9222 (28–B168K–G). Cm. 6·2 × 6·8. Date: late III/IV cent. A.D.

.....]ΝΑΙ[....
....]ΧΟΣ Κ[...
...]ΤΗΣ ΖΩ[ΗΣ
..]ΩΟ ΩΚΑ[...

Rather light colored pottery. Large letters; writing exercise?

694 Inv. 9223 (28–B168K–N). Cm. 13 × 7·1. Date: late III/IV cent. A.D.

+ πολω

1 Coptic ⳨ intended? Very unskilled handwriting.

695 Inv. 4429 (24–5025B–A). Cm. 5·8 × 7. Date: III/IV cent. A.D.

Partly ribbed. The written text, which filled 5 lines, has vanished almost completely. l. 1 αν..[. l. 4 .....μόσχος.

696 Inv. 9270 (28–C107A–C). Cm. 9·8 × 12·7. Date: III cent. A.D.?

Παᾶυς Σεμιο( )
Καρανειοῦς
γειτον ορ
α
5   Παᾶυς
Παα
Πα

Pen tests?

697 Inv. 4326 (24–5002G–A × 18). Cm. 9 × 7·3. Date: late III/early IV cent. A.D.

Αὐρήλιος
ιϛ Αυ Αυρ⁻
ερω   ϛ   Αυ
κώμη   ϖ
5   u   ϰ
϶   ʌ

Written in both directions. Copies from the beginning of a document (Αὐρήλιος and .. ἐν κώμῃ ..)?

698 Inv. 9025 (27–C35B–C).   Cm. 3·8 × 5·7.   Date: late III/early IV cent. A.D.?

Traces of ink in three lines:

$$..\overset{.}{\mu}.$$
$$o\nu.$$
$$\nu..$$

699 Inv. 9177 (28–242*–C II).   Cm. 7·4 × 6·2.   Date: late III/early IV cent. A.D.

a

INDEXES

INDEXES

The larger figures refer to the numbers of the ostraca; the smaller ones, to lines of the Greek text. Roman numerals indicate columns.

I. EMPERORS AND REGNAL YEARS

Augustus
   Καῖσαρ 119, 3, 5; 120, 1.

Marcus Aurelius
   Αὐτοκράτωρ Καῖσαρ Μάρκος Αὐρήλιος Ἀντωνῖνος Σεβαστός 7, 1.

Septimius Severus, Caracalla, and Geta.
   κύριοι Αὐτοκράτορες 270, 3?

Caracalla
   Μάρκος Αὐρήλιος Σεουῆρος Ἀντωνῖνος 9, 4.
   Σεουῆρος Ἀντωνῖνος 10, 1.

Gordian III
   Αὐτοκράτωρ Καῖσαρ Μάρκος Ἀντώνιος Γορδιανὸς Εὐσεβὴς Εὐτυχὴς Σεβαστός 11, 1.

Gallus and Volusianus
   οἱ κύριοι ἡμῶν Γάλλος καὶ Οὐολσιανὸς Σεβαστοί 156, 1.

Aurelian
   Αὐρηλιανός 157, 3.

Probus
   ὁ κύριος ἡμῶν Πρόβος Σεβαστός 25, 9; 128, 2; 129, 2; 157, 1; 400, 1.

Carinus
   -]Καείρνος 26, 1 (?).

Diocletian
   Διοκλητιανὸς μέ(γιστος) θ(εοφιλέστατος?) 408, 2.

Diocletian and Maximian
   οἱ κύριοι ἡμῶν Διοκλητιανὸς καὶ Μαξιμιανὸς Σεβαστοί 134, 1.

Maximian
   Μαξιμιανός 159, 3.

ιβ ἔτ. = 236/35 B.C.? 1, 6.
ιδ ἔτ. = 234/33 B.C.? 1 *inside*, 2.

κϛ ἔτ. = 156/55 B.C.? 90, 7.

ιθ ἔτ. = 12/11 B.C. 119, 3, 5.
κ ἔτ. = 11/10 B.C. or 33/34 A.D. 5, 1.
κα ἔτ. = 10/9 B.C.? 299, 1.
κϛ ἔτ. = 5/4 B.C. 17, 5.
κζ ἔτ. = 4/3 B.C. 120, 1.

κη ἔτ. = 187/88 A.D. 272, 1; 273, 1.
λβ ἔτ. = 191/92 A.D. 274, 1; 275, 1.

ιβ ἔτ. = 203/4 or 232/33 A.D.? 276, 1.
ιη ἔτ. = 209/10 A.D. 270, 3?
κ ἔτ. = 211/12 A.D. 9, 4.
κα ἔτ. = 212/13 A.D.? 277, 1; 278, 1.

κγ ἔτ. = 214/15 A.D.? 271, 1.
κδ ἔτ. = 215/16 A.D. 10, 1.

γ ἔτ. = 219/20 or 223/24 A.D.? 126, 1.

ζ ἔτ. = 243/44 A.D. 11, 1.

γ ἔτ. = 252/53 A.D. 156, 1.

β ἔτ. = 254/55 A.D. 67, 1.
γ ἔτ. = 255/56 A.D. 67, 5.
ζ ἔτ. = 259/60 A.D. 68, 2.

α ἔτ. = 260/61 A.D. 68, 6.

γ ἔτ. = 269/70 A.D.? 398, 2.

α ἔτ. = 270/71 A.D.? 398, 6.

ϵ ἔτ. = 274/75 or 279/80 A.D. 234, 7.
η ἔτ. = ? 157, 3.

α ἔτ. = 276 A.D. 157, 1.
δ ἔτ. = 278/79 A.D. 25, 9; 128, 1; 129, 1.
δ ἔτ. = 278/79 or 287/88 A.D. 158, 1.
ϵ ἔτ. = 279/80 A.D. 399, 1 (?); 400, 4.
ϛ ἔτ. = 280/81 A.D. 399, 3 (?); 400, 1; 404, 2 (?).
ζ ἔτ. = 281/82 A.D.? 401, 1; 402, 3; 403, 2.
η ἔτ. = 282/83 A.D.? 405, 1.

α ἔτ. = 282/83 A.D.? 402, 5; 403, 5; 404, 4; 405, 1, 5; 406, 1.
α ἔτ. = 282/83 or 284/85 A.D.? 130, 1.
β ἔτ. = 283/84 A.D.? 407, 2.

α ἔτ. = 284/85 A.D. 406, 4 (?); 408, 1.
β ἔτ. = 285/86 A.D. 407, 5 (?); 409, 1.
β–α ἔτ. = 285/86 A.D. 410, 1 (?).
γ–β ἔτ. = 286/87 A.D. 159, 2; 409, 4; 411, 2; 413, 1.
δ–γ ἔτ. = 287/88 A.D. 235, 7; 236, 6; 412, 5; 414, 1; 415, 2; 416, 2; 417, 2; 418, 2; 419, 2.
ϵ ἔτ. = 288/89 A.D. 414, 5.
ϵ–δ ἔτ. = 288/89 A.D. 415, 5; 416, 6; 417, 7; 418, 6; 419, 6; 420, 1; 421, 2; 422, 2; 433, 1.
ϛ ἔτ. = 289/90 A.D. 134, 1.
ϛ–ϵ ἔτ. = 289/90 A.D. 72, 2; 420, 5 (?); 421, 8; 422, 7; 423, 2; 424, 1; 425, 2; 426, 2; 427, 1; 429, 2 (?).
ζ ἔτ. = 290/91 A.D. 442, 1.
ζ–ϛ ἔτ. = 290/91 A.D. 16, 1; 72, 5; 423, 6; 424, 6; 425, 6; 426, 6; 427, 6; 428, 2, 6; 430, 2; 431, 3; 432, 2; 434, 2; 435, 2.
η–ζ ἔτ. = 291/92 A.D. 73, 2; 430, 4; 431, 7; 432, 6; 436, 2; 437, 1; 438, 2; 439, 1; 440, 2; 441, 2; 444, 2; 445, 2; 446, 1.
θ ἔτ. = 292/93 A.D. 442, 5.
θ–η ἔτ. = 292/93 A.D. 433, 4; 434, 7; 435, 6; 436, 5; 437, 5; 438, 6; 439, 4; 440, 6; 448, 2; 449, 2; 450, 2.
θ–η–α ἔτ. = 292/93 A.D. 74, 2; 441, 7; 443, 4; 444, 6; 445, 6.
ι ἔτ. = 293/94 A.D. 447, 4 (?).
ι–θ–β ἔτ. = 293/94 A.D. 73, 6; 74, 6; 76, 2; 137, 1; 446, 7; 448, 4; 449, 7; 453, 2.
ια–ι–γ ἔτ. = 294/95 A.D. 75, 1; 76, 5; 77, 1; 453, 7; 454, 3; 455, 2; 456, 1.

ιβ–ια–δ ἔτ. = 295/96 A.D. 77, 4; 454, 7; 455, 4; 456, 4; 457, 2.
ιγ ἔτ. = 296/97 or 304/5 A.D.? 458, 1.
ιγ–ιβ–ϵ ἔτ. = 296/97 A.D. 52, 6; 179, 10; 457, 6; 459, 2; 460, 2; 461, 1; 462, 2; 464, 2.
ιδ ἔτ. = 297/98 or 305/6 A.D.? 458, 4; 468, 1.
ιδ–ιγ–ϛ ἔτ. = 297/98 A.D. 180, 4; 459, 6; 460, 6; 462, 8; 463, 1; 465, 3; 466, 3; 467, 2; 469, 3; 470, 3; 471, 3; 472, 3; 473, 3; 474, 3; 475, 2; 477, 3; 490, 3.
ιϵ ἔτ. = 298/99 or 306/7 A.D.? 468, 6.
ιϵ–ιδ ἔτ. = 298/99 A.D. 482, 1.
ιϵ–ιδ–ζ ἔτ. = 298/99 A.D. 463, 4; 464, 6; 465, 7; 466, 8; 467, 6; 469, 8; 470, 7; 471, 6; 472, 7; 473, 7; 474, 8; 475, 7; 476, 3; 478, 1; 479, 3; 480, 3; 481, 1; 483, 1; 664, 1 (?).
ιϛ–ιϵ ἔτ. = 299/300 A.D. 482, 4.
ιϛ–ιϵ–η ἔτ. = 299/300 A.D. 27, 2; 478, 4; 479, 6; 480, 6; 481, 4, 7; 483, 4; 485, 1; 486, 1; 487, 2; 488, 1; 489, 1; 491, 2.
ιζ–ιϛ–θ ἔτ. = 300/1 A.D. 181, 4; 182, 6; 183, 5; 184, 4; 485, 4; 486, 3; 487, 5; 488, 4; 490, 6; 491, 5; 492, 5 (?); 493, 3 (?); 494, 3; 495, 2; 496, 1; 497, 2; 498, 2; 499, 3; 500, 1; 504, 3.
ιη–ιζ–ι ἔτ. = 301/2 A.D. 181, 6; 182, 11; 183, 7; 185, 3; 186, 8; 253, 7; 496, 5; 497, 6; 499, 6; 500, 4; 501, 4, 7; 503, 3; 665, 1 (?).
ιθ ἔτ. = 302/3 A.D. 503, 4; 504, 5; 509, 4. See also 310/11 A.D., below.
ιθ–ιη–ια ἔτ. = 302/3 A.D. 185, 9; 186, 10; 187, 6; 502, 4; 503, 7; 505, 8; 506, 6; 507, 7; 508, 6; 509, 3; 510, 1 (?).
κ ἔτ. = 303/4 A.D. 509, 5.
κ–ιβ ἔτ. = 303/4 A.D. 188, 5.
κα–ιγ ἔτ. = 304/5 A.D. 616, 3 (?).
κα–ιγ–α ἔτ. = 304/5 A.D. 189, 3.

ιγ–α ἔτ. = 304/5 A.D. 190, 3, 6; 191, 4; 192, 4; 193, 3; 194, 3; 511, 3; 512, 3.
ιδ–β ἔτ. = 305/6 A.D. 511, 4.
ιϵ ἔτ. = 306/7 A.D.? 195, 3; 515, 5.
ιϵ–γ–α ἔτ. = 306/7 A.D. 513, 2; 514, 1.
ιϛ–δ ἔτ. = 307/8 A.D. 516, 3.
ιζ–ϵ ἔτ. = 308/9 A.D. 78, 2; 517, 2; 518, 2.
ιη ἔτ. = 309/10 A.D. 521, 1; 522, 2.

ιη-ϛ ἔτ. = 309/10 A.D. 257, 7; 518, 8; 520, 1.
ιη-ϛ-δ ἔτ. = 309/10 A.D. 519, 3; 523, 5.
ιθ ἔτ. = 310/11 A.D.? 524, 3; 527, 5; 528, 4.
ιθ ἔτ. = 310/11 or 302/3 A.D. 525, 3; 526, 3.
ιθ-ζ-ε-β ἔτ. = 310/11 A.D. 522, 7.

ιθ-ζ-ε-γ ἔτ. = 310/11 A.D. 521, 5.
η-ϛ-δ ἔτ. = 311/12 A.D. 529, 4; 530, 3.
η-ζ-δ ἔτ. = 311/12 A.D. 529, 4, note.
θ ἔτ. = 312/13 A.D. 529, 8.
ια ἔτ. = 316/17 A.D.? 532, 4.
ιβ ἔτ. = 317/18 A.D.? 196, 5.

For regnal years which cannot be referred to a certain reign with any probability, see Index XII, General Index, s.v. ἔτος.

II. INDICTIONS

α, νέα 215, 9.
β 197, 3; 541, 1; 542, 1.
γ 198, 3; 543, 6; 544, 3.
ε 171, 1; 172, 2; 199, 4; 545, 2.
ϛ 200, 3; 201, 2.
θ 53, 3; 151, 1.
ι 202, 3; 203, 2; 204, 4; 205, 2; 206, 3; 207, 3; 208, 3.

ια 209, 3.
ιβ 210, 3.
ιγ 211, 3; 212, 3.
ιϛ 213, 3; 214, 4; 215, 5; 216, 4; 218, 4 (?).
? 228, 5; 229, 3; 232, 3; 546, 2.

III. MONTHS

Θώθ 1, *Inside*, 2 (Θῶυθ); 16, 2; 73, 6; 142, 3; 158, 1; 181, 6; 182, 11; 183, 8; 185, 10; 187, 7; 199, 1; 204, 1; 216, 1; 217, 1; 277, 1; 279, 3; 282, 1; 283, 1; 284, 1; 303, 3; 304, 3; 324, 1 (?): 406, 4; 414, 5; 433, 5; 504, 5; 505, 9; 516, 10.
Φαῶφι 1, 2; 6, 1 (Παωφι); 10, 2; 14, 1; 118, 1; 122, 2 (Φαωφω); 169, 1; 226, 3; 252, 9; 272, 1; 285, 1; 300, 2; 360, 6; 383, 1; 411, 5; 423, 6; 446, 8; 463, 4; 478, 5; 502, 3, 5; 503, 5, 8; 655, 2.
Ἀθύρ 11, 5; 18, 6; 28, 4; 29, 4; 30, 4; 32, 4; 33, 6; 34, 4; 35, 4; 36, 4; 37, 5; 38, 4; 39, 4; 42, 4; 43, 5; 44, 5; 45, 4; 46, 4; 47, 3; 48, 6; 50, 4; 156, 4; 167, 6; 174, 1; 177, 6; 205, 1; 206, 1; 211, 1; 212, 1; 224, 1; 241, 1; 242, 1; 246, 5; 252, 9; 257, 8; 286, 1; 384, 8; 388, 5; 464, 7; 479, 7; 504, 6; 541, 5; 545, 7; 655, 3.
Χοίακ 11, 5 (Χύακ); 57, 1; 72, 6; 138, 5; 170, 1; 207, 1; 219, 1, 8; 234, 7; 374, 8; 375, 4 (Χύακ); 398, 6; 407, 6; 409, 4; 434, 7; 435, 6; 509, 5; 519, 6; 529, 8; 530, 7; 551, 1; 655, 4.

Τῦβι 67, 5; 91, 13; 130, 1; 180, 5; 193, 6; 208, 1; 220, 1; 232, 1; 364, 6; 376, 5; 412, 5; 415, 5; 416, 7; 417, 7; 424, 6; 425, 6; 426, 6; 457, 7; 465, 8; 466, 9; 467, 7; 480, 6; 493, 5; 505, 9; 524, 6; 525, 5; 526, 5.
Μεχείρ, Μεχίρ 55, 4; 81, 1; 123, 2; 130, 1; 171, 1; 172, 1; 237, 3; 305, 1; 365, 3; 366, 4; 389, 7; 390, 2, 4; 397, 5; 399, 3; 401, 5; 418, 6; 420, 6; 436, 6; 458, 4; 468, 6; 469, 9; 470, 5, 7; 471, 7; 472, 8; 485, 4; 486, 3; 494, 6; 495, 3; 506, 7; 510, 6; 511, 4; 520, 9; 521, 6 (Μεχερ); 522, 8; 527, 8; 543, 8; 544, 9; 546, 7, 9.
Φαμενώθ 8, 1; 17, 5; 68, 6; 116, 2; 131, 1; 135, 1; 136, 8; 221, 1; 287, 1; 296, 2; 361, 4; 367, 4; 368, 1 (Φαμεντ); 421, 8; 422, 7; 454, 8; 473, 8; 474, 9; 481, 5, 7; 482, 4; 496, 3; 497, 4, 7 (Φαμενοθ); 498, 5; 499, 7; 515, 7; 523, 10; 528, 7; 534, 7; 552, 1.
Φαρμοῦθι 8, 1, 4; 52, 6; 76, 5; 119, 3; 121, 1; 132, 3; 135, 1; 136, 9; 166, 1; 306, 3 (Θαρ̅!); 307, 3; 308, 3; 309, 2; 369, 1; 370, 6; 371, 7; 377, 4; 378, 4; 402, 5; 403, 5;

419, 7; 427, 6; 437, 5; 438, 7;
439, 5; 440, 7; 447, 4; 453, 8;
455, 5; 483, 5; 487, 6; 488, 4;
489, 3; 490, 7; 491, 6; 500, 3
(-μοθ-); 507, 1; 518, 8 (-μοθ-); 539,
5; 553, 1; 554, 1; 585, 9.
Φ[70, 4.
Παχών 1 *inside*, 1; 5, 1; 8, 4, 9; 15, 2
(Πακωμ?); 58, 1; 71, 5; 119, 5;
120, 1; 125, 3; 128, 8?; 132, 4;
143, 1 (Παχον); 186, 10; 253, 8;
259, 1; 298, 2; 362, 2, 4; 363 4;
404, 4; 428, 6; 430, 4; 431, 7; 475,
5; 580, 11.
Παῦνι 8, 9, 12; 9, 5; 26, 1; 53, 8;
69, 5; 124, 2; 128, 4; 129, 5; 132,
1, 3, 4, 6; 133, 1; 218, 1; 222, 4;
223, 4 (Παυνει); 254, 7; 273, 1; 276,
1, 5 (Παοινι); 278, 1, 5; 288, 1; 299,
2; 310, 2; 372, 4; 379, 4; 385, 3;
391, 3; 392, 3; 393, 3; 394, 3;
395, 3; 396, 4; 441, 8; 442, 5;
448, 5; 449, 7; 459, 7; 460, 7;
461, 7; 462, 4, 9; 501, 8; 542, 6;
555, 1 (Παοινι); 556, 1; 557, 1.
Πα( ) 297, 2?

Ἐπείφ, Ἐπίφ 1, 2; 8, 12, 15; 27, 6;
90, 7; 132, 6; 134, 3; 137, 3;
142, 1; 144, 1; 160, 1; 179, 10;
196, 5; 200, 1; 222, 5?; 243, 1
(Επηπ); 244, 1 (Επιπ); 274, 1; 275, 1;
280, 1; 289, 1; 311, 1; 312, 3; 313,
2; 314, 2; 315, 1; 386, 4; 432, 6;
443, 5; 456, 4; 501, 9; 507, 2; 664,
2; 681, 1?
Μεσορή 1, 6; 8, 15; 10, 5 (-σωρ-);
25, 11; 77, 5; 137, 2, 3; 142, 1, 3?;
145, 4; 178, 4; 190, 3; 191, 4; 192,
4; 197, 1; 198, 1; 201, 1; 202, 1
(-σωρ-); 203, 1; 209, 1; 210, 1; 213,
1; 214, 1; 224, 1; 227, 1; 228, 1;
233, 1; 235, 7; 236, 7; 239, 1
(Μεσωρ); 270, 4; 271, 1; 281, 1;
290, 1; 291, 2; 292, 1; 293, 1; 301,
2 (Μεσ̈); 302, 2; 316, 2; 317, 1;
318, 2; 319, 1; 320, 2; 444, 7;
445, 7; 492, 5; 502, 2; 503, 4; 509,
4; 532, 7.
Με[, Με( ) 155, 2; 225, 1; 476, 3.
αἱ ἐπαγόμεναι 139, 1; 238, 1; 293, 1;
302, 3; 321, 1; 357, 3; 358, 3;
445, 7.

IV. PERSONAL NAMES

Ἀβαοῦς 336, II, 13; 347, I, 4.
Ἀβόκ 144, 3; 215, 2; 554, 3. Cf.
 Ἀβῶκ.
— ὀνηλάτης 422, 5.
— f. of Atisis 598, 5.
— f. of Kollouthos 615, 4.
— f. of Papeeus 249, 4.
— s. of Gemellos 255, 4.
— s. of Mellas 596, 3 (Ἀβῶκ); 626, 6.
Ἀβοῦς 685, 5.
— f. of Alouthis 59, 4 (Ἀβοῦ *gen.*).
— s. of Pekysis 577, 6.
Ἀβῶκ ποιμήν (?) 148, 7. Cf. Ἀβόκ.
— s. of Aunes 196, 2.
Ἀγαθίς 90, 2; 588, I, 1.
Ἀγαθόδωρος 52, 5.
Ἀγαθὸς Δαίμων 74, 3 (Ἀ. Δέμων).
— official 8, 3, 7.
— δεκάπρωτος 411, 1.
Ἀγαθ( ) 444, 4.
— s. of Marres 31, 2.
Ἀγενῆς s. of Ouenaphris 269, 1.
Ἀγο( ) f. of Ninnos 67, 3.
Ἀγριππίνος 620, 4.
— f. of Agrippinos 412, 2; 446, 4.
— f. of Galeious 609, 5.

— f. of Isidoros 418, 3.
— f. of Peeous 422, 3.
— s. of Agrippinos 412, 1; 446, 4.
— s. of Ptolemaios 390, 1.
Ἀγχῶπις s. of Chairemon 82, 17.
Ἀδῖσις 336, I, 11. Cf. Ἀτῖσις.
Ἀει– *see* Ἀϊ–.
Ἀθεῖς 127, 2.
Ἀθείσεις s. of Kopres 586, 3. Cf. Ἀτῖσις.
Ἀθιῶις 588, I, 3.
Αἰακᾶς f. of Archilaos 625, 7.
Αἰανός, Ἀειανός 76, 4.
— κεφαλαιωτής 625, 1.
— f. of Heraklas 598, 6.
Ἀεῖς 19, 8.
Ἀϊῶν, Ἀειῶν 233, 3; 353, 1; 420, 2;
575, 2; 591, 3; 628, 3; 678, 3.
— ὀνηλάτης 584, 5.
— f. of Heron 621, 1; 626, 9.
— f. of Ouenaphris 4, 9.
— f. of Palemon 223, 2.
— f. of Sabinos 204, 2; 627, 9.
— s. of Amo( ) 343, 4; 436, 2.
— s. of Asemis 86, 6.
— s. of Atisios 221, 2; 573, 4.
— s. of Dioskoros 598, 3.

Ἀϊῶν s. of Esouris 610, 6.
— s. of Germanos 347, II, 10 ; 593, 5.
— s. of Isidoros 249, 10.
— s. of Kouttas 633, 5.
— s. of Ninnaros 602, 2.
— s. of Papeeis 4, 4 ; 342, 1 ; 581, 6.
— s. of Sabinos 145, 3.
— s. of Tiberinos 633, 4.
— s. of . . . . [. .]φ (?) 575, 13.
— former master of Theon 337, 7.
Ἀϊῶνις, Ἀειῶνις f. of Harpalos 505, 3.
— f. of Heron 607, 4.
— f. of Ouenaphris 342, 6 ; 520, 4.
— f. of Papeeis 615, 5.
Ἀκανθών (person's name ?) 177, 4.
Ἀκατᾶς (?) f. of Billas 629, 4.
Ἄκεις ἱερεύς 586, 7.
Ἀκιέφ (?) 620, 2.
Ἀκοτᾶς 337, 4.
Ἀκοῦς s. of Dioskoros 609, 3.
— s. of Pammatis 82, 15.
Ἀκο( ) f. of Heliodoros 63.
— s. of Stee( ) 32, 2.
Ἀκυτᾶς s. of Apollonios 356, 7.
Ἀκῶος or Ἀκωοῦ f. of Hellas 171, 2.
Ἀλεμ( ) 188, 1.
Ἀλέξανδρος 194, 1 ; 618, 1, 7.
— f. of Pemes 151, 3 ; 680, 5 (?).
— f. of Sarapion 617, 3.
— s. of Dios 561, 1.
— s. of Mineus 468, 4.
Ἅλις d. of Seos 93, 2.
Ἀλλοῦς 595, 3.
Ἀλοῦθις s. of Abous 59, 4.
Ἀμάεις ὀνηλάτης 430, 4 ; 486, 3.
— s. of Kelol 586, 2.
Ἀμᾶνις s. of Papas 611, 5.
Ἀμᾶσις s. of Kallinos 87, II, 3.
Ἀματᾶς 84, 1.
Ἀμει– see Ἀμι–.
Ἀμῖς, Ἀμεῖς m. of Horos 364, 3 ; 377, 2 ; 416, 3 ; 479, 4 ; 608, 6.
— m. of Valerios 332, 4.
Ἀμιτᾶς s. of Hatres 625, 6.
Ἀμεῖτος s. of Πε . [. . .]ριος 617, 7.
Ἄμμων, Ἄμων 343, 3.
— s. of Paesios 266, 1.
Ἀμμωνᾶς 109, 6 ; 347, II, 7 ; 613, 5.
— ὀνηλάτης 446, 6.
— f. of Heron 106, 24 ; 134, 5 ; 337, 3 ; 497, 3 ; 622, 2.
Ἀμμωνιανός οὐετρανός 384, 3.
— s. of Π . [ ]s 540, 3.
Ἀμμώνιος 136, 7 ; 345, 6 ; 346, 7 ; 353, 1 ; 453, 4 ; 591, 5 ; 599, 2.
— δεκάπρωτος 402, 2.

Ἀμμώνιος οὐετρανός 396, 1.
— f. of Antinoos 577, 7.
— f. of Ἀφ . . . . 687, 1.
— f. of Ision 210, 6.
— f. of Papeeis 609, 1 ; 624, 1 ; 643, 2.
— f. of Pathres 98, 8 (Ἀμόννις).
— f. of Pemes 645, 2.
— f. of Pnepheros 51, 1.
— f. of Ptolemaios 335, 7.
— f. of Seuthes 336, I, 14.
— s. of Apoll( ) 33, 2.
— s. of Papeeis 134, 4 ; 361, 2 ; 381, 2 ; 386, 1 ; 388, 2 ; 408, 3 ; 409, 2 ; 429, 5 ; 432, 2 ; 434, 3 ; 437, 2 ; 447, 2 ; 453, 3.
— s. of Pasis 87, I, 3.
— s. of Peeous 259, 2.
Ἀμμῶνις f. of Ammonis 620, 1.
— s. of Ammonis 620, 1.
— slave of Papeeis 311, 1.
Ἀμόϊλος f. of Miyseos 571, 3 ; 614, 1.
Ἀμόννις see Ἀμμώνιος f. of Pathres.
Ἀμουλῆς 347, I, 2.
— οὐετρανός 462, 3.
— f. of Hol 337, 5 ; 354, 3.
— f. of Souchis 347, I, 1.
— Αὐρήλιος, s. of Pekysis 182, 3 ; 459, 3.
Ἀμπι . . f. of Hierax 692, 4.
Ἀμφίων (or Ἀμφιῶμις) f. of Psenamounis 49, 2.
Ἄμων see Ἄμμων.
Ἀμω( ) f. of Aion 343, 4 ; 486, 3.
Ἀνακλίνης 150, 4.
Ἀναλα( ) 492, 3.
Ἀναμοῦν 84, 3 ; 437, 3 ; 591, 2.
Ἀνατέλλων s. of Heroni( ) 19, 12.
Ἀνδρέας 114, II, 3 ; 115, II, 3.
Ἄνδρισκος δεκάπρωτος 465, 3 ; 466, 3 ; 469, 2 ; 470, 2 ; 471, 2 ; 472, 2 ; 473, 2 ; 474, 2 ; 477, 2 ; 479, 2 ; 490, 2.
Ἀνδροκλῆς 327, 2.
Ἀνδρ( ) 336, II, 7.
Ἀνδ[. . ., Αὐρήλιος 380, 3.
Ἄνειος s. of Heras 626, 8.
Ἀνηπολινᾶς f. of Philas 18, 2.
Ἀνήσιος 612, 4.
Ἀνοῦβ f. of Dionysios 85, 4.
Ἀνοῦθις s. of Sambas 237, 1 ; 240, 1.
Ἀνούτιος 114, I, 4.
Ἀνούφειος 71, 3.
Ἀνοῦφις 577, 8.
— f. of Heron 170, 2.
— f. of Horos 54, 1.
— f. of Pnas 181, 3.
— s. of Kastor 82, 10.

Ἀνοῦφις s. of Sarapion 82, 12.
Ἀντίγονος 315, 2.
Ἀντίνοος f. of [...]πος 397, 5.
— s. of Ammonios 577, 7.
Ἀντιοχίς 21, 6 (Ἀντιοχίδι dat.).
Ἀντωνεῖνος see Ἀντωνῖνος.
Ἀντωνία, Οὐαλερία, see Οὐαλερία Ἀ.
Ἀντωνῖνος, Ἀντωνεῖνος 419, 5; 444, 3.
Ἀντώνιος 4, 6; 12, 1; 252, 4; 580, 6.
— ὀνηλάτης 515, 5.
— f. of Isidoros 598, 1.
— s. of Appianos (?) 553, 2.
— s. of Arabikos 577, 2.
Ἀντωνι[596, 4.
Ἀντωνι( ) Σατρα( ) or s. of Satras (?) 659, 1.
Ἀντω(ν) f. of Onnophris 124, 1.
— f. of Stothoetis 47, 1.
Ἀνῦφις s. of Arios 355, 7.
Ἀν[... f. of Ekysis 581, 4.
Ἀν . [... f. of Valeris 581, 9.
Ἀξίων f. of Sabras 98, 5.
Ἀπαρωντᾶς f. of Heron 19, 4.
Ἀπα( ) f. of Panos 33, 4.
Ἄπεις f. of Moros 85, 6.
Ἀπείων 343, 2. Cf. Ἀπίων.
Ἀπιανή w. of Petesouchos 563, 3.
Ἀπιανός 68, 4.
Ἀπινε . ( ) 634, 3.
Ἀπίπ ὀνηλάτης 525, 4.
— s. of Eudaimon 145, 1.
Ἀπίρεις 601, 6.
Ἀπιτᾶς s. of Ptolemaios 589, 2.
Ἀπίων 28, 3; 31, 2; 33, 3; 34, 2; 35, 3; 36, 3; 38, 3; 39, 3; 40, 2; 41, 3; 42, 3; 43, 3; 44, 3; 45, 3; 46, 3; 47, 2; 48, 3; 59, 5; 75, 4; 670, 2. Cf. Ἀπείων.
— f. of Apphous 335, 11.
— f. of Isidoros 625, 5.
— f. of Kastor 176, 5.
— f. of Tiberinos 111, 10.
— s. of Pares 266, 4.
— s. of Philon 296, 1.
Ἀπολιᾶς (also called Ὀλ?) οὐετρανός, s. of Ariston 128, 9.
Ἀπολινάριον d. of Motis 376, 2.
Ἀπολινᾶρις 4, 3; 104, 3.
Ἀπολλωνᾶς 4, 5; 345, 8.
Ἀπολλώνιος 588, I, 5; 618, 2.
— οὐετρανός 344, 5; 347, II, 3.
— f. of Achilas 589, 7.
— f. of Akytas 356, 7.
— f. of Apollonios 589, 1.
— f. of Apollos 614, 3.
— f. of Atisis 611, 4.
— f. of Kapeeis 337, 2; 619, 2.

Ἀπολλώνιος f. of Neilos 153, 2.
— f. of Pachymis 83, 1.
— f. of Sotas 354, 4; 592, 3.
— s. of Apollonios 589, 1.
—, Αὐρήλιος, ἐπιμελητής 187, 1.
Ἀπολλῶς 83, 2.
— f. of Apollos 101, 4.
— s. of Apollonios 614, 3.
— s. of Apollos 101, 4.
— s. of Pankrates 575, 4; 610, 2.
Ἀπολλ[106, 4; 579, 9.
Ἀπολ( ) 28, 1; 29, 1; 30, 1; 31, 1; 32, 1; 33, 1; 34, 1; 35, 1; 36, 1; 37, 1; 38, 1; 39, 1; 40, 1; 41, 1; 42, 1; 43, 1; 44, 1; 45, 1; 46, 1; 47, 1; 48, 1; 49, 1; 50, 1; 635, 2.
— f. of Ammonios 33, 2.
Ἀππιανός (?) f. of Antonios 553, 2.
Ἀπρατέριος 633, 7.
Ἀπρῆς, alias Ὀννῶφρις, s. of Onnophris 419, 3; 433, 1.
Ἀπύγχεις, Ἀπύγχις 580, 8.
— f. of Mysthes 20, 9.
— f. of Patas 106, 10.
— s. of Kopres 397, 2; 401, 2.
Ἀπφοῦς 551, 1; 554, 2.
— f. of Heron 143, 1 (Ἀπφοῦ gen.).
— f. of]τιον (?) 671, 1 (Ἀπφοῦ gen.).
— s. of Apion 335, 11.
— s. of Horion 552, 2; 555, 1.
—, Αὐρήλιος 140, 1.
Ἀπφῦ (?) s. of Sereneios 355, 1 (Ἀυπφ ostr.).
Ἀπωνιεύς 588, I, 7.
— f. of Heron 149, 2; 248, 4; 347, I, 3.
Ἀραβᾶς f. of Heron 95, 5.
Ἀραβικός 347, II, 2; 354, 9; 592, 4; 595, 2; 626, 3; 631, 6.
— f. of Antonios 577, 2.
— s. of Noos 507, 4.
— s. of Ptollas, 177, 2; 501, 2; 589, 3.
Ἀρανδώτης f. of Pinoutheis 83, 4.
Ἀρειανός see Ἀριανός.
Ἀρεμ( ) f. of Psenobastis 50, 3.
Ἀρεν( ) f. of Inaros 29, 3.
Ἀρεῦς s. of Pemous 83, 13.
Ἄρης f. of Aphrodisios 480, 4.
Ἀριανός, Ἀρειανός, ὀνηλάτης 427, 2; 445, 4.
Ἄριος f. of Anyphis 355, 7.
— s. of Onninnos 544, 6; 629, 6.
— s. of Uranios 59, 11.
—, Αὐρήλιος, ἐπιμελητὴς χόρτου, κωμάρχης 234, 1.
Ἀρίστων 4, 8.

INDEXES

Ἀρίστων f. of Apolias (Hol?) 128, 9; 129, 9.
— s. of Harpalos 636, 1.
— s. of Serenos 342, 2; 589, 4; 626, 7.
Ἀρι[671, 4 (proper name?).
Ἀρμίλλα, Ἰουλία, d. of Horion, see Ἰουλία Ἀ.
Ἁρμῦσις s. of Pnepheros 563, 7.
Ἁρπαειές f. of Harpalos 342, 3.
Ἁρπαῖσις 82, 8.
Ἁρπαλειές f. of Saras 347, I, 10; 348, 2.
Ἅρπαλος 188, 2; 555, 2; 613, 4; 655, 1.
— f. of Ariston 636, 2.
— f. of Germanos 544, 5.
— f. of Kanaout 629, 2.
— f. of Ptollas 618, 6.
— f. of Serenos 267, 3.
— s. of Aionis 505, 2.
— s. of Akous 82, 15.
— s. of Harpaeies 342, 3.
— s. of Heras 615, 1.
— s. of Paiaros (-roos) 249, 6; 577, 5.
— s. of Paleinos 106, 26.
— s. of Παν[... 617, 1.
— s. of Π[570, 1.
— s. of Serenos 135, 2; 351, 4 (-αλλος).
— s. of Sokras 269, 4.
— s. of Teleis 607, 3.
Ἁρπᾶς f. of Serenos 354, 10.
Ἁρποκρᾶς f. of Hol 87, I, 5.
Ἁρποκρατίων f. of Aunes 589, 6.
Ἁρποχρᾶς f. of Asous 82, 20.
Ἁρπο( ) f. of Hermes 86, 2.
Ἀρσενοῦφις 104, 5.
— s. of Ptolemaios 502, 2.
Ἀρτᾶς s. of Kellos 606, 4.
Ἀρτεμίδωρος, Ἀρτεμίδορος 627, 1; 633, 8.
— f. of Heras 604, 4.
— f. of Isidoros 631, 3.
— f. of Sarapion 344, 3.
— f. of Seuthes 4, 2.
— s. of Phokas 394, 1; 400, 6.
Ἄρτεμις f. of Sambathis (?) 657, 2.
— w. of Karanos 563, 13.
Ἀρυώτης s. of Petechois 299, 1.
Ἀρχίλαος s. of Aiakas 625, 7.
Ἄρχων f. of Ptoleminos 52, 2.
Ἀρ( ) s. of Πετε.( ) 34, 2.
Ἀρ( ) f. of Moyse 61, 1.
Ἀσῆμις f. of Aion 86, 6.
Ἀσκλάπων s. of Dionysios 118, 2.
Ἀσκληπιός 150, 2.
Ἀσοῦς s. of Harpochras 82, 20.
Ἀσωτᾶς 385, 2.
Ἀτέεις s. of Priskos (Prikos) 355, 4.
Ἀτει- see Ἀτι-.
Ἀτῆς ὀνηλάτης 449, 6 (Ἀτοῦς gen.).

Ἀτήσιος f. of Aion 221, 2; see Ἀτῖσις f. of Aion.
Ἀτιανός 595, 1.
Ἀτῖς s. of Serenos 351, 2.
Ἀτίσις (Ἀδῖσις, Ἀθείσεις, Ἀτεῖσις, Ἀτίσης), Ἀτίσιος (Ἀτήσιος) 114, I, 2; 218, 2; 252, 1; 336, I, 11; 339, 5; 352, 1; 398, 3; 601, 5.
— ὀνηλάτης 81, 2.
— ποιμήν 558, 2.
— f. of Aion 221, 2; 573, 4.
— f. of Chairemon 573, 2.
— f. of Heras 101, 11; 532, 2; 578, 1; 597, 3.
— f. of Sabinos 627, 13.
— s. of Abok 598, 5.
— s. of Apollonios 611, 4.
— s. of Hatres 637, 1.
— s. of Kopres 586, 3.
— s. of K... 598, 8.
— s. of Leonides 625, 4.
— s. of Paianos 4, 7; 342, 4.
— s. of Panas 255, 2.
— s. of Panisates 191, 1; 193, 1.
— s. of Papirios 423, 2.
— s. of Pekysis 350, 5.
— s. of Ptollas 589, 5.
Ἀτουσᾶς f. of Pamoun 575, 7.
Ἀτρῆς 12, 2; 345, 4; 346, 10; 523, 9.
— λαγοπράτης 336, I, 12.
— ὀνηλάτης (?) 553, 3.
— f. of Amitas 625, 6.
— f. of Atisis 637, 2.
— f. of Demetrios 338, 1.
— f. of Isidoros 567, 3.
— s. of Kastor 593, 6.
— s. of Ouenaphris 577, 9.
Αὐᾶρος 226, 1.
Αὐγίας f. of Melas 611, 1.
Αὐνῆς 349, 4.
— ὀνηλάτης 434, 4; 493, 4.
— f. of Abok 196, 2.
— f. of Neilammon 610, 5.
— f. of Paesis 269, 5.
— f. of Palemon 471, 5.
— f. of Panesatis 175, 2; 187, 4; 247, 1; 485, 3; 503, 2.
— s. of Harpokration 589, 6.
— s. of Horion 82, 6.
— s. of Polion 106, 17; 618, 9.
—, Αὐρήλιος, s. of Mikkalos 181, 2.
Αυπφ 355, 1. Cf. Ἀπφῦ (?).
Αὐρήλιος 184, 2; 252, 2; 697, 1–3. See also Ἀμουλῆς, Ἀνδ[..., Ἀπολλώνιος, Ἀπφοῦς, Ἄριος, Αὐνῆς, Ἀφροδίσιος, Γερόντιος, Δίδυμος, Διονᾶς, Διόσκορος,

Εὐδαίμων, Ἥρων, Ἡρωνῖνος, Ἰσίδωρος, Ἰσχυρίων, Κοπρῆς, Λούκιος, Μεστᾶς, Νειλίων, Ὀκτᾶς, Πολυδεύκης, Πρίσκος, Πρωτᾶς, Πτολεμαῖος, Πτολλᾶς, Σαραπίων, Σαραποῦς, Σερῆνος, Σουχιδᾶς, Φιλάδελφος, Ὧρος.
Αὐτῶπις f. of Horos 351, 3.
Αὐ.[690, 2.
Ἀφῆλιξ (Ἀφῆλις) f. of Paianos 106, 21 (Ἀφήλεως); 185, 2; 335, 6; 337, 10; 582, 4; 616, 6 (Ἀφήλικος).
— f. of Pekysis 111, 7 (or Πεκῦσις ἀφῆλιξ?).
Ἀφοῦς s. of Panos 618, 11.
Ἀφροδίσιος (Ἀφροδείσιος), Ἀφροδῖσις 148, 1; 564, 5; 575, 11.
— f. of Heras 607, 6.
— f. of Neileus 20, 5.
— s. of Ares 480, 4.
— s. of Melas 355. 3.
— s. of Papeirios 602, 4.
— s. of Petheus 310, 1.
— br. of ...]ρωνι[... and Paeianis 605, 3.
—, Αὐρήλιος 257, 3.
Ἀφροδίσκος 629, 5.
Ἀφ....... s. of Ammonios 687, 1.
Ἀχιλλᾶς 4, 10; 255, 8; 336, I, 1; 343, 7; 575, 12; 620, 6.
— f. of Palemon 268, 2.
— f. of Sotas 615, 6.
— s. of Apollonios 589, 7 (Ἀχιλᾶς).
— s. of Sotas 332, 8.
Ἀχιλλεύς f. of Kanas 575, 16.
Ἀχνου( ) f. of Kollouthos (?) 559, 5.
Ἀ[.......]νος s. of Ptolemaios 415, 2.
Α..[346, 2.
Α[493, 2.
Α[.... see Χαιρᾶς, alias Α.

Βαρερει (name?) 638.
Βαρθολομαῖος γεωργός (or s. of Georgios) 61, 3.
Βαῦλος 72, 4. Cf. Παῦλος.
Βα( ) f. of Leein 467, 4.
Βελλῆς s. of Ptolemaios 395, 1.
Βῆκις s. of Horis 83, 11.
Βιλλᾶς s. of Akatas 629, 4.
Βούρανος 576, 2.

Γάιος Ἰούλιος Κλήμης see Ἰούλιος Κλήμης, Γ.
Γαλειοῦς s. of Agrippinos 609, 5.
Γάλλιος s. of Pames 462, 6.
Γέμελλος f. of Abok 255, 4.
— f. of Germanos 130, 2; 340, 3; 604, 6.
Γεννᾶδις 238, 3.
Γερμανός 345, 11; 566, 3; 629, 1.

Γερμανός f. of Aion 347, II, 10; 593, 5.
— f. of Isidoros 104, 4.
— s. of Gemellos 130, 2; 340, 3; 604, 6.
— s. of Harpalos 544, 4.
Γερόντιος δεκάπρωτος 167, 1; 246, 2; 498, 2; 499, 2.
—, Αὐρήλιος, official 27, 5.
Γεώργιος, see 61, 3, 4 note.
Γονᾶφρις see Οὐενᾶφρις.

Δαίμων, Ἀγαθός, see Ἀγαθὸς Δαίμων.
Δαμᾶς f. of Sotas 338, 3.
Δᾶμις f. of Heron 606, 1.
Δει- see Δι-.
Δέος (?) f. of Akatas 629, 4.
Δευ( ) s. of Phio( ) 60, 2.
Δημᾶς 133, 2.
Δημήτριος, Δημῆτρις (Δημήτρης) 93, 2; 99, 5; 143, 2; 149, 3; 336, I, 5 (Δημῆτρις); 347, I, 5; 618, 8.
— ὀνηλάτης 421, 5; 423, 3.
— f. of Didymos 347, I, 7.
— f. of Ision 593, 4.
— f. of Nekdoeus 159, 6.
— f. of Ptolemaios 628, 1.
— s. of Didymos 616, 9.
— s. of Hatres 338, 1.
— s. of Horos 385, 5.
— s. of Isis 106, 14; 351, 6 (Δημῆτρις).
— s. of Kallon 491, 3. Identical with the following Δημήτριος?
— s. of Kallonios 149, 5; 167, 2. Cf. preceding entry.
— s. of Ptolemaios 600, 1.
— s. of Ptollas 611, 8 (Δημήτρης).
— s. of Sambas 271, 5.
— s. of... αρ.. 577, 10.
— slave of Pantas 270, 1.
Δημητροῦς m. of Ptolemaios 428, 3; 461, 3.
Διάδισις (?) 336, I, 11, note.
Διανάμμων, alias Να[...], s. of Zoilos 7, 6.
Διατιμῶς (Διάτιμος?), official, f. of Philippos 197, 6; 216, 6.
Διδᾶς 389, 6.
— ὀνηλάτης 432, 4.
— s. of Heras, or Δ. Ἡρᾶς 57, 3; 65, 5 (Διδᾶν Ἡρᾶν acc.).
Διδυμάριον 88, 2.
Διδυμίων f. of Heras 316, 1.
Δίδυμος 137, 4; 632, 4.
— ὀνηλάτης 428, 4.
— f. of Demetrios 616, 9.
— f. of Niger 279, 1.
— s. of Demetrios 347. I, 7.
— s. of Ptolemaios 109, 3; 513, 3; 541, 2.

INDEXES

Δίδυμος slave (?) of Valerios 267, 5.
—, Αὐρήλιος 11, 8.
Διογένης f. of Marres 117, 1.
— f. of Syros 281, 2.
Διόδωρος 157, 2, 5; 691, 3.
— f. of Sarapas 633, 3.
Διονᾶς s. of Ouenaphris 589, 8.
—, Αὐρήλιος, βουλευτής, ἐπιμελητὴς ἀχύρου 177, 1.
Διονύσιος, Διονῦσις 91, 8.
— brewer 56, 1.
— official 219, 7.
— f. of Asklapon 118, 2.
— s. of Anoub 85, 4.
— s. of Longinos 20, 1 (Διονῦσις).
Διονυσίων δεκάπρωτος 434, 1.
Διόνυσος s. of Nemesas, γυμνασίαρχος 95, 6.
Δῖος, Δεῖος 336, II, 9, 16.
— οὐετρανός 168, 1; 341, 2; 612, 6.
— f. of Alexandros 561, 2.
— f. of Firmos 617, 6; 625, 8.
— f. of Stephanos, αὐλητής 83, 6, 7, 8.
— s. of Panare 83, 3.
— s. of Peionis 83, 10.
Διόσκορος 255, 6; 341, 2 (?); 431, 4; 533, 3; 572, 4; 575, 3; 581, 3; 599, 3; 633, 1.
— ἐπιμελητὴς ἀχύρου 196, 6.
— κεφαλαιωτής 568, 3.
— ὀνηλάτης 522, 5.
— f. of Aion 598, 3.
— f. of Akous 609, 3.
— f. of Isidoros 332, 9; 607, 1.
— f. of Kastor 421, 4.
— f. of Neas 360, 2; 370, 4; 405, 3; 406, 3; 411, 3; 413, 4; 417, 3; 421, 3; 488, 2.
— f. of Patermouthis 267, 2; 344, 4.
— s. of Heron 70, 2.
— s. of Koles 338, 4.
— s. of Peebos 19, 11.
— s. of Ptolemaios 603, 2.
— s. of Theklis 607, 2.
—, Αὐρήλιος, s. of Chairemon 181, 1; 182, 1; 183, 1.
— — s. of Tiberinos 132, 1, 7; 601, 2; 604, 5.
Διοσκουρίδης f. of Penetb 20, 7.
Δοθῆ(ς) s. of Neotas, νομοφύλαξ (?) 161, 4.
Δοῦλος 148, 4; 255, 11. Cf. Index XII.
Δωρίων s. of Ptollas 26, 3.
Δ[. .]θας 109, 1.
Δ . . . . . s. of Sarapion 592, 6.

'Εβαοι( ) f. of Ptolemaios 649, 2.

Εἰ[, κωμάρχης 260, 1.
Εἰ- cf. 'Ι-.
'Εκεῦς f. of Ekeusi 355, 5.
'Εκεῦσι s. of Ekeus 355, 5.
'Εκηβ f. of Kai (?) 568, 1.
'Εκύσιος s. of Paesios 266, 2.
'Εκῦσις s. of 'Αν[. . . 581, 4.
— s. of Theonas 573, 3.
'Ελλᾶς s. of Akoos (or Akoou) 171, 2.
'Εμ[. . . f. of Enok 565, 1.
'Ενῶκ s. of 'Εμ[. . . 565, 1.
'Επίκλητ(ος) 95, 7.
'Επίμαχος s. of Kastor 85, 5.
'Ερῆν s. of Horos 98, 1.
'Εριεῦς s. of Nikanor 125, 1.
'Ερμᾶς f. of Pepos 393, 1.
— s. of Marres 35, 2.
'Ερμείας s. of Pam( ) 28, 2.
῞Ερμειος δεκάπρωτος 381, 2.
— f. of Pemes 347, II, 6.
'Ερμενίδης 406, 2.
'Ερμεύς ὀνηλάτης 426, 4.
'Ερμῆς f. of Kelas 335, 10.
— s. of Harpo( ) 36, 2.
— s. of Patron 607, 5.
— s. of Ptolemaios 18, 4.
'Ερμῖνος 59, 9.
'Ερμίων f. of . . . .]φος 86, 1.
'Ερμογένης assistant of the πράκτορες 6, 2.
'Εσοῦρις f. of Aion 610, 6.
— s. of Horion 78, 3.
Εὐδαίμων, Εὐδέμων 91, 7; 532, 4.
— f. of Hapip 145, 1.
— f. of Heronas 82, 18.
— f. of Melas 248, 7; 351, 10; 477, 5; 619, 3.
— f. of Priskos 101, 7; 254, 4; 470, 4; 481, 3; 600, 3; 614, 6.
— f. of Selpous 618, 5.
— s. of Kastor 82, 4.
— s. of Kollouthos 82, 16.
— δεκανός, s. of Satabous 82, 2.
— s. of Selpous 590, 1.
— b. of Misthias 586, 5 (Εὐδέμων).
—, Αὐρήλιος 157, 2.
Εὐήμερος 100, 4; 331, 2; 342, 5.
Εὐλόγιος official 226, 3.
Εὔμαιος 579, 3.
Εὐνᾶς 343, 5.
Εὐπορούς γερδίαινα 11, 6.
Εὐρημαῖρος 336, I, 13.
Εὐτόνις δεκάπρωτος 446, 2.
Εὐτύχης slave of Papos 563, 5.
Εὔφελις 571, 2.
Εὐφιδᾶς 105, 13.

o

Εὔχαρις 59, 17.

Ζηνόδωρος 90, 4.
Ζήνων 2, 3.
— f. of Pasoknopaios 362, 1.
Ζωίλος f. of Dianammon *alias* Να[. . .] 7, 7.
— f. of Sarapion 82, 3.
Ζώσιμος ὀνηλάτης 440, 5.

Ἠλίας 91, 1.
— s. of Pamoun 61, 5.
Ἡλιόδωρος f. of Kasillous 71, 3.
— s. of Ako( ) 63.
Ἡράει, ὁ νέος 625, 2.
Ἡρακλᾶς 109, 5; 550, 1.
— f. of]ων 585, 2.
— s. of Aianos 598, 6.
— *see* Ἥρων, *alias* Ἡρακλᾶς.
Ἡρακλείδης δεκάπρωτος 435, 1; 446, 3.
— official 253, 5.
— ὀνηλάτης 78, 4.
— f. of Heras 318, 1.
— f. of Marres 60, 1.
— f. of Paesis 328, 2.
— f. of Sarapion 27, 1.
Ἡρακλῆς 4, 12; 580, 3.
— κεφαλαιωτής 352, 6.
— ὕπατος 95, 4.
— s. of Patermouthis 101, 9; 347, I, 14; 348, 6; 600, 4; 630, 2.
Ἡρακλιτᾶς 575, 6.
Ἡρακ(λ-) 563, 3.
— f. of Ptolemaios 631, 5.
— s. of Protas 95, 6.
Ἡρᾶς 79, 4; 427, 3; 456, 4; 564, 2; 579, 7; 583, 5; 627, 4.
— f. of Aneios 626, 8.
— f. of Didas 57, 3 (?). Cf. Διδᾶς.
— f. of Harpalos 615, 1.
— f. of Hiereus 88, 1.
— f. of Karanos 563, 13.
— f. of Kastor 268, 3.
— f. of Kopres 266, 3.
— f. of Orsenouphis 598, 7.
— f. of Paimes 482, 3.
— f. of Sarapammon 179, 7 (Ἡρᾶδος gen.); 359, 1.
— f. of Satabous 307, 2.
— f. of Seuthes 336, I, 15; 351, 7.
— s. of Aphrodisios 607, 6.
— s. of Artemidoros 604, 4.
— s. of Atisis 101, 11; 532, 2; 578, 1; 597, 3.
— s. of Didymion 316, 1.
— s. of Herakleides 318, 1.

Ἡρᾶς s. of Heron 161, 1.
— s. of Kastor 82, 13; 101, 3; 106, 27; 111, 9; 330, 1; 574, 1.
— s. of Kounis 249, 9.
— s. of Sarapion 631, 4.
—, Διδᾶς *see* Διδᾶς s. of Heras.
Ἡρα( ) f. of Ptolli( ) 116, 1.
Ἥρης 255, 3.
Ἡρο( ) f. of Peero( ) 302, 1.
Ἡρωδιανός 180, 3.
— οὐετρανός 367, 2.
Ἡρωείς, Ἡρωίς d. of Maron 389, 3; 408, 1.
Ἥρων 111, 8; 186, 5; 214, 2; 246, 1; 336, II, 19; 346, 12; 453, 4; 591, 4; 627, 3.
— γυμνασιαρχήσας 350, 4.
— δεκάπρωτος 447, 1.
— official 189, 6; 190, 9; 193, 5; 194, 6.
— f. of Chairemon 630, 1.
— f. of Dioskoros 70, 2.
— f. of Heras 161, 1.
— f. of Heron 169, 2; 475, 4; 534, 3; 581, 5; 613, 8; 614, 11; 617, 9.
— f. of Heroninos 82, 7.
— f. of Marres 32, 4.
— f. of Melas 633, 6.
— f. of Ouris 82, 19.
— f. of Philosarapis 95, 2.
— f. of Polydeukes 82, 14.
— f. of Ptolemaios 625, 3.
— f. of Sarapion 610, 1.
— s. of Aion 621, 1; 626, 9.
— s. of Aionis 607, 4.
— s. of Ammonas 106, 24; 134, 4; 337, 3; 497, 3 (Ἥρον); 622, 2.
— s. of Anouphis 170, 2.
— s. of Aparontas 19, 4.
— s. of Aponeus 149, 2; 248, 4; 347, I, 3.
— s. of Apphous 143, 1 (Ἥρον).
— s. of Arabas, γυμνασίαρχος 95, 4.
— s. of Chairemon 478, 3.
— s. of Damis 606, 1.
— s. of Heron 169, 2; 475, 4; 534, 2; 581, 5; 613, 8; 614, 11; 617, 9.
— s. of Horion 354, 1; 587, 3.
— s. of Panesates 457, 3.
— s. of Peeus 563, 9.
— s. of Taura 626, 10.
—, Αὐρήλιος 257, 4.
— — ἀγορανομήσας 156, 4.
— *alias* Ἡρακλᾶς, s. of Karanos 563, 14.
Ἡρωνᾶς 601, 4.
— s. of Chairemon 312, 1.

INDEXES

Ἡρωνᾶς s. of Eudaimon 82, 18.
Ἡρωνεῖνος see Ἡρωνῖνος.
Ἡρωνιανός οὐετρανός, s. of Psel( ) (?) 162, 1.
Ἡρωνῖνος, Ἡρωνεῖνος 79, 3.
— φροντιστής 68, 4.
— s. of Heron 82, 7.
—, Αὐρήλιος, ἐπιμελητὴς χόρτου, κωμάρχης 234, 1.
Ἡρωνι( ) f. of Anatellon 19, 13.
Ἡρ[, official 217, 5.
Ἡρ[, f. of . . .] . νν (?) 677, 1.
Ἡ . . . . ὀνηλάτης 429, 3.

Θαῆσις 55, 1 (Θαήσι dat.).
Θαλάσειος 111, 2.
Θαλεῖς 572, 1.
Θα( ) f. of Palemon 354, 11.
Θεαγένης 262, 3.
Θεονᾶς see Θεωνᾶς.
Θερμοῦθις 565, 4.
Θεώκιος f. of Melas 64, 3.
Θέων 682, 1.
— f. of Souchiaina 504, 2; 505, 5.
— freedman of Aion 337, 7.
Θεωνᾶς 336, I, 4; 566, 2; 577, 4 (Θεο-).
— f. of Ekysis 573, 3.
Θῆκλις f. of Dioskoros 607, 2.
Θικοκ( ) 255, 10.
Θοτεῦς 138, 1.
Θυμ[492, 2.
Θ[. . . . . 552, 4.

Ἰβειᾶς 73, 4 (Ἰβειάδος gen.).
Ἱέραξ s. of Ἀμπι . . 692, 4.
— s. of Neilammon, ὀνηλάτης 442, 2.
Ἱερεύς s. of Heras 88, 1.
Ἱεροκλῆς 104, 11.
Ἱέρων 8, 11.
— μηχανάριος 274, 2.
— f. of Paesis 582, 3.
— f. of . . .] . [. . .]ας 450, 3.
Ἰεῦς f. of Pynchis 83, 12 (Ἰεῦτος gen.).
Ἴλων 75, 3.
Ἰμούθης f. of Τθοῆς 48, 5.
Ἰναρῶς s. of Haren( ) 29, 3.
Ἰουλία Ἀρμίλλα, d. of Horion 431, 4; 500, 2.
Ἰουλιανός f. of Ptolemaios 128, 6; 333, 6; 376, 1; 378, 2; 402, 3; 603, 6.
Ἰούλιος 163, 1; 350, 3.
— Κλήμης, Γάιος 154, 1.
Ἰππ( ) f. of Pene( ) 45, 2.
Ἰσᾶις Ἰσάεις 104, 12.
— s. of Onnophris (?) 575, 15.

Ἰσάκ γεωργός (or s. of Georgios) 61, 4.
— s. of Ision 216, 3.
Ἰσᾶς s. of Petros 59, 13.
Ἴσεις, Ἴσις, Εἶσις 248, 6.
— m. of Demetris 106, 14; 351, 6.
Ἰσεῶς s. of Artas 606, 5.
Ἰσίακ 627, 3.
Ἰσιάς 690, 1.
Ἰσιδώρα 69, 2.
Ἰσίδωρος, Εἰσίδορος, Ἰσίδορος 101, 6; 108, 3; 113, 4; 166, 3; 186, 3, 4; 201, 2; 246, 1; 256, 1; 331, 4; 563, 5; 564, 1; 576, 5; 583, 3; 616, 11; 618, 10; 619, 8 (-δορ-).
— ὀνηλάτης (?) 621, 5.
— πεδιοφύλαξ 356, 8.
— σιτολόγος 543, 2.
— f. of Aion 249, 10.
— f. of Melas 101, 6; 576, 1.
— f. of Memphis 616. 7.
— f. of Ninnos 286, 2.
— f. of Palemon 600, 6.
— f. of Patisis 106, 9; 347, I, 13; 348, 5; 590, 6; 614, 10.
— f. of Paulos 347, I, 6.
— f. of Ptolemaios 249, 8.
— f. of Sarapion 335, 8.
— f. of Syros 268, 6; 590, 4.
— f. of . . .]σ( ) 107, 3.
— s. of Agrippinos 418, 2.
— s. of Antonios 598, 1.
— s. of Apion 625, 5 (Εἰσίδορος).
— s. of Artemidoros 631, 3.
— s. of Dioskoros 332, 9; 607, 1.
— s. of Germanos 104, 4.
— s. of Hatres 567, 3.
— s. of Horos 330, 2; 337, 8; 342, 10; 504, 4; 621, 3.
— s. of Kasion 294, 3.
— s. of Oukephel( ) 616, 8.
— s. of Papeeis 639, 1 (-δορ-).
— s. of Paulos 585, 6.
— s. of Pemes 590, 2.
— s. of Polydeukes 575, 10.
— s. of Psenmais 113, 1.
— s. of Ptolemaios 624, 3.
— s. of Sisois 391, 1.
— s. of Souchammon 273, 2.
—, Αὐρήλιος, s. of Chairemon 183, 3.
Ἰσίων 168, 3; 353, 2; 572, 8.
— official 213, 6; 214, 7; 215, 8.
— f. of Isak 216, 3.
— f. of Ision 206, 5.
— f. of Paesis 106, 19; 608, 5.
— f. of Ptolemaios 224, 3; 321, 2.
— s. of Ammonios, official 210, 6.

Ἰσίων s. of Demetrios 593, 4.
— s. of Ision 206, 5.
— s. of Ptolemaios 276, 2.
Ἰσχυρᾶς 569, 2.
— f. of Sabeinos 126, 2; 323, 1.
— s. of Ptolemaios 278, 2; 282, 1; 285, 2.
Ἰσχυρίων, Αὐρήλιος 181, 2; 182, 3; 183, 2; 184, 2.
Ἰταλικός 21, 1.
Ἰωάννης 623, 4.
— f. of Hol 151, 1.
I[. . .]μένης s. of K( ) (?) 133, 1.

Κάι (?) s. of Ekeb 568, 1, note.
Κάλανδος, official 189, 6.
Καλλᾶπις s. of Petechonsis 5, 2.
Καλλῖνος 4, 1.
— f. of Amasis 87, II, 3.
Κάλλις 16, 2.
Κάλλων 345, 5; 626, 2.
— f. of Demetrios 491, 3. Identical with the following?
Καλλώνιος f. of Demetrios 149, 6; 167, 2. Cf. preceding entry.
— f. of Komon 149, 4; 347, I, 12; 348, 4; 354, 8; 614, 7.
— f. of Panouris 354, 7.
Καμέ f. of Kaos 568, 2.
Καμείων f. of Pitoch 146, 1.
Καναίαθος (name?) 374, 5 (Πτολᾶς Σωκάρτου K.).
Κάνανδρος 199, 2.
Καναοῦτ s. of Harpalos 629, 2.
— s. of Ouenaphris (-phrios, -phres, Gonaphri) 202, 1; 203, 4; 204, 8; 205, 1; 207, 2; 208, 1; 209, 1; 211, 1; 212, 1; 220, 2; 556, 2; 557, 2.
Κανᾶς s. of Achilleus 575, 16.
Κᾶος s. of Kame 568, 2.
Καπέεις 100, 1; 106, 5; 186, 5; 217, 1; 350, 1.
— s. of Apollonios 337, 2; 619, 2 (Καπέει).
Καρανειοῦς 696, 2.
Καράνις s. of Palemon 559, 1.
Κάρανος s. of Heras 563, 13.
Καρῖνος 353, 2.
Κασιανός 347, II, 12; 579, 1.
— f. of Neilas 19, 2.
— f. of Neilos 106, 23; 444, 3; 511, 2; 588, 2; 585, 3 (?).
Κασιλλοῦς s. of Heliodoros 71, 2.
Κάσιος f. of Pelalis 354, 5; 614, 2.
Κᾶσις s. of Neilas 611, 3.
Κασίων f. of Isidoros 294, 4.

Κάστωρ 456, 2; 506, 4; 584, 4; 627, 7 (Κάσστορ); 628, 4.
— δεκάπρωτος 329, 2.
— representative of transporter 438, 3.
— f. of Anouphis 82, 10.
— f. of Epimachos 85, 5.
— f. of Eudaimon 82, 4.
— f. of Hatres 593, 6.
— f. of Heras 82, 13; 101, 3; 106, 27; 111, 9; 330, 1; 574, 1.
— f. of Horion 518, 4.
— f. of Pares 355, 6.
— f. of Pasion 82, 9.
— f. of Ptolemaios 609, 4.
— s. of Apion 176, 5.
— s. of Dioskoros 421, 3.
— s. of Heras 268, 3.
— — ἑκατοντάρχης 427, 2.
— s. of Neas 106, 18; 347, I, 8; 599, 1 (?).
— s. of Onnophris 563, 11.
— s. of Paesis 613, 6.
— s. of Pankratheios 586, 4.
— s. of Πανω[. . . 618, 7.
— s. of Ptolemaios 111, 4; 266, 5; 335, 2.
— s. of Tourbon 333, 7 (?); 347, II, 8.
Κασυλλᾶς f. of Sempronios 317, 2.
Κατᾶς f. of Palemon 249, 5.
Κάφανος f. of Pamoun 583, 4; 585, 5.
Καχέπις f. of Horos 295, 1.
Κα[. . . . . . 581, 10.
Κελᾶς s. of Hermes 335, 10.
Κέλλος f. of Artas 606, 4.
Κελόλ f. of Amaeis 586, 2.
Κερᾶς s. of Koous 305, 2.
Κεφαλᾶς 249, 7.
Κέφαλος f. of Mendes 9, 2.
Κεφα( ) s. of Petesouchos 60, 3.
Κλήμης, Κλῆμες 333, 3 (Κλήμεντος); 335, 4; 346, 8; 393, 4.
— s. of Sampas 269, 3; 372, 2.
—, Γάιος Ἰούλιος, see Ἰούλιος K., Γ.
Κλῦτος 73, 3.
Κολῆς f. of Dioskoros 338, 4.
Κολλοῦθος 119, 2; 519, 5.
— f. of Eudaimon 82, 16.
— f. of Peeus 563, 9.
— s. of Abok 615, 4.
— s. of Achnou( )(?), ὀνηλάτης 559, 4.
— s. of Pankras 20, 3.
Κομαρίων f. of Saras 356, 3 (-ριον).
Κόμων 477, 5; 575, 8.
— f. of Pasion 275, 3.
— f. of Syras 197, 3.

Κόμων s. of Kallonios 149, 4; 347, I, 12; 348, 4; 354, 8; 614, 7.
— s. of Pasion 280, 2.
Κοννῶς s. of Chairemon 392, 1.
Κοοῦς f. of Keras 305, 2.
Κοπρῆς 149, 9.
— ἀποδέκτης 185, 7.
— κεφαλαιωτής 249, 3.
— ὀνηλάτης 330, 6; 494, 4 (?).
— σιτολόγος 519, 2; 523, 3.
— f. of Apynchis 397, 3; 401, 3.
— f. of Atheiseis 586, 3.
— f. of Chairemon 332, 5.
— f. of Horion 59, 10.
— f. of Ptolemaios 424, 2; 430, 3; 439, 2; 440, 3; 445, 2; 448, 2; 449, 4; 455, 3; 464, 3; 476, 1 (?); 545, 4; 608, 4.
— f. of . . . . . .]s 333, 4.
— s. of Heras 266, 3 (Κωπρῆς).
— s. of Papos 248, 9.
— s. of Petheus 549, 1.
— s. of Pisaitos 390, 2.
— s. of Priskos 528, 3.
— s. of Ptolemaios 577, 3.
— br. of Atisis 558, 3.
—, Αὐρήλιος, ἀγορανομήσας 156, 5.
Κοπρίων πράκτωρ σιτικῶν 25, 1.
Κοπ( ) 99, 5, note.
Κοῦνις f. of Heras 249, 9.
Κουντᾶς 84, 2.
Κουττᾶς f. of Aion 633, 5.
Κρέων f. of Sokmenis 121, 1; 123, 2.
Κρίσπος s. of Petesouchos 5, 6.
Κρισ( ), official 259, 3.
Κτήσων 3, 2.
Κῦρι f. of Horion 64, 6 (Κῦρι gen.).
Κύριλλος δεκάπρωτος 68, 2.
— f. of Pemes 458, 1.
Κυ . . . . 349, 1.
Κωμ( ) (?) 563, 2.
Κῶνος f. of Paes 98, 7.
Κωπρῆς see Κοπρῆς s. of Heras.
Κ[(?) 685, 5.
Κ . . . f. of Atisis 598, 8.
Κ( )(?) f. of Ι[. . .]μένης 133, 1.

Λαᾶς f. of Pantbeous 59, 7 (Λαᾶ gen.).
Λάιος 336, II, 10.
Λᾶνις f. of Mestas 98, 3.
Λέβιτος 563, 4.
Λέλις 338, 6.
Λεονίδης see Λεωνίδης.
Λεόντιος δεκάπρωτος 480, 1.
Λεωνίδης, Λεονίδης 103, 1; 110, 3, 7; 284, 4; 331, 1; 344, 8; 612, 7; 615, 2.

— f. of Atisis 625, 4.
— f. of Charidemos 284, 2.
— f. of Horion 356, 4.
— s. of Papeeis 356, 5.
Λήειν f. of . . .]ῶνις 107, 4.
— s. of Ba( ) 467, 4.
Λιμναῖος 482, 6.
Λογγεῖνος, Λογγῖνος 19, 5.
— f. of Dionysis 20, 1.
— f. of Longeinos 19, 7.
— s. of Longeinos 19, 7.
Λογχάριος 13, 4 (?).
Λούκιος 69, 4.
— Σεπτίμιος Αὐρήλιος Ποσιδώνιος, εὐθηνιαρχήσας κτλ. 94, 1.

Μαικιανός s. of Ψ[85, 2.
Μακρεῖνος, Μακρῖνος 255, 11; 336, II, 6; 617, 4; 686, 6.
— f. of Sarapion 106, 22; 425, 3; 474, 4; 652, 2.
— s. of Ptolemaios 454, 4; 486, 2.
Μάνης s. of Maron 159, 4 (?); 160, 2; 332, 2; 363, 2; 365, 1; 369, 3; 379, 2; 389, 2; 399, 2; 403, 1; 442, 1; 458, 2; 537, 2 (?); 603, 5.
Μάξιμος ὑποδέκτης 171, 5.
— f. of Onnophris 83, 9.
— f. of Pachymis 83, 5.
Μαξι( ) 114, II, 2; 115, II, 2.
Μάρκος Τιτιανὸς Οὐα(λ) 24, 1.
— Φιλ( ) (?) 24, 5. Cf. Index V s.v. Φιλαδέλφεια.
Μαρρῆς 37, 2.
— f. of Agath( ) 31, 2.
— f. of Hermas 35, 2.
— f. of Palaomis 120, 3.
— f. of Pnepheros 647.
— s. of Diogenes 117, 1.
— s. of Herakleides 60, 1.
— s. of Heron 32, 4.
— s. of Phe( ) 62, 1.
Μάρων f. of Horion 82, 5.
— f. of Manes 159, 4 (?); 160, 2; 332, 2; 363, 2; 365, 1; 369, 3; 379, 2; 389, 2; 399, 2; 442, 2; 458, 2; 537, 3 (?); 603, 5.
— f. of Onnophris (?) 26, 2.
Μασκουλλεῖνος 608, 1.
Μεγχῆς (?) f. of Onnophris 320, 1, note.
— s. of Psem( ) 38, 2.
Μεθ( ) s. of Mna( ) 39, 2.
Μελανᾶς f. of Polydeukes 358, 2.
— s. of Sabeinos 357, 2.
Μέλας 74, 5 (Μέλανος gen.); 234, 4;

246, 1; 255, 10; 336, II, 18; 564, 4; 565, 7; 628, 3.
— δεκάπρωτος 446, 3.
— ἐλαιουργός 604, 2.
— ὀνηλάτης 454, 5.
— σιτολόγος 519, 2.
— f. of Abok 596, 3; 626, 6 (Μέλλας).
— f. of Aphrodisios 355, 3.
— f. of Pnas 590, 5; 598, 2; 632, 3.
— f. of Ptolemaios 106, 28.
— f. of Sarapion 600, 8.
— s. of Augias 611, 1.
— s. of Eudaimon 248, 7; 351, 10; 477, 4; 619, 3.
— s. of Heron 633, 6.
— s. of Hol 222, 2. Identical with Μέλας s. of Horos (see below)?
— s. of Horion 192, 1; 585, 1. Cf. the next Μέλας.
— s. of Horos 111, 6; 189, 1; 337, 9; 465, 5; 487, 3; 495, 3; 498, 3; 509, 2; 581, 2; 582, 1; 583, 1; 584, 2 (?). Identical with Μέλας s. of Hol and Μέλας s. of Horion, above?
— s. of Isidoros 101, 6; 576, 1.
— s. of Serenas 172, 3.
— s. of Sokrates 614, 4.
— s. of Theokios 64, 3.
— ὁ τοῦ Πανί[. . . . 593, 3.
Μέλλας see Μέλας f. of Abok.
Μέλλις 148, 2, 4, 9.
Μέμφις s. of Isidoros 616, 7.
Μενδῆς s. of Kephalos 9, 2.
Μενθώτης f. of Petenou( ) 46, 2.
Μεν( ) 103, 4.
Μεσθᾶς s. of Horos 40, 2.
Μεσο( ) s. of Phen( ) 41, 2.
Μεστᾶς f. of Petetriphis 98, 10.
— s. of Lanis 98, 3.
—, Αὐρήλιος, κωμάρχης 25, 4.
Μέττιος s. of Petesouchos 42, 2.
Με( ) f. of Petechois 17, 1.
Μη( ) f. of Moyses 79, 1.
Μίκκαλος f. of Aur. Aunes 181, 2.
Μικ.νι[. . . f. of Neilos 565, 3.
Μινεῦς f. of Alexandros 468, 4.
Μισθίας 269, 6.
— br. of Eudaimon 586, 6.
Μιύσεως s. of Amoilos 571, 3; 614, 1.
Μνα( ) f. of Meth( ) 39, 2.
Μνητῆρ 21, 7 (Μνητῆρι dat.).
Μουκειανός 119, 1.
Μουσῆ s. of Ar( ) 61, 1.
Μουσῆς 588, I, 2.
— measurer of grain 170, 4.
— s. of Με( ) 79, 1.

Μυρῖνος f. of Pemetos 182, 5; 184, 3.
Μύρος f. of Satabates 597, 2.
Μύσθης πράκτωρ 20, 12.
— σιδ[ηρουργός (?) 677, 2.
— f. of Pleein 156, 7; 368, 2.
— f. of Serenos 82, 22.
— s. of Apynchis 20, 9.
Μυχῆς f. of Onnophris 320, 1 (Μυχείους gen.).
Μῶρις 369, 2.
Μῶρος ἱερεύς 148, 6; 248, 10; 344, 7.
— s. of Apeis 85, 6.
Μῶτις f. of Apolinarion 376, 3.
M . . . f. of Neilos 616, 4.

Ναᾶς see Νεᾶς.
Ναρᾶτις 104, 7.
Να[. . .] see Διανάμμων, alias N.
Νεᾶς, Ναᾶς 530, 4.
— ἀρχέφοδος 615, 7.
— f. of Kastor 106, 18; 347, I, 8; 599, 1 (?).
— s. of Dioskoros 360, 2 (?); 370, 3; 405, 3; 406, 3; 411, 2; 413, 3; 417, 3; 421, 2; 438, 2.
Νεικάνωρ see Νικάνωρ.
Νειλάμμων 113, 5.
— f. of Hierax 442, 2.
— s. of Aunes 610, 5.
Νειλᾶς f. of Kasis 611, 3.
— s. of Kasianos 19, 2.
Νειλεύς s. of Aphrodisios 20, 5.
Νειλίων, Αὐρήλιος, ἀποδέκτης ξύλων 257, 1.
Νεῖλος, Νῖλος 137, 5; 235, 1; 353, 2; 378, 2; 381, 3; 432, 3; 437, 3; 488, 2; 579, 4.
— ἀρχέφοδος 342, 11 (?), 12.
— κεφαλαιωτής 109, 7; 591, 1.
— official 189, 7; 190, 8; 193, 6; 194, 7.
— ὀνηλάτης 235, 4.
— f. of Pasis 59, 12.
— f. of Ptollas 371, 5.
— f. of Satabous 131, 2; 387, 4.
— s. of Apollonios, γενόμ. κωμογραμματεύς 153, 2.
— s. of Kasianos 106, 23; 444, 2; 511, 2; 583, 2; 585, 3 (?).
— s. of Μικ.νι[. . . 565, 3.
— s. of M . . . 616, 4.
— s. of Nemesion 217, 2.
— s. of Φαι[. . . 565, 2.
— s. of Ptolemaios 129, 6.
— s. of Ptollas, f. of Satabous 131, 2.
— s. of Strouthios 571, 4; 574, 2; 619, 1.
Νειλοῦς 640 (Νιλ·).
Νεκδοεύς s. of Demetrios 159, 5.

Νεκθ( ) s. of Petesouchos 43, 2.
Νεκφε(ρῶς) f. of Ptolemaios 139, 3.
Νεμεσᾶς f. of Dionysos 95, 7.
— s. of Sarapion 20, 4.
Νεμεσῖνος 353, 3.
— official 27, 4.
— f. of Paulos 87, II, 2.
Νεμεσίων f. of Neilos 217, 3.
Νεφερᾶς 352, 5.
Νεωτᾶς f. of Dothes (?) 161, 4.
Νίγερ s. of Didymos 279, 1.
Νικάνωρ, Νεικάνωρ 7, 8; 19, 6.
— f. of Herieus 125, 2.
Νικᾶς 409, 2.
Νίκη 21, 3.
Νίκων s. of Pankras 20, 2.
Νιλ- see Νειλ-.
Νίνναρος s. of Papeirios 602, 1.
Νίννος s. of Ago( ) 67, 3.
— s. of Isidoros 286, 1.
Νόννος 44, 2.
— s. of Protas, γυμνασίαρχος 95, 5.
Νοός f. of Arabikos 507, 4.
Νουσωνᾶς, master of Sarapion 283, 2.
Ν. [, official 225, 4.

Ξειν[, official 5, 4.

'Οκτᾶς, Αὐρήλιος 198, 2.
"Ολ f. of Melas 222, 2. Identical with
   Ὧρος f. of Melas?
— s. of Amoules 337, 5; 354, 3.
— s. of Ariston 129, 8. Identical with
   'Απολιᾶς s. of Ariston?
— s. of Harpokras 87, I, 5.
— s. of Ioannes 151, 1, 3.
'Ολυμπιάδης 55, 2.
'Οννᾶφρις ποιμήν 611, 2.
— s. of Sarapion 600, 2.
'Οννίννος f. of Arios 544, 6; 629, 6.
'Οννῶφρις 104, 6; 105, 14; 176, 6;
   572, 5.
— f. of Apres alias Onnophris 419, 3;
   433, 2.
— f. of Isaeis 575, 14 (?).
— f. of Sarapion 604, 3.
— f. of . . . . . .]ων 566, 1.
— s. of 'Αντω(ν) 124, 1.
— s. of Aphrodeisios 602, 6.
— s. of Maron 26, 2 (?).
— s. of Maximos 83, 9 ('Ονῶφρις).
— s. of Myches 320, 1.
— s. of Ninnaros 602, 3.
— s. of Onnophris see 'Απρῆς, alias 'Οννῶφρις, s. of Onnophris.
— s. of Osepi (?) 287, 2.

'Οννῶφρις s. of Peeus and Segathis 563, 4.
— — and Taonnophris 563, 10.
— s. of Ptolemaios 627, 11.
'Οραῦς s. of Pasion 277, 3.
"Ορος see Ὧρος.
'Ορσενοῦπις see 'Ορσενοῦφις s. of Pkylios.
'Ορσενοῦφις 558, 1.
— κωμογραμματεύς 90, 1.
— f. of Ousebas 20, 6.
— f. of Sisouchos 98, 9.
— s. of Heras 598, 7.
— s. of Orsepaiesis 122, 1.
— s. of Pkylios 15, 3 ('Ορσενοῦπις).
— s. of Ptolis 98, 2.
— s. of Sarapion 248, 8.
'Ορσεπαιῆσις f. of Orsenouphis 122, 1.
'Ορσιρουφᾶς f. of Chal( ) 98, 6.
Οὐαλᾶς, Οὐαλές s. of Sarapion 356, 6;
   614, 8.
Οὐαλερία 'Αντωνία 424, 4; 440, 3.
Οὐαλέριος, Οὐαλέρις 111, 5; 570, 2; 571,
   5; 596, 1; 617, 8; 635, 3.
— f. of Horion 624, 2.
— f. of Timotheos 342, 9.
— f. of Valerios and Chairas 112, 4.
— f. of . . o]s 99, 2.
— s. of Amis 332, 4.
— s. of 'Αν . [. . . 581, 9 (Οὐαλέρις).
— s. of Horos 631, 2.
— s. of Ouenaphrios 203, 1 (Οὐβαλέρις);
   204, 9.
— s. of Ptolemaios 106, 16; 347, II, 9;
   616, 5.
— s. of Teleis 603, 4.
— s. of Valerios 112, 3 (Οὐαλέρις).
— master (?) of Didymos 267, 5.
Οὐαλέρις see Οὐαλέριος.
Οὐαλερίων 567, 4.
Οὐαλές see Οὐαλᾶς.
Οὐά(λης) (?) 24, 1, note.
Οὐάλης κεφαλαιωτής 577, 1.
Οὐα(λ), Μάρκος Τιτιανός, see Μάρκος Τ.
   Οὐ.
Οὐα( ) 641, 1.
Οὐβαλέρις see Οὐαλέριος s. of Ouenaphrios.
Οὐεναβελ s. of Petros 61, 7.
Οὐενᾶφις see Οὐενᾶφρις.
Οὐενᾶφρις (Γονάφρι, -φρις, Οὐενᾶφις,
   -άφρεις, -ᾶφρες, -ᾶφρι, -άφριος, Οὐνᾶφρις) 336, II, 11 (Οὐνᾶφρις), 17
   (Οὐενᾶφις); 345, 10 (Οὐενάφρεις);
   579, 8.
— εξαιστειτης [!] 592, 2.
— ποιμήν 100, 2.
— f. of Agenes 269, 1.
— f. of Dionas 589, 8.

Οὐενᾶφρις f. of Hatres 577, 9.
— f. of Ptollas 268, 1.
— s. of Aion 4, 9.
— s. of Aionis 342, 6; 520, 3.
— s. of Horion 354, 2; 527, 6; 587, 4.
— s. of Palemon 64, 4.
— s. of Priskos, f. of Kanaout and Valerios 202, 2 (Γονᾶφρις); 204, 10; 205, 1 (Γονᾶφρι); 207, 2; 209, 2 (Οὐενᾶφρες); 211, 2; 212, 1 f. (Οὐεναφρίου); 220, 2; 345, 9 (Οὐενάφρεις); 525, 2; 526, 2; 531, 3; 556, 3 (Οὐενᾶφρι); 557, 3.
Οὐενῖνις 585, 8.
Οὐκεφελ( ) m. of Isidoros 616, 8.
Οὐλκρᾶς 21, 8.
Οὐνᾶφρις see Οὐενᾶφρις.
Οὐράνιος official 199, 6, 9.
— f. of Arios 59, 11.
Οὖρις s. of Heron 82, 19.
Οὐσεβᾶς s. of Orsenouphis 20, 6.
Οὐσενοῦφις 339, 2.
Ὀφέλιος, Ὀφέλλιος, official 53, 9.
— f. of Pamoutis 20, 8.
— f. of Pauleinos 585, 7.

Παᾶς, Πεᾶς s. of Satabous 101, 10; 611, 7.
Πααῦς s. of Semio( ) 696, 1, 5–7.
Παβές κεφαλαιωτής 86, 7.
Παγεῦνος f. of Pheous 87, I, 6.
Παγκ- see Πανκ-.
Παδεύκης 255, 9.
Παει- see Παϊ-.
Παέτης f. of Psenobastis 18, 1.
Παῆς s. of Konos 98, 7.
Παῆσις, Παήσης, Παήσιος 353, 3; 578, 2; 579, 2; 595, 4; 617, 11; 627, 4 (-ήσης). Cf. Πεῆσις.
— f. of Ammon 266, 1.
— f. of Ekysios 266, 2.
— f. of Kastor 613, 6.
— f. of Syros 593, 2; 618, 4.
— s. of Aunes 269, 5.
— s. of Herakleides 328, 1.
— s. of Hieron 582, 3.
— s. of Ision 106, 19; 608, 5.
— s. of Pathermouthis 248, 2; 347, I, 15. Cf. Πεῆσις s. of Path( ).
— s. of Ptolemaios 100, 3. Cf. Πεῆσις s. of Ptolemaios.
— s. of Satabous 351, 1.
Παη( ) 309, 1.
Παθερ- see Πατερ-.
Παθρῆς s. of Ammonios 98, 8.
Παθ( ) f of Peesis 4, 11. Cf. Παθερμοῦθις f. of Paesis.

Παῖᾶν 113, 3.
Παϊᾶνος (Παειᾶνος), Παϊάνης, Παϊάνις (Παειᾶνις) 484, 4.
— f. of Atisios 4, 7; 342, 4.
— s. of Aphelix (Aphelis) 106, 21; 185, 2; 335, 6; 337, 10; 582, 4; 616, 6.
— br. of . . .]ρωνι[. . . and Aphrodeisios 605, 2.
Παιαρός f. of Harpalos 249, 6 (-ρόος); 577, 5.
Παιᾶς ὀνηλάτης 406, 2.
Παιές 343, 6.
Παιη- see Πεη-.
Παιμές see Πεμές.
Παῖνις 575, 8.
Παιώνιος 336, II, 4 (?).
Πακ[. . .]ις 336, II, 3.
Πακ( ) 73, 4.
Παλᾶς (or Παλᾶτος?) 161, 2.
Παλαῶμις s. of Marres 120, 2.
Παλεῖ s. of Peesis 338, 5.
Παλεῦνος f. of Harpalos 106, 26.
Παλήμων 99, 4 (?); 114, I, 1 (-μον); 215, 2; 336, I, 7; 341, 4; 572, 2; 575, 8; 592, 5.
— ὀνηλάτης 360, 4; 461, 4.
— f. of Karanis 559, 1.
— f. of Ouenaphris 64, 4.
— s. of Achillas 268, 2.
— s. of Aion 223, 2.
— s. of Aunes 471, 4.
— s. of Isidoros 600, 6.
— s. of Katas 249, 5.
— s. of Ptolemaios 106, 15.
— s. of Ptollas 339, 6; 466, 5; 543, 4.
— s. of Tha( ) 354, 11.
— s. of Tiouk 642, 1.
Παλῆνις 347, II, 11.
Παλῆς f. of Pales 338, 7.
— s. of Pales 338, 7.
Παλλάδης 422, 4.
Παμῆς f. of Gallios 462, 6.
Παμμᾶτις f. of Akous 82, 15.
Παμμένης 30, 2.
— scribe 28, 1; 29, 1; 30, 1; 31, 1; 32, 1; 33, 1; 34, 1; 35, 1; 36, 1; 37, 1; 38, 1; 39, 1; 40, 1; 41, 1; 42, 1; 43, 1; 44, 1; 45, 1; 46, 1; 47, 1; 48, 1; 49, 1; 50, 1.
Παμοῦν 352, 4.
— σιτολόγος 543, 2.
— f. of Elias 61, 5.
— f. of Π . . ερίων 292, 3.
— s. of Atousas 575, 7.
— s. of Kaphanos 583, 4; 585, 5.
— s. of Petros 61, 2.

Παμοῦτις s. of Ophellios 20, 8.
Παμῶνθις s. of Papeis 8, 2, 5.
Παμ( ) f. of Hermeias 28, 2.
Πᾶν οὐετρανός (?) 588, I, 6.
Πανᾶρε f. of Dios 83, 3.
Πανᾶς f. of Atisios 255, 2.
— f. of Panas 355, 2.
— s. of Panas 355, 2.
Πανεσάτης, Πανεσᾶτις, Πανησάτης, Πανισάτης 255, 5; 467, 4; 580, 2; 591, 6.
— f. of Atisios 191, 1.
— f. of Heron 457, 3.
— f. of Ptolemaios 542, 3.
— f. of . . .]. s 107, 1.
— s. of Aunes 175, 1; 187, 4; 247, 2; 483, 3; 485, 3; 508, 2.
Πανέτβ s. of Dioskourides 20, 7.
Πανησάτης see Πανεσάτης.
Πάνις 210, 2.
Πανισάτης see Πανεσάτης.
Πανι[. . . . 593, 3 (Μέλας ὁ τοῦ Πανι[. . . . .).
Πανκόλλος 93, 4.
Πανκράθειος f. of Kastor 586, 4.
Πανκρᾶς f. of Nikon 20, 2.
Πανκράτης, Παγκράτης 572, 3 (-εις); 621, 2.
— f. of Apollos 575, 4; 610, 2 (Παγ'κ.).
— f. of Peines 646, 2.
— f. of Ptolemaios 604, 1 (Παγκ.).
— s. of Apollos 575, 5; 610. 3 (Παγ'κ.).
Πανκράτιος s. of Πτολ[. . . 106, 13.
Παννοῦς 148, 8; 335, 9; 584, 5; 626, 5.
Πάνος f. of Aphous 618, 11.
Πανοῦρις s. of Kallonios 354, 7.
Πανου[. . . 588, I, 8.
Παντᾶς, master of Demetrios 270, 1.
Παντβηοῦς s. of Laas 59, 7.
Παντηᾶς f. of Papeei 615, 3.
— f. of Ptolemas 598, 4.
Παντῆλις 180, 1; 336, II, 15.
Πανῶς s. of Apa( ) 33, 4.
Πανω[. . . f. of Kastor 618, 7.
Παν[. . . f. of Harpalos 617, 1.
Παοῦς 59, 18.
Παοῦτ 188, 1.
Παπαι- see Παπε-.
Παπαοῦς s. of Pageinos 87, II, 1.
Παπᾶς f. of Amanis 611, 5.
Παπέει, Παπέεις, Παπέις 19, 3; 255, 9; 336, I, 6 (Παπαίει); 339, 9; 565, 9.
— f. of Aion 4, 4 (Παπέι gen.); 342, 1; 581, 6.
— f. of Ammonios 134, 4; 361, 2; 381, 3; 386, 1 (Παπείτος); 388, 2; 408, 3; 409, 2 (Παπέει gen.); 429, 6; 432, 3; 484, 3; 437, 2 (Παπέιτος gen.); 447, 2; 453, 3.
— f. of Isidoros 639, 2.
— f. of Leonides 356, 5.
— f. of Pamonthis 8, 2.
— f. of . . .]ῶνις 107, 5.
— s. of Aioneus 615, 5.
— s. of Ammonios 609, 1; 624, 1; 643, 1.
— s. of Panteas 615, 3 (Παπέει).
— master of Ammonis 311, 2.
Παπέευς s. of Abok 249, 4.
Παπίριος f. of Aphrodisios 602, 4 (Παπείριος).
— f. of Atisis 428, 3.
— f. of Ninnaros 602, 1.
Παπῖρις, Παπίρεις 572, 7; 580, 1.
Παπνοῦθις f. of Chairemon 151, 4.
Πάπος f. of Kopres 248, 9.
— master of Eutyches 563, 5.
Πάρανος 341, 5.
Παρές s. of Kastor 355, 6.
Παρηοῦς 336, I, 8; 626, 4.
Παρῆς f. of Apion 266, 4.
— s. of Π[. . . 581, 8.
Πᾶς 297, 1.
Πασῆμις s. of Tiberios 59, 14.
Πασινίκη 21, 5.
Πᾶσις f. of Ammonios 87, I, 3.
— s. of Neilos 59, 12.
— s. of Satabous 58, 2.
Πασίων 85, 8; 575, 11.
— f. of Horaus 277, 4.
— f. of Komon 280, 2.
— s. of Kastor 82, 9.
— s. of Komon 275, 2.
— s. of Polydeukes 608, 3.
— s. of Saras 85, 7.
Πασοκνοπαῖος f. of Horion 155, 1.
— s. of Zenon 362, 1.
Πασόξεις f. of Petheus 313, 1.
Πατᾶς 279, 1; 346, 9; 626, 1.
— f. of Tanouphis 516, 5.
— s. of Apynchis 106, 10.
Πατειεῖς 331, 3.
Πατερμοῦθις (Παθερ-, Πεθερ-, Πετερ-, -μοῦτις) 20, 10; 340, 2; 619, 4.
— κεφαλαιωτής 87, I, 1.
— f. of Herakles and Paesis 101, 9; 347, I, 14; 348, 6 (?); 600, 4; 630, 2.
— f. of Paesis 248, 3. Cf. the preceding Πατερμοῦθις.
— s. of Dioskoros 267, 2; 344, 4.
— s. of Horion 580, 4.
— s. of Serenos 630, 4 (?).
Πατεῦκις 619, 7; 655, 1.
Πατῆς 98, 1.

Πατῖσις s. of Isidoros 106, 9 ; 347, I, 13 ;
348, 5 ; 590, 6 ; 614, 10.
Πάτροκλος ὀνηλάτης 429, 4.
Πάτρων f. of Hermes 607, 5.
Πατ[. . . 619, 5.
Παυῆς, Φαυῆς, ὀνηλάτης 381, 4 (Φαυῆ);
425, 4 ; 441, 4 (Φαυῆ).
Παυλεῖνος s. of Ophellios 585, 7.
Παῦλος 72, 4 (Βαῦλος).
— f. of Isidoros 585, 6.
— f. of . . .]ίων 86, 5.
— s. of Isidoros 347, I, 6.
— s. of Nemesinos 87, II, 2.
— s. of Proklos 87, I, 4.
— s. of Ptolemaios (?) 624, 3.
— s. of Senas 106, 25.
— s. of Tanis 592, 1.
Παυ[. . . . .] 336, II, 5.
Παχῦμις s. of Apollonios 83, 1.
— s. of Maximos 83, 5.
Παῶς s. of Porros 98, 4.
Πα[. . . 565, 8.
Πα . [111, 1.
Πα[. . . f. of .] . αρῖνος 596, 2.
Πεᾶς see Παᾶς.
Πεεῦς, Πεῦς 424, 3 ; 572, 10.
— βουκόλος 319, 2.
— f. of Peeus (1) 563, 4.
— — (2) 563, 10.
— s. of Apollos 610, 4.
— s. of Kollouthos 563, 9.
— s. of Peeus (1) 563, 4.
— — (2) 563, 10.
Πεῆβος f. of Dioskoros 19, 11.
Πεηοῦς, Παιηοῦς, Πιηοῦς f. of Ammonios
259, 2.
— f. of . . .]α(ς) (?) 373, 1.
— s. of Agrippinos 422, 3.
— s. of Ptolemaios, σακκοφόρος 137, 5 ;
168, 2 (Πεηοῦτος gen.) ; 186, 3 (Πεηοῦ
gen.) ; 258, 4 ; 412, 2 ; 426, 2 ; 430,
3 (Πι-) ; 435, 3 ; 439, 3 ; 440, 4 ; 445,
3 ; 446, 5 ; 455, 3 ; 460, 3 ; 476, 2 ;
496, 2 ; 533, 4 ; 569, 2 ; 582, 2 ; 614,
5 ; 616, 10 ; 644.
Πεηρο( ) s. of Hero( ) 302, 1.
Πεῆσις, Παιῆσις 136, 6 ; 673, 1. Cf. Παῆσις.
— f. of Palei 338, 5 (Παιη-).
— s. of Path( ) 4, 11. Cf. Παῆσις s. of
Patermouthis.
— s. of Ptolemaios 106, 20. Cf. Παῆσις
s. of Ptolemaios.
Πεθερμοῦθις see Πατερμοῦθις.
Πεθεῦς 691, 4 (Πεθε[ ).
— f. of Aphrodisios 310, 1.
— f. of Charidemos 324, 2.

Πεθεῦς f. of Kopres 549, 1.
— s. of Pasoxeis 313, 1.
Πεϊῶνις f. of Dios 83, 10.
— s. of Onnophris 83, 9.
Πεκῦσις 518, 6.
— ὀνηλάτης 524, 4.
— f. of Abous 577, 6.
— f. of Aur. Amoules 182, 4 ; 459, 3.
— f. of Atisis 350, 5.
— s. of Aphelix (or ἀφῆλιξ?) 111, 7.
Πελᾶλις s. of Kasios 354, 5 ; 614, 2.
Πελάριος ὀνηλάτης 236, 3.
Πελῶλ s. of Psenkales 22, 1.
Πεμές 339, 7 ; 620, 3.
— f. of Isidoros 590, 2.
— f. of Ptoleme 64, 5 (Πεμέτος gen.).
— s. of Alexandros 151, 3 ; 630, 5 ?
— s. of Ammonios 645, 1.
— s. of Heras 482, 3.
— s. of Hermeios 347, II, 6.
— s. of Kyrillos 458, 1.
— s. of Pankrates 646, 1.
Πεμῆς f. of Pemes 55, 1.
— s. of Pemes 55, 1.
Πεμῆτος s. of Myrinos 182, 5 ; 184, 3.
Πεμοῦς f. of Hareus 83, 13.
Πενη( ) s. of Hipp( ) 45, 2.
Πεπῶς s. of Hermas 393, 1.
Πετᾶς 164, 1.
Πετεαρ( ) s. of Πο( ) 17, 2.
Πετενου( ) s. of Menthotes 46, 2.
Πατερμοῦς 59, 8.
Πατερμοῦτις see Πατερμοῦθις.
Πετερῶν f. of Ptolemaios 277, 2.
Πετεσοῦχος, πράκτωρ ἀργυρικῶν 7, 4.
— f. of Κεpha( ) 60, 3.
— f. of Krispos 5, 7.
— f. of Mettios 42, 3.
— f. of Nekth( ) 43, 3.
— f. of Petesouchos 23, 1 ; 563, 3.
— f. of Sokrates 306, 2.
— s. of Petesouchos 23, 1 ; 563, 3.
Πετετρῖφις s. of Mestas 98, 9.
Πετεχόϊς f. of Haryotes 299, 1.
— s. of Με( ) 17, 1.
— s. of Φ . ( ) 17, 1.
Πετεχῶνσις f. of Kallapis 5, 2.
Πετε . ( ) f. of Ἀρ . ( ) 34, 2.
Πέτρος, official 223, 5.
— f. of Isas 59, 13.
— f. of Ouenabel 61, 7.
— f. of Pamoun 61, 2.
Πετρῶνις 588, I, 4.
Πετῶλ κωμάρχης 260, 1.
Πεῦς see Πεεῦς.
Πεχῦσις s. of Psenos 33, 5.

Πε . [. . .]ριος f. of Ameitos 617, 7.
Πε( ) f. of Chairas 332, 3.
Πιηοῦς see Πεηοῦς.
Πινᾶρις s. of Dios, αὐλητής 83, 7.
Πινούθεις s. of Harandotes 83, 4.
Πισάιτος f. of Kopres 390, 3.
Πιτμέλας s. of Serapion 144, 1.
Πιτόν 336, II, 2.
Πιτόχ s. of Kameion 146, 1.
Πιτχόος 322, 3.
Πκύλιος f. of Orsenoupis 15, 3.
Πλήειν s. of Mysthes 156, 6 ; 368, 2.
Πλουτίων 59, 6.
Πλωσανός (Πλουσιανός?) 102, 11.
Πνάμις s. of Aphrodisios 602, 5.
Πνᾶς 588, I, 9.
— ὀνηλάτης 550, 2.
— s. of Anouphis 181, 3.
— s. of Melas 590, 5 ; 598, 2 ; 632, 3.
Πνεφερῶς f. of Harmiysis 563, 7.
— s. of Ammonios 51, 1.
— s. of Hiereus 88, 1.
— s. of Marres 647.
Πολυδεβ( ) see Πολυδεύκης.
Πολυδεύκης 101, 5 ; 571, 1 ; 580, 5 (Πολυδεβ'); 613, 2 ; 617, 10.
— f. of Isidoros 575, 10.
— f. of Ptollarion 175, 3 ; 512, 2 (?).
— s. of Heron 82, 14.
— s. of Melanas 358, 2.
— s. of Phames 608, 2.
— s. of Sarapion 605, 4.
— s. of Sokrates 304, 1.
—, Αὐρήλιος, ἐπιμελητὴς ὅρμου Λευκογίου 179, 1.
Πόρρος f. of Paos 98, 4.
Ποσιδώνιος s. of Ptolemaios, official 186, 9.
—, Λούκιος Σεπτίμιος Αὐρήλιος, see Λούκιος Σ. Αὐρ. Π.
Ποτάμμων 95, 1.
Πουνᾶς 262, 4.
Πούπλιος ὀνηλάτης 416, 4.
Πο . [113 a, 4.
Πο( ) f. of Petear( ) 17, 3.
Πρεῖσθος s. of Serentios 98, 10.
Πρικος see Πρίσκος f. of Ateeis.
Πρίσκος 103, 9 ; 106, 6 ; 186, 4 ; 336, I, 10 ; 354, 6 ; 572, 6 ; 648, 1.
— f. of Ateeis 355, 4 (Πρικος).
— f. of Kopres 528, 3.
— f. of Tatisis 268, 5.
—, Αὐρήλιος, s. of Eudaimon, f. of Ouenaphrios 101, 7 ; 254, 3 (Πρίσσκῳ dat.); 345, 9 (?); 470, 4 ; 473, 4 ; 481, 2 ; 517, 3 ; 525, 2 ; 526, 2 ; 531, 3 ; 600, 3 ; 614, 6.

Πρόκλος, official (?) 620, 8.
— f. of Paulos 87, I, 4.
Πρωτᾶς f. of Nonnos 95, 5.
—, Αὐρήλιος, βουλευτὴς ἐπιμελητὴς θησαυροῦ Λευκογίου 254, 1.
Πτολᾶς see Πτολλᾶς.
Πτολεμαῖος, Πτολαι-, Πτολεμέος, Πτολεμέ 77, 2 ; 105, 4 ; 113, 5 ; 141, 1 ; 150, 3 ; 261, 7 ; 336, II, 12, 14, 20 (Π. ἄλλος); 346, 6 ; 352, 3 : 433, 3 ; 448, 3 ; 564, 3 ; 616, 12 ; 622, 3 ; 627, 6 ; 629, 3 ; 684, 3.
— δεκάπρωτος, ὑπομνηματογράφος 430, 1 ; 431, 2 ; 437, 2 ; 438, 1 ; 439, 1 ; 440, 1 ; 448, 1 ; 449, 2 ; 450, 1 ; 451, 2 ; 452, 2.
— δημόσιος 344, 10.
— ὀνηλάτης 450, 4 ; 543, 6.
— f. of Agrippinos 390, 1.
— f. of Apitas 589, 2.
— f. of Arsenouphis 502, 2.
— f. of Ἀ[. . . . . .]νος 415, 3.
— f. of Belles 395, 1.
— f. of Chairemon 385, 1.
— f. of Demetrios 600, 1.
— f. of Didymos 109, 4 ; 513, 3 ; 541, 2.
— f. of Hermes 18, 4.
— f. of Ischyras 278, 3 ; 282, 2 ; 285, 2.
— f. of Ision 276, 2.
— f. of Kastor 111, 4 ; 266, 5 ; 335, 2.
— f. of Kopres 577, 3.
— f. of Makrinos 454, 4 ; 486, 2.
— f. of Neilos 129, 6.
— f. of Onnophris 627, 11.
— f. of Paesis 100, 2. Cf. Πτολεμαῖος f. of Peesis.
— f. of Palemon 106, 15.
— f. of Paulos and Isidoros 624, 4.
— f. of Peeous 569, 3 ; 614, 5 ; 616, 10.
— f. of Peesis 106, 20. Cf. Πτολεμαῖος f. of Paesis.
— f. of Posidonios 186, 9.
— f. of Ptolemaios 351, 9 ; 515, 3 ; 519, 4 ; 521, 2 ; 523, 7 ; 524, 2 ; 590, 3.
— f. of Sabeinos 314, 1.
— f. of Sambas 268, 4.
— f. of Sarapion 288, 2 ; 289, 2 ; 290, 2 ; 293, 3 ; 322, 2.
— f. of Serenos 106, 12 ; 350, 2 ; 494, 2 ; 611, 6 ; 619, 6.
— f. of Sokrates 452, 4.
— f. of Tiberinos 107, 2.
— f. of Valerios 106, 16 ; 347, II, 9 ; 616, 5.
— s. of Ammonios 335, 7.
— s. of Chairemon 603, 1 ; 650, 1.

Πτολεμαῖος s. of Damis 606, 2.
— s. of Demetrios 628, 1.
— s. of Demetrous 428, 2; 461, 2.
— s. of Ebaoi( ) 649, 1.
— s. of Ἡρακ(λ) 631, 5.
— s. of Heron 625, 3 (-μέος).
— s. of Isidoros 249, 8.
— s. of Ision 224, 2 (-μέος); 321, 2.
— s. of Iulianos 128, 5 (Πτολαιμ-); 333, 6; 376, 1; 378, 1; 402, 3; 603, 6.
— s. of Kastor 609, 4.
— s. of Kopres 424, 2; 430, 2; 439, 2; 440, 2; 445, 2; 448, 2; 449, 3; 455, 2; 464, 3; 476. 1; 545, 4; 608, 4.
— s. of Melas 106, 28.
— s. of Nekpheros 139, 3.
— s. of Onnophris 563, 12.
— s. of Panesates 542, 2.
— s. of Pankrates 604, 1.
— s. of Pemes 64, 5 (Πτολεμέ).
— s. of Peteron 277, 2.
— s. of Ptolemaios 351, 9; 515, 3; 519, 4; 521, 2; 523, 7; 524, 2; 590, 3.
— s. of Sabeinos 490, 4; 606, 6.
— s. of Simikikeis 303, 1.
— br. of Painis (?) 575, 9.
—, Αὐρήλιος, ἐπιμελητής 187, 2.
Πτολεμᾶς s. of Panteas 598, 4.
Πτολεμέ see Πτολεμαῖος s. of Pemes.
Πτολεμέος see Πτολεμαῖος.
Πτολεμῖνος s. of Archon 52, 2.
Πτόλις see Πτόλλις.
Πτολλαρίων 19, 10; 342, 7; 347, II, 5; 361, 3.
— s. of Polydeukes 175, 3; 512, 2 (?); 605, 5.
Πτολλᾶς 102, 3; 112, 2; 113, 2; 256, 2; 336, I, 9 (Πτολᾶς); 339, 8; 572, 9; 576, 4.
— f. of Arabikos 177, 2; 501, 3; 589, 3.
— f. of Atisis 589, 5.
— f. of Demetrios 611, 8.
— f. of Dorion 26, 4 (?).
— f. of Neilos 131, 2.
— f. of Palemon 339, 6; 466, 6; 543, 4.
— f. of . . . ως 104, 8.
— s. of Harpalos 618, 6.
— s. of Neilos 371, 4.
— s. of Ouenaphris 268, 1.
— s. of Sarapion 106, 8; 351, 5; 469, 4; 522, 2; 614, 9; 617, 2; 628, 2.
— s. of Sokras 332, 7.
— s. of Sokrates 374, 4 (Πτολᾶς).
— s. of Tobias 332, 6.
—, Αὐρήλιος, πράκτωρ μονοδεσμίας χόρτου 10, 2.

Πτόλλιος 109, 2.
Πτόλλις f. of Orsenouphis 98, 2 (Πτόλις).
Πτολλι( ) s. of Hera( ) 116, 1.
Πτολ . . . . [230, 1.
Πτ[ολ 681, 2.
Πτολ[f. of Pankratios 490, 13.
Πτολ( ) f. of Chairemon 85, 3.
Πτο(λ) f. of Horos 8, 2, 6, 13, 16.
Πτολ[f. of]νας 685, 2.
— s. of]ρῖνος 597, 4.
Πτ[ολ s. of]ια . . . 173, 2.
Πύγχις d. (?) of Ieus 83, 12.
Πύθων 2, 5.
Πωλίων, Πωλείων 69, 2.
— γέρδιος 272, 2.
— ὀνηλάτης 417, 5; 438, 4.
— f. of Aunes 106, 17; 618, 9.
Π . . ερίων s. of Pamoun 292, 2.
Π . . . ους 576, 3.
Π . [ ]s f. of Ammonianos 540, 3 (?).
Π( ) (?) 631, 3.
Π[f. of Harpalos 570, 1.
Π[f. of Pareous 581, 8.

Σαβεῖνος, Σαβῖνος 59, 16; 112, 1; 204, 6; 255, 8.
— f. of Aion 145, 3.
— f. of Melanas 357, 2.
— f. of Ptolemaios 490, 4; 606, 6.
— s. of Aion 204, 2; 627, 9.
— s. of Atisios 627, 12.
— s. of Ischyras 126. 2; 323, 1.
— s. of Ptolemaios 314, 1.
— s. of Sarapion 609, 2.
— s. of Sokops (?) 325, 1.
Σαβρᾶς s. of Axion 98, 5.
Σαιρ- see Σερ-.
Σακαῦς 620, 5.
Σακαῶν f. of . . . ν 506, 2.
Σάλακος 374, 6.
Σαλακῶν 389, 5.
Σάλιος s. of Serapion 338, 2.
Σαλωτάριος (?) 178, 2, note.
Σαλωτᾶς s. of]ρος (?) 178, 2.
Σαμβᾶθις s. of Artemis (?) 657, 1.
Σαμβαθίων 269, 2.
Σαμβαπίων 601, 1.
Σαμβᾶς f. of Anouthis 237, 1; 240, 2.
— f. of Demetrios 271, 6.
— f. of Sokmenis 563, 2.
— s. of Ptolemaios 268, 4.
— s. of Sokmenis 563, 2.
Σάμηνος s. of Petesouchos 563, 3.
Σαμπᾶς f. of Clemens 269, 3; 372, 2.
Σάνις 582, 5.
Σαραβᾶς see Σαραπᾶς.

Σαραπάμμων, Σαραπάμων 106, 7; 186, 2; 580, 7; 628, 3 (]παμμν).
— ὕπατος 95, 3.
— s. of Heras 179, 6; 359, 1.
— s. of Horion 190, 1; 527, 3.
— s. of Sarapion 82, 11.
— br. of Chairemon 472, 4.
Σαραπᾶς, Σαραβᾶς 477, 3.
— f. of Sarapas 547, 3.
— s. of Diodoros 633, 3.
— s. of Sarapas 547, 3 (Σ. ὁμοίως).
Σαραπιάς w. of Panesatis s. of Aunes 247, 2.
Σαραπίων (-πίον), Σεραπίων (-πίον) 77, 3; 157, 4; 198, 6; 336, II, 1; 422, 4; 579, 5; 581, 7.
— ἀποδέκτης (?) 229, 5.
— οἰνοπαραλήμπτης 651, 1.
— wine dealer 19, 1.
— f. of Anouphis 82, 12.
— f. of Δ . . . . . 592, 6.
— f. of Heras 631, 4.
— f. of Nemesas 20, 4.
— f. of Onnaphris 600, 2.
— f. of Orsenouphis 248, 8.
— f. of Pitmelas 144, 2.
— f. of Polydeukes 605, 4.
— f. of Ptollas 106, 8; 351, 5; 469, 4; 522, 3; 617, 2; 628, 2.
— f. of Sabeinos 609, 2.
— f. of Salios 338, 2.
— f. of Sarapammon 82, 11.
— f. of Sarapion 9, 6.
— f. of Valas 356, 6; 614, 8.
— f. of . . . . .]. s (?) 195, 5.
— s. of Alexandros 617, 3.
— s. of Artemidoros 344, 3.
— s. of Chairemon 206, 1; 630, 3.
— s. of Charidemos 284, 3.
— s. of Herakleides 27, 1.
— s. of Heron 610, 1.
— s. of Horos 600, 5.
— s. of Ischyras 126, 3.
— s. of Isidoros 335, 8.
— s. of Makrinos 106, 22; 425, 2; 474, 4; 652, 1.
— s. of Melas 600, 7.
— s. of Onnophris 604, 3.
— s. of Ptolemaios 288, 2; 289, 1; 290, 2; 293, 2; 322, 2.
— s. of Sarapion 9, 6.
— s. of Zoilos 82, 3.
— slave of Nousonas 288, 1.
—, Αὐρήλιος 257, 4.
— — κωμάρχης 25, 4.
Σαραποῦς, Αὐρήλιος 87, I, 2.

Σαρᾶς 64, 1; 580, 9; 612, 5.
— ὀνηλάτης 344, 6, 11.
— f. of Pasion 85, 7.
— s. of Harpalies 347, I, 10; 348, 2.
— s. of Komarion 356, 3.
Σαρμάτης 588, II, 1; 623, 2.
— ὀνηλάτης 437, 4; 521, 4; 542, 4.
Σάρων ὀνηλάτης (?) 418, 4.
Σαρ[632, 1.
Σαταβάτης (?) s. of Myros 597, 1.
Σαταβοῦς 106, 11; 234, 3; 255, 7; 339, 4; 461, 4; 539, 3.
— γνωστήρ 407, 2.
— δεκάπρωτος 329, 2.
— τέκτων 14, 2.
— f. of Eudaimon 82, 2.
— f. of Paas 101, 10; 611, 7.
— f. of Paesis 351, 1.
— f. of Pasis 58, 2.
— s. of Harmiysis 563, 7.
— s. of Heras 307, 1.
— s. of Neilos 131, 2; 387, 4.
Σατορνεῖλος, Σατορνῖλος 333, 1.
— f. of . . . .]s 618, 3.
Σατρα( ) or Σατρᾶς f. of ᾿Αντωνι( ) (?) 659, 2.
Σαῦμαοῦς 336, I, 2; 341, 1.
Σα.[579, 7.
Σεβῆρος see Σεουῆρος.
Σεγᾶθις w. of Peeus 563, 4.
Σεκ( ) f. of Sek( ) 213, 2.
— s. of Sek( ) 213, 2.
Σελποῦς 175, 5; 339, 3.
— f. of Eudaimon 590, 1.
— s. of Eudaimon 618, 5.
Σεμίας 238, 2.
Σεμιο( ) f. of Paaus (?) 696, 1.
Σεμπρωνία 342, 8.
Σεμπρώνιος 333, 2; 351, 8.
— s. of Kasyllas 317, 1.
Σενᾶς, riparius (?) 151, 2.
— f. of Paulos 106, 25.
Σεντή sister of Italikos 21, 2.
Σεουηρῖνος δεκάπρωτος 465, 2; 466, 2; 467, 1; 469, 2; 470, 2; 471, 2; 472, 2; 473, 2; 474, 2; 477, 2; 479, 2; 490, 2.
Σεουῆρος 345, 7 (Σεβ-).
— f. of Severos 366, 2.
— s. of Severos 366, 2.
— s. of Tiberinos 529, 5.
Σεπρίων 308, 2.
Σεπτίμιος Αὐρήλιος Ποσιδώνιος, Λούκιος, see Λούκιος Σ. Αὐρ. II.
Σεραπίων (-πίον) see Σαραπίων.
Σερέντιος f. of Preisthos 98, 10.
Σερηνᾶς f. of Melas 172, 4.
Σερήνειος f. of Apphy (?) 355, 1.

Σερῆνις 336, I, 3 (Σαιρ-).
Σερῆνος, Σερήνης 137, 5; 158, 2; 613, 3; 632, 5.
— οὐετρανός 548, 2.
— f. of Ariston 342, 2; 589, 4; 626, 7.
— f. of Harpalos 135, 2; 351, 4.
— f. of Hatis 351, 2.
— f. of Patermouthis 630, 4 (?).
— f. of Serenos 76, 3.
— s. of Harpalos 267, 3.
— s. of Harpas 354, 10.
— s. of Horos 601, 3.
— s. of Mysthes 82, 22.
— s. of Philotas 183, 4.
— s. of Ptolemaios 106, 12; 350, 2; 494, 2; 611, 6 (Σερήνης); 619, 6.
— s. of Serenos 76, 3.
—, Αὐρήλιος 181, 2; 182, 2; 183, 2.
— official 156, 9.
— πράκτωρ ἀργυρικῶν 126, 1.
Σευη- see Σεουη-.
Σεύθης 569, 1; 579, 6.
— s. of Ammonios 336, I, 14.
— s. of Artemidoros 4, 2.
— s. of Heras 336, I, 15; 351, 7.
Σεῶς 93, 1.
— f. of Halis 93, 2.
Σε( ), official 224, 4.
Σιγρίτιος πρεσβύτερος 61, 6.
Σιμικικεῖς f. of Ptolemaios 303, 2.
Σισόϊς, Σισόεις f. of Isidoros 391, 1.
— s. of Karanos 563, 13.
Σισοῦχος s. of Orsenouphis 98, 9.
Σοκμῆνις s. of Kreon 121, 1; 123, 1.
— s. of Sambas 563, 2.
Σοκράτης see Σωκράτης.
Σότας see Σώτας.
Σοῦλ 418, 6.
Σουχάμμων f. of Isidoros 273, 2.
Σουχίαινα d. of Theon 504, 2; 505, 4; 514, 2.
Σουχιδᾶς, official 200, 4; 201, 4; 202, 5; 203, 6; 204, 12; 205, 4; 206, 7; 207, 5; 208, 5; 212, 5; 230, 3.
—, Αὐρήλιος, δεκάπρωτος 76, 1; 454, 2.
Σοῦχις s. of Amoules 347, I, 1.
Στεη( ) f. of Ακο( ) 32, 2.
Στέφανος s. of Dios 83, 6.
Στοθοῆτις s. of Ἀντω(ν) 47, 1.
Στρούθιος f. of Neilos 571, 4; 574, 2; 619, 1.
Συρᾶς s. (?) of Komon 197, 3.
Συρίων, Συρείων 19, 9; 106, 3; 375, 3; 613, 9.
— δεκάπρωτος 446, 2.
— f. of]θης 585, 4.

Συρίων s. of Sotas 175, 6; 347, I, 11; 348, 3.
Σύρος 80, 1.
— s. of Diogenes 281, 2.
— s. of Horion 332, 1.
— s. of Isidoros 268, 6; 590, 4.
— s. of Paesios 593, 2; 618, 4.
— slave of Horion 404, 1.
Συρωτράτης 407, 3.
Σφῦρις 93, 1 (Σφύριδι dat.).
Σωκρᾶς f. of Harpalos 269, 4.
— f. of Ptollas 332, 7.
Σωκράτης 114, I, 3 (Σοκ-); 225, 2 (Σοκ-); 612, 3; 627, 7 (-τος).
— f. of Melas 614, 4.
— f. of Polydeukes 304, 2.
— f. of Ptollas 374, 5 (Σωκάρτου).
— s. of Petesouchos 306, 1.
— s. of Ptolemaios 452, 3.
Σώκωψ (?) f. of Sabinos 325, 2 (Σώκοπος gen.).
Σώστρατος 2, 2.
Σώτας 114, II, 1 (Σότα); 115, II, 1; 258, 4.
— δεκάπρωτος 72, 1.
— ὀνηλάτης 528, 5; 546, 8.
— f. of Achillas 332, 8.
— f. of Syrion 175, 6; 347, I, 11; 348, 3.
— s. of Achillas 615, 6.
— s. of Apollonios 354, 4; 592, 3.
— s. of Damas 338, 3.
Σω[106, 2.

Ταεισᾶρις 200, 1.
Ταήσιος 631, 1.
Τάϊς d. of Pselpos 103, 1.
Ταμέλας see Index V.
Ταμύστης d. of Horos 219, 1.
Τανῖς f. of Paulos 592, 1.
Τανοῦφις 110, 9.
— d. of Patas 516, 4.
Ταοννώφρις w. of Peeus 563, 10.
Ταορσενοῦφις w. of Peeus 563, 9.
Ταουλενι. 582, 6.
Ταπάεις 635, 4.
Τατῖσις ὀνηλάτης 517, 4.
— s. of Priskos 268, 5.
Ταύρα m. of Heron 626, 10.
Ταφε( ) 56, 2.
Ταωλ 565, 5, 6, 10.
Τα.. [99, 1.
Τέλεις m. of Harpalos 607, 3.
— m. of Valerios 603, 4.
Τθοῆς (Τιθοῆς) s. of Imouthes 48, 5.
— s. of Psemn( ) 48, 2.
Τιβερῖνος 108, 6; 441, 3; 560, 1.

Τιβερῖνος ἀρχέφοδος 258, 1.
— βουλευτής 546, 5.
— γυμνασιαρχήσας 499, 4.
— ὀνηλάτης 459, 4.
— f. of Aion 633, 4.
— f. of Aur. Dioskoros 132, 1 ; 601, 2 ; 604, 5.
— f. of Severos 529, 5.
— s. of Apion 111, 10.
— s. of Ptolemaios 107, 2.
Τιβέριος f. of Pasemis 59, 14.
Τιθοῆς see Τθοῆς.
Τιμόθεος s. of Valerios 342, 9 (-θεως).
Τιμολᾶς 262, 2.
Τίμων 482, 8.
Τιον[s. of]ος (?) 195, 1.
Τιοῦκ f. of Palemon 642, 2.
Τιτιανὸς Οὐα(λ), Μάρκος, see Μάρκος Τ. Οὐ.
Τοβ- see Τωβ-.
Τούρβων 10, 3 ; 19, 14.
— φύλαξ 102, 18.
— f. of Kastor 333, 7 (?) ; 347, II, 8.
— s. of Damis 606, 3.
Τωβίας f. of Ptollas 332, 6 (Τοβ-).

Φαι[f. of Neilos 565, 2.
Φαμῆς f. of Polydeukes 608, 2 (Φαμοῦς gen.).
Φάνιος 143, 3.
Φανῆς see Πανῆς.
Φεν( ) f. of Μεσο( ) 41, 3.
Φερειγένης (?) 1, 3, note.
Φηοῦς s. of Pageinos 87, I, 6.
Φη( ) f. of Marres 62, 1.
Φθές 298, 1.
Φιλαδελφέα 21, 4.
Φιλάδελφος δεκάπρωτος 419, 2.
—, Αὐρήλιος 181, 1 ; 182, 2 ; 183, 1 ; 184, 1.
Φιλᾶς s. of Anepolinas, πραγματευτής 18, 2.
Φίλιππος 235, 1 ; 236, 1 ; 262, 5 ; 294, 2.
— s. of Diatimos 197, 8 (-ίπου gen.).
Φιλόξενος δεκάπρωτος 68, 1.
Φιλοσαρᾶπις ὕπατος 95, 1.
— s. of Heron, γυμνασίαρχος 95, 2.
Φίλων f. of Apion 296, 1.
Φιλώτας δεκάπρωτος 478, 2 ; 481, 2 ; 482, 2 ; 483, 2 ; 484, 1 ; 485, 2 ; 486, 1.
— f. of Serenus 183, 4.
Φιλ( ), Μάρκος, see Μάρκος Φ.
Φιο( ) f. of Δευ( ) 60, 2.
Φίρμος s. of Dios 617, 6 ; 625, 8.
Φορ( )(?) 54, 3.
Φωκᾶς f. of Artemidoros 394, 1 ; 400, 6.

Φ . ( ) f. of Petechois 17, 1.
Φ . . . . 92, 1.

Χαιρᾶς, Χερᾶς 64, 2 ; 683, 4.
— s. of Πε( ) 332, 3.
— s. of Valerios 112, 4.
— alias Α[. . . . 633, 2.
Χαιρέας 6, 6.
Χαιρήμων 4, 13 ; 214, 2 ; 336, II, 8 ; 346, 11 ; 352, 2 ; 435, 4 ; 612, 1 ; 632, 2 ; 634, 2.
— δεκάπρωτος 75, 2.
— οὐετρανός 463, 2.
— f. of Anchopis 82, 17.
— f. of Aur. Dioskoros 181, 1.
— f. of Heron 478, 3.
— f. of Heronas 312, 2.
— f. of Horion 387, 11.
— f. of Aur. Isidoros 183, 3.
— f. of Konnos 392, 1.
— f. of Ptolemaios 603, 1 ; 650, 2.
— f. of Sarapion 206, 2 (Χερ-) ; 630, 3.
— s. of Atisios 573, 2.
— s. of Heron 630, 1.
— s. of Horos 267, 6.
— s. of Kopres 332, 5.
— s. of Papnouthis 151, 4.
— s. of Ptolemaios 385, 1 ; 603, 3.
— s. of Πτολ( ) 85, 3.
— b. of Sarapammon 472, 4.
Χαλλῆς f. of Horos 98, 5.
Χαλ( ) s. of Orsirouphas 98, 6.
Χαρίδημος s. of Leonides 284, 2.
— s. of Petheus 324, 2.
Χερᾶς, Χερήμων see Χαιρ-.
Χερ( ) 669, 1.
Χρυσᾶς s. of Horos 95, 2.
Χρυσόμελλος 609, 6.

Ψάμης 617, 5.
Ψᾶς 571, 6.
Ψεκῆς 20, 11.
Ψέλπος f. of Taïs 103, 1.
Ψελ( ) f. (?) of Heronianos 162, 1.
Ψεμν( ) f. of Tthoes 48, 2.
Ψεμ( ) f. of Menches 38, 2.
Ψεναμοῦνις s. of Amphion see 49, 2 and note.
Ψενᾶς 228, 3.
Ψενκαλῆς f. of Pelol 22, 1.
Ψενμᾶις f. of Isidoros 113, 1.
Ψενοβάστις s. of Ἁρεμ( ) 50, 2.
— s. of Paetes 18, 1.
Ψενῶς f. of Pechysis 33, 5.
Ψοσναῖος s. of Horos 152, 1.
Ψ[f. of Maikianos 85, 2.

Ὠρίς f. of Bekis 83, 11.
Ὠρίων, Ὠρείων 73, 3; 91, 1; 111, 3; 186, 5; 326, 2; 327, 2; 547, 4; 612, 2; 653, 1, 2; 678, 1.
— δεκάπρωτος 478, 2; 481, 2; 482, 2; 483, 2; 484, 1; 485, 2; 486, 1.
— official 134, 7; 195, 7.
— ὀνηλάτης 431, 6; 526, 4.
— σιτολόγος 529, 2; 530, 2.
— f. of Apphous 552, 2; 555, 2 (Ὠρείων).
— f. of Esouris 78, 3.
— f. of Heron 354, 1; 587, 3.
— f. of Horion 335, 1.
— f. of Horos 105, 9.
— f. of Iulia Armilla 500, 2.
— f. of Melas 192, 1; 585, 1. Identical with Ὧρος f. of Melas? Cf. below.
— f. of Ouenaphris 527, 7.
— f. of Patermouthis 580, 4.
— f. of Sarapammon 190, 1; 527, 4.
— f. of Syros 332, 1.
— s. of Alexandros 468, 3.
— s. of Chairemon 337, 11 (Ὠρείων).
— s. of Horion 335, 1.
— s. of Kastor 518, 4.
— s. of Kopres 59, 10.
— s. of Kyri 64, 6.
— s. of Leonides 356, 4.
— s. of Maron 82, 5.
— s. of Pasoknopaios 155, 1.
— s. of Valerios 624, 2.
— master of Syros 404, 1.
Ὥρκων 152, 2.
Ὧρος 72, 3; 233, 3; 245; 327, 2; 364, 2; 383, 3; 414, 2; 584, 2; 587, 2.
— δεκανός 82, 21.
— ξένος 165, 1.
— f. of Chairemon 267, 6.
— f. of Chrysas 95, 2.
— f. of Demetrios 335, 5.
— f. of Eren 98, 1.
— f. of Isidoros 330, 2; 337, 8; 342, 10; 504, 5; 621, 3.
— f. of Melas 111, 6; 189, 1; 337, 9; 465, 5; 487, 3; 495, 3 (Ὥρου gen.); 498, 3; 509, 2; 581, 2; 582, 1; 583, 1; 584, 2 (?). Identical with Ὥλ f. of Melas and with Ὠρίων f. of Melas?
— f. of Mesthas 40, 2.
— f. of Psosnaios 152, 1.
— f. of Sarapion 600, 5.
— f. of Serenos 601, 3.
— f. of Tamystes 219, 2.

Ὧρος f. of Valerios 631, 2.
— s. of Ameis 364, 3 (Ὥρος); 377, 2; 416, 2; 479, 4; 608, 6.
— s. of Anouphis 54, 1.
— s. of Autopis 351, 3.
— s. of Challes 98, 5.
— s. of Horion 105, 9.
— s. of Kachepis 295, 1.
— s. of Πτολ( ) 8, 2, 6, 9, 12.
—, Αὐρήλιος, πράκτωρ σιτικῶν 25, 1.
Ὡσῆπι (?) f. of Onnophris 287, 2.
Ω . . . 508, 3 note.

]νομ 623, 1.
] . ν 618, 1. Cf. 597, 5.
. . . ν s. of Sakaon 506, 2.
]τιον s. of Apphous 671, 1.
] . υν s. of Ἡρ[(?) 677, 1.
. . . . . ων 349, 5.
]ων 105, 7; 622, 5.
— s. of Heraklas 585, 2.
. . . . . .]ων s. of Onnophris 566, 1.
. . .]ίων s. of Paulos 86, 5.
. .]εριδίων 621, 4.
] . . ξ 451, 4 ( ] . . κος gen.).
]αξ 252, 6.
. . . .]ς 86, 2.
. . . . . .]ς s. of Kopres 333, 4.
. . .] . ς s. of Panesates 107, 1.
. . . . .] . ς s. of Sarapion 195, 5 (?).
. . . .]ς s. of Satornilos 618, 3.
. . .] . [. . .]ας s. of Hieron 450, 3.
. . .]ας s. of Peeous 373, 1 (?).
]αλ . . ας 267, 4.
]αμεας 334, 1.
]ρολιας 261, 4.
]νας s. of Πτολ[685, 2.
. . . . .]πας ζυτοποιός 119, 1.
. . . .]ρορας 253, 1.
] . ες 334, 3; 678, 2.
. . . .]δης 333, 5.
]θης s. of Syrion 585, 4.
. .]νης 410, 3.
]ις 597, 6.
]χεις 64, 7.
. . .]ῶνις s. of Leein 107, 4.
— s. of Papeis 107, 5.
. [. . . . .]φρις 86, 4.
]ος 86, 3; 99, 1 (?); 105, 3; 111, 15; 150, 5; 252, 3; 484, 2; 597, 7.
— f. of Τιον[195, 2.
. . ο]ς s. of Valerios 99, 2.
]δος 228, 3.
]ιος 228, 2; 261, 3.
. . .]νεῖος 59, 15.

INDEXES

]ρεῖος 584, 1.
] . άσιος 584, 3.
]μος 64, 8.
]νος 566, 5.
. . . . τιανός f. of . . . .]αι . . . 566, 4.
. . . . ινος 849, 3.
]ρῖνος 261, 5, 6.
— f. of Πτολ[597, 4.
.] . αρῖνος s. of Πα[. . . 596, 2.
. . .]πος s. of Antinoos (?) 397, 4.
]υσιππος 676, 1.

. . .]ρος 567, 1.
]υρος 654.
. . . . . . τος (?) 101, 2.
]τος f. (?) of Salotas 178, 2.
. . . .]φος s. of Hermion 86, 1.
. . . ως s. of Ptollas 104, 8.
]ια . . . . f. of Πτ[ολ 178, 2.
. . . .]αι . . . s. of . . . τιανός 566, 4.
. . . αρ . . f. of Demetrios 577, 10.
. . . . [. .]φ (?) f. of Aion 575, 13.
. . .]σ( ) s. of Isidoros 107, 3.

V. GEOGRAPHICAL

Ἀδριανός see Index XII.
Αἰγυπτιακύς 250, 3, 6.
Ἀκανθῶνος, μονή 177, 4.
Ἀλαμανοί 662, 2 (-μηνωι).
Ἀλέκα (?) 529, 6.
Ἀλεξάνδρεια 219, 3.—Ἀλεξανδρεύς 94, 6.
Ἀλεξάνδρου sc. νῆσος 65, 4.
Ἀμου[493, 3.
Ἀντινο(εύς) 397, 5 note.
Ἀντωνίνου 580, 6.
Ἀξ( ) see Ἰβιὼν Ἀξ( ).
Ἀράβων 400, 5.
Ἀρσινόη 386, 3.
Ἀρσινοΐτης 25, 4; 74, 4; 103, 6; 363, 3; 408, 5; 409, 3; 412, 3.
Ἀτ'τίνου (κώμη) 427, 2; 445, 4.

Βαβυλών 187, 3; 189, 5; 196, 4.—Βαβυλώνιοι (?) 661 (Βαβελῶνες).
Βακχιάς 547, 2; 548, 1.

Δύννεως 379, 3; 410, 5; 415, 4; 422, 5; 426, 3; 468, 5; 516, 6.
Διονυσιάς 69, 1; 432, 4.

Ἐκφιάλης (διῶρυξ) 267, 1 (ἐκ φιάλης?).
Ἑρμαίθο(υ) 294, 1.

Ἡρακλεοπολίτης 365, 2; 387, 3 (-κλο-); 431, 6.

Θεαδέλφεια 27, 2; 53, 2 (-φι-); 68, 3; 73, 1 (-φι-); 74, 1; 77, 1 (-φι-); 78, 1 (-φι-).
Θεοξενίς 65, 1.
Θρασώ 52, 1; 72, 2; 81, 1.

Ἰβιών 421, 5; 423, 3; 437, 4.—Ἰ. Ἀξ( )(?) 367, 3.—'I. of 25 arourae' 90, 2.

Ἱερὰ Νεικολάου (κώμη or νῆσος) 371, 1; 407, 1; 408, 4 (N. alone).
Ἰσῖον 257, 3.
Ἰταλικός 250, 2.

Καινοῦ Καρανίδος (?) 198, 3; 210, 3 (Κεν-).
Κάμινος 417, 4; 420, 3 (-νους); 438, 4 (-νους).
Καρανίς 70, 1; 76, 1; 126 2; 128–132; 134, 6; 140, 2 (?); 142, 2; 149, 1; 153, 4; 157, 3; 160, 3; 164, 4; 166, 4; 170–172; 178, 1; 180–183; 185–190; 193–218; 222, 1 (Κερ-); 226, 2; 228–229; 234–236; 254, 6; 259–260; 271, 4; 361, 1; 363–367; 369–370; 372, 1; 374–375; 377–379; 381–383; 387–388; 397, 1; 399, 1; 401–406; 409–410; 412, 1; 415–419; 421–427; 429–433; 436–442; 444–450; 453–456; 458–475; 477, 1; 479–483; 487–488; 490–500; 506, 1; 508, 1; 513–536; 538–539; 541–543; 545–546; 586–587; 616, 2; 679, 6 (?); 688, 2; 692, 2 (-νειδ-).
Κερκεσοῦχα 154, 1; 182, 9; 201, 1; 388, 1; 543, 1.
Κερκευσῖρις 65, 2.
Κερκή, ὅρμος 506, 3; 515, 4; 521, 3; 522, 3; 527, 4; 528, 4.
Κόβα 68, 3.
Κυνοπολίτης 71, 4; 381, 4; 425, 3; 441, 4; 547, 1.
Κῷος see Index IX.

Λευκογίου, ὅρμος 179, 2 (-γει-); 254, 3 (θησαυρὸς Λ.); 516, 7; 517, 4; 520, 5; 524, 3; 525, 3; 526, 3; 532, 3; 534, 3; 541, 3; 545, 5.

P

Λιβιανός (Liuianus) 387, 1 ; 413, 2 (Λιβας); 428, 1.

Μαγαίς 440, 4.
Μαγδῶλα 428, 4.
Μεμφίτης 186, 7 (Μεμφιτῶν πόλις).
Μενδήσιος 250, 10.
μητρόπολις 76, 3 (i.e. Arsinoit. pol.).
μονὴ Ἀκανθῶνος, see Ἀκανθῶνος, μονή.

Ναρμοῦθις 370, 2 ; 371, 3 ; 388, 3 ; 429, 3 ; 449, 5 ; 458, 2.
Νέστου ἐποίκιον 7, 5 ; 413, 5.
Νικολάου, Νεικολάου see Ἱερὰ Νεικολάου (κώμη or νῆσος).

Ὀξυρυγχίτης 398, 2 ; 416, 4 ; 446, 6.
ὅρμος Κερκή see Κερκή, ὅρμος.
— Λευκογίου see Λευκογίου, ὅρμος.

Παλμυρηνός (?) 662, 1 (Παλμηρηνοί).
Πανοπολίτης 381, 6 (-λειτ-).
Περιαγωγός, διῶρυξ 271, 3 ; 274, 1 ; 275, 1.
Πολέμωνος μερίς 67, 2.
Πτολεμαΐς 179, 5 ; 398, 1 (-είς) ; 405, 2 ; 544, 2.

Ῥωμαῖος 663, 2 (Ῥο-).

Ταμέλανος (place? e.g. ἐποικ.?) 434, 4.
Τεπτῦνις 67, 1.

Φιλαδέλφεια 9, 1 (-φι-) ; 13, 3 ; 16, 5 ; 25, 3, 6 (-φι-) ; 71, 1 ; 430, 3 ; 436, 3. Cf. Φιλ( ) 24, 2, 5.

Ψενθεῶ 418, 3.
Ψενῦρις 384, 1 ; 401, 3 ; 468, 2.

VI. RELIGION

Ἄνουβις 656, 7.
Ἆπις 656, 5.
Ἁρποκράτης 656, 4 ; cf. l. 6.
Ἄρτεμις 657, 2 ; cf. note.

Δημήτηρ 657, 5 (Δημ.[)?
Διόνυσος 657, 4.

Ἑρμῆς 656, 3 (Ἑρμοῦς).

θεῖος, θεοφιλέστατος see Index XII.

ἱερεύς 5, 7 ; 148, 6 ; 248, 10 ; 344, 7 ; 586, 7.
ἱερός see Index XII.
Ἶσις 656, 1.

Κούρα 657, 3 ?

Σάραπις 656, 2.

Ταοῦτμις (? Θῶντ) 656, 6.

VII. OFFICIAL AND MILITARY TITLES

ἄγγαρα aut sim. cf. 102, 13 note.
ἀγορανομήσας 94, 3 ; 156, 6.
ἀποδέκτης 161, 3 ; 185, 8 ; 229, 5 ; 257, 1 (ἀ. ξύλων).
ἀρχέφοδος 258, 2 (-εποδ-) ; 342, 13 ; 615, 8.

βαλανειοφύλαξ (?) 102, 5, 7.
βοηθός 6, 3 ; 102, 2, 6-8 ; 147, 1.
βουλευτής 177, 1 ; 254, 1 ; 546, 5.

γνωστήρ 407, 3 ?
γραμματεύς 28, 1 ; 29, 2 ; 30, 2.
γυμνασίαρχος 95, 1, 4.—γυμνασιαρχήσας 350, 4 ; 499, 4.

δεκανός 82, 2, 21 ; 137, 6.
δεκάπρωτος 67, 1 ; 68, 1 ; 69, 1 ; 70, 1 ; 72, 1 ; 75, 2 ; 76, 1 ; 147, 2 ; 167, 1 ;

246, 2 ; 329, 1 ; 380, 1 ; 381, 2 ; 402, 2 ; 411, 1 ; 419, 2 ; 430, 1 ; 431, 1 ; 434, 1 ; 435, 2 ; 437, 1 ; 438, 1 ; 439, 1 ; 440, 1 ; 446, 2 ; 447, 1 ; 448, 1 ; 449, 2 ; 450, 1 ; 451, 1 ; 452, 1 ; 454, 1 ; 465, 2 ; 466, 2 ; 467, 1 ; 469, 2 ; 470, 2 ; 471, 2 ; 472, 2 ; 473, 2 ; 474, 2 ; 477, 1 ; 478, 2 ; 479, 1 ; 480, 1 ; 481, 2 ; 482, 2 ; 483, 2 ; 485, 2 ; 486, 1 ; 490, 2 ; 498, 2 ; 499, 2.
δεκατάρχης 102, 2, 6, 8.
δημόσιος 344, 10 ; 347, 1, 9 ; 348, 1 ; 586, 1.

ἑκατοντάρχης 427, 3.
ἐκμετρητής 550, 3 ?
ἐξαιστειτης (?) 592, 2.
ἐξηγητεύσας 94, 4.
ἐπιμελητής.—ἐ. ἀχύρου 177, 1 ; 187, 2 ;

INDEXES

196, 6.—ἐ. θησαυροῦ Λευκογίου 254, 2.
—ἐ. ὅρμου Λευκογίου 179, 2.—ἐ. χόρτου
234, 2.

εὐθηνιαρχήσας 94, 2.

ἱερεύς see Index VI.

κεφαλαιωτής 86, 7 (-λεω-); 87, I, 1;
    109, 7; 249, 3; 266, 1; 268, 1; 269,
    1; 351, 6; 352, 6; 356, 3; 568, 4 (?);
    577, 1; 580, 1; 582, 1; 583, 1; 591,
    1; 593, 1; 625, 1 (καιφαλεο-).
κωμάρχης 13, 2; 25, 5; 234, 2; 260, 2;
    339, 1; 340, 5.
κωμογραμματεύς 90, 1; 153, 3 (γενάμενος
    κ.).

λῃστοπιαστής 102, 10, 12 (λιστοπ-).

μαγδωλοφύλαξ 151, 3, 4?

νομαρχία 11, 7.
νομοφύλαξ 161, 5.

οἰνοπαραλήμπτης 651, 2.
ὁριοδεικτία 134. 6; 186, 6 (-δικ-); 361, 1;
    363, 1; 365-367; 379, 1; 381, 1;
    383, 2 (-δικ-); 387-388; 397. 1; 401,
    1; 409, 1; 412, 1; 418, 1; 425-426;
    432-433; 436, 1; 441-442; 444-
    445; 453, 1; 460-462; 465-467;
    469-475; 477-478; 481-483; 495,
    1; 497, 1; 500, 1.
οὐετρανός 128, 10; 162, 1; 168, 1; 341,
    2; 344. 5; 347, II, 3; 367, 2; 384,
    5; 396, 2; 462, 3; 463, 3; 548, 2;
    588, I, 6; 612, 6?

πεδιοφύλαξ 356, 9.
πραγματευτής 18, 3.
πράκτωρ 6, 4; 7, 5; 20, 12.—π. ἀργυρι-
    κῶν 126, 2.—π. μονοδεσμίας χόρτου 10,
    3.—π. σιτικῶν 25, 2.
πρεσβύτερος 9, 1; 61, 6.

ῥιπάριος 151, 2?

σιτολόγος 375, 1; 397, 1; 501-505;
    509, 1; 511-512; 519, 3; 523, 5;
    529-530; 543, 3.
συλλογεῖ, συνλ( ) see Index XII.

ὕπατος 95, 1, 3.
ὑποδέκτης 171, 5.
ὑπομνηματογράφος 94, 5.—ὑπομνηματο-
    γραφήσας 430, 2; 431, 2.

φροντιστής see Index XII.
φύλαξ 102, 9, 13, 18; 147, 5 (φυλκι).

VIII. PROFESSIONS

αὐλητής 83, 6-8.

βαφεύς 174, 2.
βουκόλος 319, 2.

γερδίαινα 11, 6.
γέρδιος 272, 2.
γεωργός 61, 3, 4.

ἐλαιουργός 604, 2.
ἐργάτης 1, 7; 266, 2-6; 337, 6.

ζυτοποιός 56, 1; 119, 1 (-πωι).

λαγοπράτης 336, I, 12.

μηχανάριος 274, 2.

οἰκοδόμος 622, 4.
οἰνοπώλης 19, 1.
ὀνηλάτης 55, 2; 78, 5; 81, 2; 235-236;
    330, 6; 344, 11; 351, 10 (?); 415, 4;
    422, 6; 434, 5; 442, 2; 454, 5;
    459, 4; 515, 6; 521-522; 524-525;
    528, 5; 534, 5; 542-543; 546, 6, 8;
    550, 2; 559, 5; 621, 5 (?).
ποιμήν 100, 2; 148, 7; 558, 3; 611, 2.

σακκοφόρος 426, 3; 435, 3; 446, 5;
    460, 4; 496, 2; 533, 4.
σιδ[ηρουργός 677, 2 (?).

τέκτων 14, 3.

IX. WEIGHTS, MEASURES, AND COINS

ἀργύριον 18, 5.
ἄρουρα 130, 3; 163, 2; 261, 2-8; 262,
    2-8; 263, 1-3; 264, 1, 2; 265, 2;
    273, 4; 680.
ἀρτάβη 19, 1-11, 13, 14; 20, 1-9; 21,
    1-10; 22, 2; 23, 2; 24, 2-4, 6, 7;
    25, 8; 26, 4; 27, 3, 5; 81. 2, 3;
    148, 9; 150, 1-5; 152, 2, 3; 153, 4;
    154, 3-5; 156, 7; 157, 5; 158, 3; 159,
    6; 160, 4; 161, 6; 162, 2; 163, 3; 165,

GREEK OSTRACA

2 ; 167, 5 ; 168, 4 ; 169, 2 ; 170, 3 ;
171, 3, 4 ; 172, 6 ; 246, 3 ; 264, 3, 4 ;
288, 5 (?) ; 386, 2 ; 415, 6, 7 ; 442, 4 ;
551, 2 ; 552, 3 ; 554, 4 ; 626, 9.

γανίς 253, 4 (γανίδας) ; 254, 6 (γανίδα).
γόμος 235, 5 ; 236, 5 ; 257, 6.

δέμα 241, 2, 3 ; 242, 1, 2 ; 243, 2 ; 244, 2 ; 245.
δεσμή 234, 5 ; 235, 6 (δαισμ-) ; 236, 6 (δαισμ-) ; 237, 2 ; 238, 4.
δραχμή 1-2 ; 4-16 ; 18, 5 ; 20, 7, 11 (?) ; 98-112 ; 116, 2 ; 120-139 ; 141-143 ; 146-149.

κεράμιον 54, 2, 3 ; 250, 8 (?) ; 251, 3 (διπλᾶ κ.).
κνίδιον 147, 2 ; 248, 3, 5.
κῷον 250, 4.

λάγυνος 250, 5.
λίτρα 52-53 ; 175-176 ; 181-183 ; 185-186 ; 195, 3, 6 ; 197, 4 ; 199-216 ; 226, 2 ; 230-231 ; 255, 2-11.

μάτιον 247, 4.
μετρητής 252, 1-8.

μέτρον 80, 2 ; 81, 3, 4 ; 386, 2.
μόδιος 151, 3, 5.

ναύβιον 266-269 ; 273, 4 ; 276-277 ; 279, 2 ; 284, 5 ; 288, 5 (?) ; 294, 4.

ὄνος see Index XII.

ῥυπαρός 19, 3, 8, 9 ; 158, 3 ; 170, 3 ; 415, 7.

σάκκος 66, 1-4 ; 80, 1 ; 113 α, 3 (?) ; 174, 2 ; 249, 2-10 ; 362, 3 ; 366, 3 ; 368-369 ; 372, 3 ; 375-379 ; 383-386 ; 388-397 ; 399, 2 ; 401-404 ; 407, 4 ; 433, 3, 4 ; 442, 3, 4 ; 447, 3 ; 456-457 ; 463, 3 ; 481, 3, 4, 6 ; 483, 3 ; 516, 8, 9 ; 531, 7 ; 547-550.
σαργάνη 52, 3 ; 177-180 ; 187-194 ; 196, 5 ; 219-225.
σύνδεσμος 289, 2 ; 240, 2.

τάλαντον 17, 3, 4 ; 105, 15 ; 110, 4, 6, 8 ; 113-115 ; 117, 3, 4.

χαλκός 1, 4 (?) ; 17, 3, 4 ; 143, 3 ; 144, 3.
χοῖνιξ 28-51.

X. TAXES

ἀννῶνα 131, 3 ; 132, 2, 7 ; 149, 8 ; 586, 1 (?) (ανων). Cf. τιμή.
ἀννωνικός 16, 3 (οἶνος ἀνν.).
ἀργυρικά 7, 5 ; 14, 1 ; 15, 1 ; 126, 2.
ἄρουρα : ὑπὲρ ἀρουρῶν 130, 3 ; 163, 2 (?) ; 273, 3.
ἀφυλισμός : ὑπὲρ ἀφυλισμοῦ χωμάτων 12, 3.

βαλανευτικόν 120, 3.

δημόσια 181, 4 ; 182, 7 ; 183, 5 ; 184, 4 ; 213, 2 ; 214, 3.
δραγματηγία 9, 3.

εἰκοστή 171, 3 (ικωσ) ; 172, 4 (ἰκωστῆς).
ἐμβολή 412, 3.
ἐπιβολή 24, 3, 4 ; 134, 5.
ἐπιγραφή 16, 4 ; 179, 4.

ε( ) 121, 1 ; 122, 2 ; 123, 2 ; 124, 2 ; 125, 2.

κανών 517, 2.

μονοδεσμία 154, 3, 4.—μ. ἀργυρικῶν 14, 1 ; 15, 1.—μ. χόρτου 10, 3.

ναύβιον see Index IX.
ναῦλον 171, 3 (-λων) ; 172, 5 (-λων) ; 179, 9 ; 671, 5.

σακκηγία 9, 3.
σιτικά 25, 2.

τιμή : ὑπὲρ τιμῆς οἴνου (ἀννωνικοῦ) 16, 3 ; 157, 4.

φόρος 54, 3 (?) ; 126, 3 (φ. φοινίκων).

INDEXES

XI. PALAEOGRAPHICAL

(Selected)

See the chapter on palaeography in Part II, Commentary.

ἄρουρα: ⌐ 90, 2.
 ⌐ 163, 2 ; 261-264 ; 680.
ἀρτάβη: ─ 26-27 ; 81, 2, 3 ; 157, 5.
 ÷ 19, 1-11, 13, 14 ; 148, 9 ;
 150, 1-5 ; 152, 2 ; 163, 3 ; 165, 2 ;
 168-170 ; 264, 3, 4 ; 287-88 (?) ;
 386, 2 ; 626, 9.

δεκανός: ⌐ 82, 2, 21.
δεκατάρχης: χ 102, 2, 6, 8.
δραχμή: L 1, 4, 7, 10 ; Inside, 1, 3.
 S, ς, ϛ 4-15 ; 20, 7, 11 (?) ; et
 passim.
 ς', ς' 2, 4 ; 18, 5 ; 121, 2 ;
 123, 3 ; 125, 3 ; 143, 3.
 ⌐ 120, 3.

ἔτος, ἔτους: ς 8, 17 ; 16, 1 ; 24, 5 ; 27,
 2, 6 ; 52, 6 ; 57, 1 ; 68, 2 ; et passim.
 ς' 8, 1 ; 27, 2, 6 ; 69, 5 ;
 71, 2 ; 75-77 ; et passim.
 ς" 14-15 ; 381, 1 ; 413, 1 ;
 430-431 ; 433, 5 ; 454, 3 ; 464, 2, 6 ;
 481, 4 ; 483, 1, 4 ; 486, 1.
 ╚, L, ⌐, ⌐, ⌐ 1, 6 ; Inside,
 2 ; 5-6 ; 9-11 ; 13, 1 ; 17-18 ; 25,
 9 ; et passim.

καί: ⌐ 151, 4 ; 171, 3 ; 204, 6-7, 9 ;
 et passim.
κεράμιον: κ 54, 2, 3.
λίτραι: λ 53, 7 ; 175-176 ; 181-183 ;
 185-186 ; et passim.
μήτηρ, μητρός: ⌐ 88, 2 ; 563, 3, 4, 9,
 10, 13.
ὁμοίως: ─ 55, 1.
πυρός: +, + 28-30, 32-51 ; 81, 2.
 + 27, 3.
πυροῦ ἀρτάβαι: +, ⌐ 20-24 ; 154, 3-5 ;
 161, 6.
 ⌐, + 27, 5 ; 152-153.
 ÷ 415, 7 (?).
 ─, ─ 159, 6. Cf. above
 s.v. ἀρτάβη and 156, 7, note.
τάλαντον: ⌐ 17, 4.
 ⌐ 105, 15 ; 110, 4, 6, 8 ; 113-
 115.
 ⌐ 117, 3.
Christian symbol: + 61, 1. Paragra-
phos : — 1, 10. ✝, λόγος or περί (?)
1, 1.

XII. GENERAL INDEX OF GREEK WORDS

α, the letter, 672, 1.
ἀγαθός 658, 1 (ἐπ' ἀγαθῷ).
ἄγγαρα, ἀγγαρεία (?) 102, 13 (οτανγαρα ostr.).
ἀγορανομέω see Index VII.
ἀδελφή 21, 2 ; 389, 3 ; 670, 1 (?).
ἀδελφός 20, 3 ; 26, 3 ; 79, 4 ; 87, I, 2 ;
 II, 1 ; 91, 1, 5. 10, 12 ; 95, 6 ; 101,
 5 ; 126, 3 ; 332, 10 ; 347, I, 15 ; II,
 4 ; 354, 2 ; 472, 4 ; 558, 4 ; 563, 14 ;
 575, 9 ; 586. 6 ; 587, 4 ; 605, 2, 3 ;
 606, 2, 3 ; 614, 9 ; 627, 2.
Ἀδριανός 250, 9.
ἀεί 663, 3 note (ἀί) ; 689, 2 (?).

Αἰγόκερως (?) 684, 5 (εγοκκ[. . .).
ἄλλος 1, Inside, 2 ; 8, 13 ; 55, 5 ; 59, 3 ;
 91, 6 ; 146, 2 ; 270, 4 ; 284, 5 ; 329,
 6 ; 336, II, 21 ; 469. 6 ; 563, 12 ; 575,
 1, 3 ; 602, 3, 6 ; 603, 3 ; 605, 3 ;
 606, 3 ; 610, 4 ; 655, 5.
ἅλς 3, 5.
ἅμα 20, 10.
ἅμαξα (?) 692, 3 and note.
ἀμελέω 91, 11.
Ἀμινναῖος 250, 8.
ἄμμος 1, 5.
ἀμφότερος 112, 5 ; 156, 5 ; 234, 1.
ἀναβα[679, 7.

ἀναγειν[ωσκ 670, 4.
ἀναλαμβάνω 251, 4.
ἀνάλωμα 1, 4.
ἀνα... ʹ 167, 4.
ἀνα( ) 99, 3.
ἄνευ 329, 4.
ἀνήρ 86, 8.
ἀννῶνα, ἀννωνικός see Index X.
ἀντί 655, 5.
ἀν..[695, 1.
ἀν[670, 3.
ἀπαλλάσσω 91, 6.
ἀπαρτίζω 93, 4 (?).
ἄπειμι 91, 2 (ἀπόντος μου).
ἀπελεύθερος 337, 7.
ἀπεργάζομαι 186, 3 ; 445, 3.
ἀπέρχομαι 356, 1 (οἱ ἀπελθότες).
ἀπέχω 1, Inside, 4; 56, 2; 138, 4; 146, 2.
ἀπό 1, 2, 5 ; 53, 2 ; 110, 8 ; 148, 3 ;
    153, 1 ; 226, 2 ; 270, 2 ; 336, I, 12 ;
    372, 1 ; 388, 1 ; 412, 2 ; 462, 4 ;
    470, 5 ; 474, 5 ; 475, 5 ; 481, 5 ;
    502, 2 ; 503, 4 ; 504, 5 ; 507, 1 ;
    541, 1.
ἀποδέκτης see Index VII.
ἀποδίδωμι 52, 5.
ἀπολύω 148, 3.
ἀποστέλλω 189, 4.
απ....., ἀπ[227, 4 ; 688, 5.
ἀργυρικός, ἀργυρικά see Index X.—ἀργυ-
    ρικῶν, μονοδεσμία see Index X, μονο-
    δεσμία.
ἀργύριον see Index IX.
ἀρίθμησις 8, 1, 4, 9, 12 ; 10, 2 ; 11, 5 ;
    130, 1 ; 132, 3, 4, 6 ; 135, 1 ; 142, 1, 3.
ἄρουρα see Index IX. Cf. Index X :
    ὑπὲρ ἀρουρῶν.
ἄρρην 89, 3, 5–7 (ἄρινα, ἄρρινα).
ἀρτάβη see Index IX.
ἀρτοκοπία 257, 2 (ἀρτεκ.).
ἄρτος 3, 9.
ἀρχέφοδος see Index VII.
αὐλή 103, 7 ; 110, 3, 7 ; 180, 3.
αὐλητής see Index VIII.
αυσαπ( ) † 276, 2.
Αὐτοκράτωρ see Index I.
αὐτός I, 9 ; 91, 6, 9 ; 103, 2 ; 148, 9 ;
    190, 4 ; 199, 7 ; 231, 3 ; 235, 2 ;
    236, 2 ; 247, 3 ; 329, 3 ; 469, 6 ;
    470, 5 ; 472, 5 ; 473, 5 ; 474, 5 ;
    546, 6, 8 ; 562, 2 (?) ; 575, 15 (?) ;
    684, 3.
ἀφῆλιξ 111, 7 note ; cf. Index IV, s.n.
    Ἀφῆλιξ.
ἀφυλισμός see Index X.
ἄχυρον 52, 3 ; 53, 5 ; 102, 15 ; 113 a,
    2 ; 177–179 ; 181–183 ; 185–187 ;
    189–217 ; 219, 5 ; 222, 3 ; 226, 2 ;
    230, 2 ; 231, 4.
α.[537, 4 (τησα.[).
α( ) 582, 5 (ἀ(δελφός) ?).

β, the letter, 672, 1.
βαδ[250, 7 (βάδος, βάδιον ?).
βαλανεῖον 221, 4.
βαλανειοφύλαξ (?) see Index VII.
βαλανευτικόν see Index X.
βασιλεύς 660.
βασιλικός 154, 4 ; 264, 1 (βασιλικὴ γῆ).
βαφεύς see Index VIII.
βα..( ) 683, 2.
βοβυιοπτητου gen. † 219, 4.
βοηθός see Index VII.
βοΐδιον 91, 4 (βούδια) ; 265, 5.
βουκόλος see Index VIII.
βουλευτής see Index VII.

γ, the letter, 672, 1.
γανίς see Index IX.
γάρ 91, 9.
γείτων 696, 3 (?).
γένημα 67–68 ; 71–74 ; 76–78 ; 157,
    3 ; 361, 1 ; 366–367 ; 374–375 ; 377–
    383 ; 388–389 ; 397–409 ; 411, 2 ;
    415–418 ; 420–446 ; 448–451 ; 453–
    463 ; 466–474 ; 477–483 ; 485–490 ;
    494–497 ; 499–501 ; 503–504 ; 509,
    2 ; 511–516 ; 518–519 ; 521–531 ;
    534, 4 ; 537–538 ; 541–544.
γένος 1, 1, 3 note.
γερδίαινα, γέρδιος see Index VIII.
γεωργός see Index VIII.
γῆ 24, 2, 6, 7.
γίγνομαι, γίνεται, γίνονται 7–8 ; 10–11 ;
    13–15 ; 17–18 ; 24–25 ; 28–51 ; 53,
    7 ; 55, 4, 5 ; 64, 6 ; 67, 4 ; 69, 3, 4 ;
    71, 5 ; 74–75 ; 77, 3 ; 86, 8 ; 98, 2, 4,
    5, 7 ; 105, 15 ; 126, 4 ; 131–132 ; 135,
    3 ; 139, 2 ; 141, 4 ; 152, 3 ; 154, 5 ;
    172, 6 ; 177, 5 ; 190–192 ; 198, 5 ;
    204, 5 ; 210, 5 ; 213, 5 ; 215, 7 ;
    218, 6 ; 231, 2 ; 246, 4 ; 253, 5 ;
    259, 3 ; 268–269 ; 276, 4 ; 335, 12 (?),
    13 ; 344, 9 ; 353, 4 ; 363, 3 ; 365, 2 ;
    367–371 ; 376, 4 ; 379, 4 ; 385, 3 ;
    388, 4 ; 390–395 ; 398, 5 ; 401, 5 ;
    406, 4 ; 409–410 ; 412, 4 ; 415–418 ;
    421–428 ; 432, 5 ; 434–436 ; 441, 6 ;
    443–445 ; 447, 3 ; 453–467 ; 469–
    475 ; 477–479 ; 481–482 ; 484–486 ;
    488–489 ; 491, 5 ; 493, 5 ; 497–498 ;
    500–505 ; 507, 6 ; 509, 7 ; 512–513 ;

516-519; 529-530; 532, 6; 536, 5; 539, 4; 541-544; 546, 4, 6, 9; 551-552; 559, 3; 563, 5 (?); 580, 10; 585, 9; 620, 7; 669, 2 (?); 677, 4 (?); 682, 4.—γενόμενος 94, 4; 153, 3 (γενάμενος).
γνώμη 90, 6.
γνωστήρ see Index VII.
γόμος see Index IX.
γραμματεύς see Index VII.
γυμνασιαρχέω, γυμνασίαρχος see Index VII.
γυμνάσιον 219, 3.
γυνή 247, 3.

δ, the letter, 672, 2.
δαπάνη 102, 1.
δέ 6, 5; 91, 7; 329, 6; 671, 3.
δέκα 360, 5; 370, 5; 403, 4; 432, 4; 489, 2; 491, 4; 546, 4.
δεκαδύο 73, 5; 162, 2; 546, 8 (-δύω).
δεκαεννέα 402, 4.
δεκαέξ 10, 5; 131, 4; 132, 8; 369, 4.
δεκαεπτά 365, 2; 376, 3; 442, 4.
δεκανός see Index VII.
δεκαοκτώ 8, 11; 25, 9 (δεκαοτώ); 239, 2; 546, 6 (-ωκ-).
δεκαπέντε 67, 3; 442, 3 (-πέντη).
δεκάπρωτος see Index VII.
δεκατάρχης see Index VII.
δέκατος 202, 3; 203, 2; 204, 4; 205, 2; 206, 3; 207, 3; 208, 3; 278, 6; 312, 4; 446, 7.
δεκατρεῖς 259, 3; 416, 5; 481, 6 (-τρῖς).
δέλφαξ 102, 4, 12; 147, 3.
δέμα see Index IX.
δεσμή see Index IX.
δεύτερος 95, 1.
δέω 1, Inside, 1 (δῆ ͻ: δεῖ).
δημόσιος 329, 4; 402, 1; 403, 3; 443, 3; 444, 4; 453, 5; 540, 2; 542, 3; 543, 5. Cf. Index VII (δημόσιος) and Index X (δημόσια).
διά 7, 8; 9, 1; 11, 7; 12, 2; 26-27; 52, 5; 68, 3; 71, 3, 4; 73-74; 76, 3, 4; 78, 4; 80-81; 101, 6, 7; 103, 1, 2, 8; 113, 5; 113 a, 4; 134, 4, 7; 137, 4; 143-145; 152, 2; 157, 2, 5; 168, 2; 170-171; 178, 2; 186, 3; 197-198; 201, 2; 203-204; 206-207; 214-217; 219, 2; 222, 2; 245-246; 294, 2; 336, 1, 11; 339-340; 342, 11; 356, 8; 360-361; 363, 2; 367, 2; 369-371; 374-375; 377-379; 381, 3, 4, 6; 383, 3; 385-390; 397-398; 400-409; 412-418; 421-441; 443-446; 448-450; 453-462; 464, 3, 4; 466-475; 477, 4, 5; 480, 4; 482, 6; 484, 4; 492-494; 501-506; 509, 1; 511-512; 515-519; 521, 3; 523-530; 532, 4; 534, 5; 540, 2; 542-544; 546-547; 550, 3 (?); 553-555; 559, 4; 575, 8, 11; 615, 7; 685-686; 688, 1, 2; 697, 2, 3 (?).
διαγράφω, διαγέγραφε 117, 1.—διέγραψε 5, 1; 7-16; 118, 1; 120, 2; 126-132; 135-136; 140, 1; 142, 1 (?); 145, 3.
διακόσιοι 53, 6; 198, 4; 203, 3; 204, 5.
διατύπωσις 463, 2.
δίδωμι, δός 18, 4.—δοθήτω 55, 2.—δοῦναι 91, 9.
διπλοῦς 251, 2 (διπλᾶ).
διῶρυξ 267, 1; 271, 2.
δόσις 59, 3; 110, 1, 2, 5, 7.
δοῦλος 19, 7; 270, 1; 283, 2; 311, 2; 336. II, 7, 16; 338, 6; 404, 1; 563, 5; 571, 1; 580, 5; 617, 5. Also used as proper name. Cf. Index IV.
δραγματηγία see Index X.
δραχμή see Index IX.
δυν ... 679, 1.
δύο 5, 4; 12, 4; 33, 4; 56, 3; 77, 3; 126, 4; 132, 7; 191, 3; 246, 4; 253, 5; 368, 3 (δοίω); 371, 5; 383, 3 (δοίω); 385, 3; 391, 2; 392, 2; 414, 3; 418, 5; 424, 3; 427, 4; 428, 5; 457, 4; 466, 7; 467, 5; 469, 5; 470, 6; 482, 3; 516, 8; 553, 3; 655, 6.
δώδεκα 374, 7.
δωδέκατος 47, 2 (δωδέκ(ατον)).

ε, the letter, 672, 3.
ἐάν 655, 4.
ἕβδομος 313, 2 (ἑβδόμῃ καὶ εἰκοστῇ).
ἐγώ 148, 1.—ἐμοῦ 11, 7; 134, 7; 157, 2, 5; 197, 7; 294, 2.—μου 91, 2, 11; 103, 8; 670, 1.—μοι 1, Inside, 1; 91, 10.
εἰ 671, 4.
εἰκάς 303, 4; 304, 4; 310, 3; 314, 2.
εἴκοσι 195, 6; 197, 4; 199, 5, 8; 202-208; 211-216; 229-230.
εἰκοσιείς 425, 4; 441, 5.
εἰκοσιοκτώ 8, 10.
εἰκοσιπεντάρουρος 90, 2. Cf. Index V ('Ἰβιών).
εἰκοσιτέσσαρες 16, 6 ([χιλίας] εἰκοσιτ.); 132, 2; 133, 2.
εἰκοστός 276, 5; 313, 3. See Index X (εἰκοστή).

εἰμί 655, 2 (ἀστιν), 3.
εἰς 1, 3, 5, 11; 11, 6; 24, 5; 28, 2;
  31–36; 38–43; 45–49; 91, 4; 103,
  7; 117, 2; 126, 2; 137, 3; 139, 3;
  164, 2; 180, 3; 196, 3; 219, 3;
  271, 2; 276, 5; 278, 5; 356–358;
  390, 2; 506, 3; 515, 4; 521–522;
  524–528; 534, 3; 546, 7.
εἷς 69, 3, 4; 72, 5; 75, 5; 485, 5;
  456, 3; 459, 5 (ἷς); 460, 5 (ἷς); 461,
  5 (ἷς); 482, 9; 484, 4; 500, 3; 517,
  6; 530, 5; 545, 6.—ἕνα 444, 5; 465,
  6; 466, 7; 469, 7; 471, 5; 472, 6;
  478, 6; 479, 5; 513, 5; 514, 3;
  542, 5; 543, 7.—μία 52, 3 (i.e. μίαν);
  258, 3.—μίαν 31, 3; 33, 3; 34, 3;
  37, 3; 41, 4; 43, 4; 46, 3; 49, 3;
  55, 3 (i.e. μία); 167, 5; 177, 5;
  179, 8; 180, 2; 190, 2; 192, 3;
  193, 5; 194, 5; 219, 6; 225, 4;
  254, 7.—ἕν 276, 4.
εἰσβάλλω 364, 4 (εἰσέβλην).
ἐκ, ἐξ 329, 3, 6; 655, 6.
ἑκατόν 1, 9; 52, 4; 185, 5; 195, 6;
  197, 4; 199, 5; 202–208; 210–216;
  228–231.
ἑκατοντάρχης see Index VII.
ἐκβάλλω 655, 4.
ἐκβολή 337, 1.
ἑκκαιδέκατος 213, 3 (ἑκκε-); 214, 4 (ἑκκε-);
  215, 5.
ἐκμέτρησις 550, 3 note.
ἐκμετρητής see Index VII.
ἕκτος 48, 5; 134, 1; 154, 4; 171, 4
  (ἕκτων, αἴκτων); 172, 6 (ἕκτων); 200,
  3; 201, 2; 303, 3; 304, 3; 400, 1;
  553, 1 (αἴκτη).
ἐκ[684, 6.
ἔλαιον 3, 7; 55, 3–5; 250, 7; 251, 1.
ἐλαιουργός see Index VIII.
ἐλα[686, 5.
ἐλλαμβάνω (?) 145, 2 (ἐλληφθεί[σης).
ἐλλογέω 1, 10 (ἐλλογῶι).
ἐμβάλλω, ἐνέβαλε 196, 2; 493, 2;
  542, 2.—ἐνεβάλετο 543, 3.
ἐμβολή see Index X.
ἐμμετρέω 181, 3; 182, 4; 183, 4; 184, 3.
ἐν 110, 2, 5, 7; 157, 2, 3; 177, 4; 186,
  7; 189, 5; 294, 1; 311, 3; 374, 2;
  407, 1; 493, 3; 506, 1; 515–529;
  531–533; 535–536; 541, 3; 544–
  545; 684, 5; 697, 6 (?).
ἔνατος 53, 3; 136, 2; 137, 1; 182, 6;
  184, 4; 276, 5; 278, 5; 314, 2;
  436–443; 445–446; 451, 2; 453, 2;
  499, 3; 504, 3.

ἕνδεκα 458, 3; 480, 5; 529, 7.
ἑνδέκατος 306, 3.
ἐννέα 398, 5.
ἐνωθέω 91, 9 (ἤνωσα); cf. note.
ἕξ 8, 3, 6, 14; 22, 2; 71, 4; 397, 3;
  415, 7; 426, 5; 431, 7; 445, 5;
  447, 3; 454, 6; 462, 6; 486, 3;
  504, 7; 671, 4.
ἐξαιστειτης see Index VII.
ἐξηγητεύω see Index VII.
ἑξήκοντα 209, 3, 5; 218, 5 (?).
ἐπί 9–10; 14–15; 102, 15; 189–190;
  193–194; 196, 3; 327, 3 (?); 468,
  4; 658, 1; 670, 3, 5.
ἐπιβολή see Index X.
ἐπιγραφή see Index X.
ἐπιμελητής see Index VII.
ἐπιφέρω 462, 7 (ἐπιφερόμενος).
ἑπτά 127, 3; 188, 4; 422, 6; 423,
  4.
ἐργάζομαι, εἰργάσατο 270, 2; 271, 2.
ἐργασία 137, 4.
ἐργάτης see Index VIII.
ἐρέα 255, 1.
ἔρημος 671, 3.
ἐρη( ) (?) 117, 2.
ἔριον 250, 11.
ερονιθαιην † 692, 1.
ἔρχομαι 102, 15 (ἐλθών).
ερω( ) 697, 3 (?).
ἕτερος 149, 3.
ἔτος 1, 6; Inside, 2; 9, 4; 10, 1; 11, 1; 14,
  1; 15, 1; 16, 1; 17, 5; 24, 5; 25, 9;
  52, 6; 55. 4; 69, 5; 90, 7; 91, 13;
  128, 1; 129, 1; 132, 1; 134, 1; 135,
  1; 186, 1, 3; 137, 1; 157, 1; 182, 6;
  196, 5; 234, 7; 271, 1; 279, 3; 280,
  1; 281, 1; 374, 8; 384, 7; 400, 1;
  408, 1; 414, 1; 450, 2; 499, 3; 504,
  4; et passim. Cf. Index I.
εὐθηνιαρχέω see Index VII.
εὐτυχής 663, 2 (εὐτυχῶς).
εὔχομαι 91, 12.
ευ . . . 692, 3.
ἐφίστημι 329, 7 (ἐπισταθῆναι).
ἐφόδιον 102, 8, 17 (ἐφοτίου).
ἔχω 1, Inside, 1, 2; 119, 2 (ἔχωι).—ἔχον-
  τες 329, 3.—ἔσχον 6, 2; 167, 3.—
  ἐσχηκέναι 6, 6 (-νε).
ἕως 1, 2, 6; 91, 6; 116, 2; 462, 4;
  470, 5; 474, 6; 475, 5; 481, 5;
  501–504; 507, 2; 509, 4.
ε . [250, 5.
ε( ) see Index X.

ζ, the letter, 672, 1.

ζυτοποιός see Index VIII.
ζωή 693, 3.

η, the letter, 672, 3.
ἡγέομαι 141, 3 (ἡγουμενο[).
ἡμεῖς, ἡμῶν 25, 10 (ἡμῶν); 128, 3; 129, 3; 134, 1; 156, 2; 157, 1; 400, 2; 653, 1; 655, 2, 3.—ἡμῖν 91, 3, 5.
ἡμέρα 91, 6; 270, 4.
ἡμέτερος 90, 5.
ἥμισυς, ἥμισυ 31, 3; 33–35; 37–41; 42, 3 (ἵμισυ); 43–45; 47, 2; 51, 2; 421–422; 530, 5; 543, 7.
ἡμι[250, 1.
ἤπητρον 1, 8 (-τρα).
ηρκιλα ... 675.

θ, the letter 672, 2.
θαρρέω 91, 10 (θαρρῶ).
θεῖος 463, 2.
θεοφιλέστατος (?) 408, 2. Cf. Index I.
θερινός 89, 6.
θηλυκός 89, 2, 4 (-λικ-).
θησαυρός 71, 1; 73–74; 76–78; 157–159; 164, 3; 254, 2; 361, 1; 363, 1; 365–367; 370–371; 374, 2; 381, 1; 387, 1; 398, 1; 401–404; 406–409; 412, 1; 416–418; 421–427; 429–442; 444–450; 453–455; 457–458; 460–463; 465–467; 469–475; 477–482; 487, 1; 490, 1; 493–495; 497–500; 506, 1; 508, 1; 513–533; 535–536; 538, 1; 540–545.
θύρα 258, 2.

ι, the letter, 672, 2.
ἴδιος 360, 3; 377, 2; 460, 3; 462, 5; 464, 4; 466, 4; 467, 3; 469, 3; 475, 3; 477, 4.
ἰδιωτικός 264, 2.
ἱερεύς see Index VI.
ἱερός 24, 2, 4, 6.
ἵνα 91, 8.
ἰνδικτίων see Index II.
ιν[99, 3.
ι.[673, 3.

κ, the letter, 672, 3.
καθήκω, καθῆκον 117, 3.
καί 1, 5, 8, 9; 2, 3, 5; 5, 6; 7, 4; 8, 1, 4, 9, 11, 12, 15, 17; 9, 3; et passim.
καλός, καλῶς 91, 4.
κάμηλος 401, 3; 404, 3.
κανθήλιος, κανθήλιον 147, 6.
κανών see Index X.

κατά 324, 3.
καταγωγή 134, 5; 546, 3 (-γογ-).
κατάκριμα 153, 1.
κατοικικός 24, 7; 154, 3.
κάτοικος 154, 1.
καύσιμος 190, 2; 191, 2; 192, 2; 193, 4; 194, 4; 196, 4; 219, 5; 222, 3.
κεγ( ) (?) 676, 1.
κειρία 1, 8.
κελ( ) (?) 311, 2; 322, 1; 568, 4.
κένωμα 57, 4; 58, 3.
κεράμιον see Index IX.
κεφαλαιωτής see Index VII.
κεφαλή 59, 1.
κηλ( ) (?) 323, 2.
κίνδυνος 329, 7.
κιρία see κειρία.
κληρονόμος 71, 2; 163, 1; 631, 1.
κλῆρος 262, 2–5; 263, 2, 3.
κνίδιον see Index IX.
κοινός 3, 1, 4, 8, 11 (or κοινῶν ?). Cf. 198, 3; 210, 3.
κοινωνός 76, 2; 519, 3; 523, 4; 529, 3 (κυν-); 530, 2; 582, 2; 627, 5, 10.
κοίτη 262, 1 (κότις)?
κο( ) (?) 99, 4.
κρεάδιον 56, 3.
κρέας 265, 1.
κριθή 25, 8 (κρει-); 27, 3; 70, 3; 81, 3 (κρει-); 148, 9; 155, 2 note; 156, 7; 160, 4; 169, 2; 170, 3 (κριθῶν); 364, 5 (κρει-); 387, 1; 413, 2 (κρηθῆ); 428, 1; 494, 5; 513, 4; 514, 3; 515, 6; 517, 5; 528, 5; 542, 5; 545, 6; 549, 2.
κτῆνος, κτήνη 68, 3; 71, 4; 74, 4; 76, 3; 215, 3; 329, 3–6; 360, 3; 363, 2; 367, 2; 370–371; 377, 2; 379, 3; 381, 4, 6; 386–389; 398, 2; 400, 4; 402–403; 405–406; 408–409; 413, 4; 415–418; 421–423; 425–428; 430–432; 434–438; 440–441; 443–446; 449, 5; 453, 5; 457–458; 460, 3; 462, 5; 464, 4; 466–475; 477, 4; 486, 2; 516, 6; 518–519; 523, 9; 529–530; 540, 2; 542–543; 546–547; 562, 1.
κυρία 670, 1.
κύριος 25, 10 (κυρι); 128, 2; 129, 3; 134, 1; 156, 1; 157, 1; 270, 3; 400, 1; 663, 3.
κωμάρχης see Index VII.
κώμη 9, 1; 13, 3; 16, 4; 25, 3, 6; 69–74; 76–78; 128, 7; 131, 3; 142, 1; 149, 1; 157, 3; 164, 3; 178–179; 181–182; 185–190; 193–196;

199-200; 203-212; 215, 3; 222, 1;
228-229; 234-236; 254, 5; 260, 2;
271, 3; 329, 3, 6, 8; 361, 1; 364, 1
(κο-); 371-372; 374, 2; 382, 1;
402, 1; 405-407; 416-419; 421-
425; 427, 1; 429-434; 437-440;
444, 1; 446, 1; 448-450; 455, 1;
463-464; 468, 1, 2, 5; 479-480;
487, 1; 490-491; 493-494; 498-
499; 506, 1; 508, 1; 515-519; 521-
531; 533-534; 536, 3; 538, 1;
540-542; 587, 7; 616, 2; 697, 4,
5 (?).
κωμήτης 197, 2; 202, 2; 216, 2; 217, 1;
587, 6.
κωμογραμματεύς see Index VII.
κῷον see Index IX.
κ[, κ . [166, 4; 670, 6; 693, 2.

λ, the letter, 672, 2.
λαγοπράτης see Index VIII.
λάγυνος see Index IX.
λαμβάνω 91, 8; 148, 5.
λαμπρός, λαμπρότατος 94, 5.
λεγιών 56, 2.
λευκός 89, 2.
λῃστοπιαστής see Index VII.
λιβανωτός 3, 6.
λίτρα see Index IX.
λόγος 1, 1 (?); 9-11; 14-15; 24, 5;
28, 2; 31-33; 35-36; 38-43; 45-
49; 89, 1; 102, 1; 137, 4; 248-
249.
λοιπός 1, Inside, 3; 127, 3; 622, 1
(λιπ-).
λυκίδιον 1, 9.

μαγδωλοφύλαξ see Index VII.
μανθάνω 91, 2.
μάτιον see Index IX.
μέγιστος 408, 2.   Cf. Index I.
μέλαθρον 1, 11.
μέλας 89, 3.
μερίς 67, 2.
μέρος 544, 1; 671, 2.
μέσος 263, 3.
μετά 6, 5; 90, 5; 103, 5; 653, 1.
μεταβάλλω, μετέβαλε 397, 2; 414, 2;
494, 2; 501-507; 509, 1; 511-512;
515, 2; 517-518; 520-522; 524-
528; 532, 1; 536, 1 (?); 541, 2;
544-546.—μετεβάλετο 516, 4.
μεταγράφω 663, 4.
μέτοχος 7, 4.
μετρέω, μέτρησον 28-50.—ἐμέτρησε 27,
1; 170, 4; 415, 5.—μεμέτρηκε, -ήκασι

152, 2; 156, 4.—ἐμεμετρήκεσαν 156,
6.—μεμέτρηνται 164, 2 (?).
μέτρημα 158, 2.
μετρητής see Index IX.
μέτρον see Index IX.
μή 655, 4.
μήν 12, 2; 132, 2, 3, 7; 137, 2; 252, 9.
μηνιαῖος 128, 8 (?).
μήτηρ 88, 2; 106, 14; 416, 3; 428, 3;
461, 3; 479, 4; 563, 3, 4, 9, 10, 13;
603, 4; 607, 3; 608, 6; 616, 8;
626, 10.
μηχανάριος see Index VIII.
μισθός 655, 7.
μισθωτής 151, 2; 412, 3.
μόδιος see Index IX.
μονή 177, 4; 257, 2; 356, 2.
μονοδεσμία see Index X.
μόνος 53, 8; 129, 8 (μων-); 151, 2, 5;
171, 5 (μων-); 197, 5; 198, 5; 199,
6; 211, 6; 213, 5; 214, 6; 226, 2;
551, 3.
μόσχος 695, 4.

ναύβιον see Index IX.
ναῦλον see Index X.
νέος 215, 9; 625, 2.
νεόφυτος 680 ?
νίκη 663, 1 (νεῖκαι).
νομαρχία see Index VII.
νομός 412, 3.
νομοφύλαξ see Index VII.
νότος 263, 2.
νο, νο( )(?) 287, 5; 288, 5.
ν . . 698, 3.

ξένος 165, 1.
ξύλον 257, 2, 6 (-λων); 356, 1.

ὁ, ἡ, τό 1, 3, 5, 6, 11; Inside, 2; 5, 6;
6, 2, 4, 6; 9, 4; 11, 6; 16, 1; 25, 3,
9; et passim.
ὄγδοος 312, 3.
οἰκία 1, 3.
οἰκοδόμημα 1, 12.
οἰκοδόμος see Index VIII.
οἰκον.( ) 117, 2.
οἰκοτροφή 117, 2.
οἰνοπαραλήμπτης see Index VII.
οἰνοπώλης see Index VIII.
οἶνος 3, 10; 16, 3; 102, 2, 3 (ον), 5-7,
9-11, 16; 157, 4; 249, 1.
ὀκτακόσιοι 234, 5 (ὠκτα-).
ὀκτώ 14, 4; 132, 3, 6; 135, 3; 139, 1;
411, 4; 417, 6; 419, 4; 421, 6;
478, 3 (?), 4; 481, 6; 541, 4.

ὁμοίως 19, 7 ; 24, 5 ; 55, 1 ; 103, 2, 7 ;
  105, 5 ; 182, 9 ; 213, 2 ; 270, 4 ;
  337, 6 ; 355, 2 ; 482, 8 ; 547, 3 ;
  563, 1, 6, 8.
ὁμοῦ 353, 4.
ὁμο . [688, 4.
ὀνηλάτης see Index VIII.
ὀνικός 329, 5.
ὄνομα 72–78 ; 156–157 ; 159, 5 ; 164, 4 ;
  179, 6 ; 361, 2 ; 363–364 ; 370–371 ;
  374, 4 ; 382, 2 ; 389, 2 ; 400, 5 ; 402,
  2 ; 405–407 ; 413, 3 ; 418, 2 ; 423–
  432 ; 434–442 ; 444–457 ; 459–464 ;
  466–475 ; 477–479 ; 483–484 ; 487–
  488 ; 491, 2 ; 495–500 ; 505, 4 ; 512–
  514 ; 519, 4 ; 522–523 ; 530, 4 ; 537,
  2 ; 539, 2 (?) ; 561, 1.
ὄνος 64–65 ; 67–69 ; 71–79 ; 333, 4–7 ;
  335, 1, 2, 4–11 ; 337, 1 ; 342, 11 ;
  345, 8–11 ; 347, I, 8 ; II, 4, 13 ; 350,
  1–3 ; 353, 4 ; 357–361 ; 363–365 ;
  367, 3 ; 370–371 ; 373–374 ; 381, 5 ;
  387, 5 ; 398, 4 ; 400, 7 ; 405–414 ;
  416–419 ; 421–428 ; 430–432 ; 434–
  441 ; 443–446 ; 448–455 ; 457–462 ;
  464–480 ; 482, 3, 6, 9 ; 484–490 ;
  493–507 ; 509–515 ; 517–530 ; 532,
  5, 6 ; 534, 5 ; 536–537 ; 539–546 ;
  551, 2 ; 553–562 ; 685, 4 (?).
ον . 698, 2.
ὀν( ) 676, 1.
ὄξος 248, 1.
ὁριοδεικτία see Index VII.
ὅρμος 518, 5 ; 544, 5. Cf. Index V.
ορ (?) 696, 3.
ὅς 1, Inside, 1 ; 6, 5 ; 56, 4 ; 91, 3.
οτανγαρα 102, 13.
ὅτι 91, 11.
οὔ, οὐκ 91, 11.
οὐετρανός see Index VII.
οὖν 91, 4, 10.
οὗτος 148, 3 ; 179, 8.
ὀφείλω 1, Inside, 3 (ὀφελεῖ) ; 148, 2
  (ὀφίλω).
ὄχθη 189, 2 ; 190, 5 ; 193, 2 ; 194, 2.
ο[. . . .] . . . 682, 2.

παιδάριον 102, 14 (πεταροις).
παρά 25, 7 ; 91, 8 ; 100, 1 (?) ; 103, 4 ;
  119, 2 ; 138, 4 ; 148, 4, 5 ; 167, 3 ;
  177, 3 ; 234–236 ; 248, 2, 4, 6 ; 254,
  5 ; 329, 1.
παραγγέλλω 91, 7 (παρήνγιλα).
παραδέχομαι 25, 7 (παρεδεξάμην).
παραδίδωμι, παρέδωκε 57, 2 ; 272–293.—
  παραδέδωκε 258, 1 (-κι).

παραλαμβάνω, παρελάβαμεν 234–236.—
  παρέλαβον 177, 3 ; 179, 3 ; 254, 5.
παραλ( ) 684, 3.
παρατίθημι 56, 4.
παραφέρω, παρήνεγκας 257, 5 (-εκκ-).—
  παρήνεγκε, παρήνεγκον 52, 1 ; 53, 1 ;
  185–195 ; 198–200 ; 202–206 ; 208–
  215 ; 218–219 ; 223–224 ; 226–228 ;
  232–233.—παρηνέχθησαν 197,1 ; 216,1.
πάρειμι 468, 5 (παρόντος).
παρέχω 91, 3 (παρασχών).
πᾶς 658, 2 ; 663, 1.
πάσηλος see φάσηλος.
πατέω 90, 3.
πατήρ 138, 3 ; 219, 2.
πεδιοφύλαξ see Index VII.
πέμπτος 171, 1 (πέντης) ; 172, 2 (πέντης) ;
  199, 4 ; 357–358.
πέντε 33, 5 ; 113, 7 ; 324, 4 ; 367, 3 ;
  379, 4 ; 390, 3 ; 408–409 ; 424, 5 ;
  434, 5 ; 436, 4 ; 464, 4 ; 481, 3 ; 485,
  3 ; 490, 5 ; 498–499 ; 503, 6 ; 507, 5 ;
  518–519 (-τη).
πεντεκαιδέκατος 307, 3.
πεντήκοντα 8, 3, 5 ; 185, 6 ; 210, 5 ;
  234, 6.
περί 1, 1 (?) : 93, 3.
πηχ( ) (?) 327, 3.
πιπράσκω 251, 1 (πεπραμένων).
πιττάκιον 262, 1 (πιτακίου).
πλήρης 156, 8.
πλοῖον 171, 3 (πλυον) ; 172, 5 (πλυ) ;
  196, 3.
ποιέω 91, 3, 5.
ποιμήν see Index VIII.
πόλις 94, 6 ; 110, 5 ; 186, 8 ; 196, 3.
πολίτης 347, I, 9 ; 348, 1 ; 529, 2 ; 530,
  1 (-ει-).
πολω 694 (πόλῳ, πολω( ) ?).
ποταμός 189, 2 ; 190, 5 ; 193, 2 ; 194, 2.
πρᾶγμα 93, 3.
πραγματεύομαι 138, 1 (πλαγματεύων).
πραγματευτής see Index VII.
πράκτωρ see Index VII.
πρα[685, 3.
πρεσβύτερος see Index VII.
πρόβατον 89, 1–5.
προκ( ) (?) 689, 1.
πρός 65, 5 ; 79, 3 ; 141, 2.
προσπε . [691, 2.
προ . . 687, 2.
πρῶτος 408, 1 (προτ-).
πτυχή 258, 3.
πυρός 20–24 ; 27–51 ; 80–81 ; 162, 2 ;
  166–167 ; 415, 6 ; 442, 4 ; 501, 5 ;
  509, 3 ; 518, 6 ; 520–522 ; 524–526 ;

532, 5; 541, 3; 546, 4, 8; 551–552.
π[, π. [, π. . 677, 3; 681, 3; 689, 2.
π( ) 151, 2, 4.

ῥιπάριος see Index VII.
ῥυπαρός see Index IX.
ῥώννυμι, ἐρρῶσθαι 91, 12.

σακκηγία see Index X.
σάκκος see Index IX.
σακκοφόρος see Index VIII.
σαργάνη see Index IX.
Σεβαστός see Index I.
σημειόω, σεσημείωμαι 8, 4, 7; 27, 4, 5; 53, 9 (σεσιμίομαι); 128–129; 156, 10; 185–186; 189–190; 193–195; 197, 6 (-μείο-); 199–200; 202–210; 212–216; 219, 7; 223–224; 226, 3; 253, 6; 259, 4; 273, 5 (-μίω-); 276, 6; 278, 5; 287–288; 553, 4.— ἐσημειωσάμην 290, 4; 322, 4.
σιδ[ηρουργός see Index VIII.
σιτικά see Index X.
σιτολόγος see Index VII.
σῖτος 163, 3; 171–173; 548, 7.
σπορά 91, 4.
σπόριμος 264, 1, 2.
σπουδή 91, 2.
στιχάριον 59, 2; 256, 3.
στρα[93, 1.
σύ, σοῦ 119, 2; 138, 4; 167, 3; 177, 3; 254, 5; 655, 6.—σοί 56, 4.—σέ 91, 12.
συγχωρέω 91, 5 (συνχ-).
συλλογεῖ (verb or noun?) 369, 2 (συνλογεῖ). Cf. the following word.
[συλλ( )], συνλ( ) (or σὺν λ( )?) 311, 2; 322, 1. Cf. the preceding word.
συμβολή 103, 3, 5.
συμπαρά 235, 2; 236, 2 (συνπαρά).
σύν 27, 3, 5; 171, 3; 172, 4; 265, 1. Cf. συλλ( ).
σύνδεσμος see Index IX.

τάλαντον see Index IX.
τάριχος 3, 3.
τέκτων see Index VIII.
τεκ . [166, 5.
τεσσαράκοντα 53, 6 (τεσεράκ-); 132, 4; 195, 4 (-σερ-); 198, 5 (-σερ-); 203–204.
τέσσαρες 7, 7; 9–11; 15, 4; 74, 5; 119, 4; 171, 4 (τεσαρεις); 363, 3; 381, 5; 388, 4; 394–395; 400–401; 405, 4; 410, 4; 412, 4; 433, 3; 443, 3; 474, 6; 484, 2; 487–488;

501, 6; 509–510; 512, 5; 520, 7; 544, 7; 555, 4 (?); 685, 4 (?).
τέταρτος, τέταρτον 28–29; 31, 3; 35, 3; 55, 3; 164. 4.
τετρακόσιοι 134, 6.
τετράς 316, 2.
τη[670, 5.
τιμή 16, 3; 127, 2; 147, 4; 157, 4. Cf. Index X.
τρεῖς 17, 3; 32, 3; 36, 3; 44, 3; 91, 6; 222, 4 (τρῖς); 257, 6; 277, 6; 284, 6; 393, 2; 404. 4 (τρῖς); 420, 4; 453, 6; 455, 4; 463, 3; 475, 6 (τρῖς); 477, 6 (τρῖς); 482–483; 502, 3 (τρῖς); 505, 7; 523. 8 (τρῖς); 532, 5 (τρῖς); 536, 5; 539, 4; 559, 3.
τριακάς 320, 2.
τριάκοντα 8, 13; 12, 4; 52, 4; 126, 4.
τριακόσιοι 231, 1.
τρισκαιδέκατος 212, 3 (-κε-); 318, 2.
τρίτος 30, 3 (τρίτον); 48, 3; 50, 3; 198, 3; 222, 5; 310, 2.
τυν[250, 11.
τυφλός 104, 2.

υἱός 27, 4; 82, 6; 105, 2; 131, 3; 197, 9; 284, 4; 373, 1; 421, 4; 563, 11, 14; 575, 1, 5, 15; 602–603; 605–606; 608, 3; 610, 3, 4.
ὑμεῖς, ὑμῶν 25, 7; 234, 5; 655, 5.
υμε . [684, 4.
ὕπατος see Index VII.
ὑπέρ 5, 6; 8, 2, 11, 12; 12, 2; 16, 2; 52–53; 69, 2, 4; 102, 17; 120, 3; 126, 3; 130–132; 134, 5; 137–138; 140, 2 (?); 145, 2; 148–149; 151, 2, 4; 157, 4; 179, 3; 181–186; 188–190; 193–195; 197–200; 206, 2; 209–210; 212–217; 254, 5; 273, 3; 480, 3; 490, 1; 498, 2; 501, 3; 503–504; 509, 2; 511–512; 532, 4; 616, 1; 683, 3.
ὑπερθ . [531, 6.
ὑπό 356, 1.
ὑποδέκτης see Index VII.
ὑπόκαυσις 219, 3.
ὑπομνηματογραφέω, ὑπομνηματογράφος see Index VII.
ὑπώρεια, ὑπώρα 90, 4.
ὑπ( ) (?) 113, 7.

φακῆ 156, 8.
φάσηλος 246, 3 (πα-); 247, 4 (πα-).
φέρω 1, 3 note.
φημί 6, 5.

INDEXES

φοινικών 671, 2.
φοῖνιξ 126, 3.
φόρος see Index X.
φροντιστής 68, 4.
φύλαξ see Index VII.

χαίρω, χαίρειν 17–18; 28–36; 38–50;
  55, 1; 90–92; 119, 2 (-ριν); 161, 3;
  177, 3; 181–184; 234, 4 (-ριν);
  254, 4.
χαλκός see Index IX.

χάρτης 147, 4.
χοῖνιξ see Index IX.
χοιρίδιον 265, 4.
χόρτος 10, 3; 91, 8; 234, 2, 5 (χρότου);
  235–236
χρηματίζω 94, 7.—χρημάτισον 17, 2.
χρω . . . 679, 5.
χῶμα 12, 3; 276, 3.

ωκα[693, 4.
ὡς 94, 7.

XIII. EXCAVATION LABELS OF THE OSTRACA FROM KARANIS

The chief purpose of this index is to show whether an ostracon was found alone or with others. It also reveals which houses, streets, and other units produced ostraca published in the present volume. Single letters that occur after the inventory numbers, e.g. 130 E, 221 E, indicate objects, not rooms or other divisions. For an explanation of the system of labelling see pages xviii f.

Excavation label		Edition number	Excavation label		Edition number
023	A and C	145	153*	G	174
023	B	306	164*	A	690
039	A	117	164*	C	220
055	A	493	165*	J II	281
113	G–A × 2	470, 473	165*	N II	531
113	I–C × 20	199, 202–205, 207–209, 211–212, 254, 481, 517, 525–526, 556–557	209*	A	113 and 113 a
			237*	C	173
			238*	B	399
			242*	N	522
130	E	563	242*	X	663
131	C–B	109	242*	Y	183
136	A–G	164	242*	Z	579
136	N–A × 2	138, 667	242*	M I	438
137	D–AH	670	242*	O I	365
148	F–F	170	242*	P I	562
210	C–K	151	242*	R I	376
221	E	639	242*	S I	267
229	A–D	144	242*	C II	699
237	F–O	225	242*	D II	420
237	H–C	577	242*	E II	514
242	B–S	131	242*	F II	228
242	F–U	450	242*	G II	504
242	G–A	671	242*	H II	159
243	H	142	242*	J II	442
243	J	105	4006	Y	624
243	Z	510	4006	E–A	188
262	C I	578	4009	A¹–B × 3	197, 553, 632
272	A–A × 2	631	4016	A × 3	223, 233, 633
341	X	332	4017	C–N	146
344	O	474	4017	D–A × 3	112, 634, 669
Below 127 B–C		273	4030	A–C and	
131*	B	681	5051	A–A × 3	336
136*	D	641	4044	B–B	171
136*	E	528	5000	L × 3	246, 260, 348
152*	A	648	5001	C–B	529

Excavation label		Edition number	Excavation label		Edition number
5002	D–O × 13	110, 168–169, 182, 184, 186, 255, 258, 337, 455, 460, 476, 580	5058	A–A × 4	191, 193, 485, 545
			5058	C–B × 5	542, 588–590
			5071	A–A × 3	341, 540, 591
			5072	E–A × 14	140, 235–236, 342, 381, 408, 419, 429, 432–434, 436, 444, 497
5002	E–J	265			
5002	F–B × 2	533, 549			
5002	G–A × 18	103, 136, 412, 418, 424, 426, 430, 435, 440, 445–446, 448–449, 452, 467, 560, 644, 697			
			5072	F–J × 6	134, 437, 443, 551, 574
			5072	G–C × 16	143, 237–238, 240, 243–244, 343, 361, 409, 447, 453, 488, 552, 554–555, 682
5003	D–C	581			
5005	B–A × 10	251, 637, 640, 645–646, 649–652, 654			
			5074	A × 2	232
5005	C–A × 8	137, 248, 496, 515, 518–519, 523–524	5076	B–R	688
			5076	D–A	454
5005	F–A × 3	397, 401, 521	5077	D	415
5006	A–AD × 5	333, 568–571	5082	B–B	628
5007	C–A	499	5083	B–N	239
5007	G–E	664	5084	B–H	672
5008	A–S × 11	189, 192, 222, 479, 487, 498, 509, 582–585	5085	B–H	283
			5091	C × 9	196, 201, 247, 344–345, 384, 459, 503, 592
5008	B–G × 14	130, 158, 279, 364, 366, 383, 390, 414, 416, 465, 558, 572, 653			
			5092	C × 3	187, 457, 593
			5093	K–A × 2	175, 483
			5095	A–A × 4	176, 346–347, 643
5010	F²–F	116	B 1	C–P I	325
5011	D–B	573	B 1	C–Q I	285
5012	C–A	224	B 1	C–R I	278
5014	C–C × 2	259, 425	B 1	C–S I	322
5015	A	185	B 1	C–T I	293
5016	A–B × 4	206, 229–230, 691	B 1	C–U I	323
5019	B	546	B 1	D–A	288
5020	A–E × 7	213–214, 216, 441, 482, 625–626	B 1	D–B	290
			B 1	D–C	289
5020	D–A	627	B 1	D–D	282
5020	G–I	180	B 1	V–F	126
5020	H–F × 2	334, 388	B 2	K–T	276
5024	E–A × 4	338, 456, 586–587	B 4	L–D	564
5024	F–G × 5	102, 354–355, 513, 541	B 5	C–H	330
			B 5	H–C	315
5025	B–A	695	B 7	N–F	147
5028	E–A × 7	98, 121–124, 155, 362	B 9	K–G	307
			B 9	U–E	674
5033	F–D	326	B 11	C–C	676
5043	A–E	231	B 12	L–B I	331
5047	A	427	B 12	L–Q II	375
5048	S × 13	101, 125, 132, 221, 263, 313, 372, 377, 386, 400, 495	B 12	M–D	311
			B 14	D–A	423
			B 14	F–A	252
5050	A–A × 3	262, 310, 339	B 15	C–A	274
5051	A–A × 3	150, 266, 336	B 25	A–F	270
5051	C–B	451	B 25	V–A	305
5053	B–C	340	B 26	F–U	675

INDEXES

Excavation label	Edition number	Excavation label	Edition number
B 32 A–A	271	B 132 A*–E	668
B 43 A–R	319	B 154 K*–C	349
B 45 A–B	358	B 154 K*–D	550
B 45 A–C	357	B 154 K*–J	309
B 45 E–D	304	BS 145* A	462
B 52 B–H	656	C 5 E–C	629
B 54 A–E	312	C 5 E–D	544
B 59 D–A and B	575	C 6 G–A	104
B 74 E	226	C 7 A–D	636
B 103 B	594	C 10 B–H	684
B 115 B–B	657	C 14 A–G	475
B 115 C–F	658	C 24 A–B	597
B 118 B–A	217	C 24 A–F	133
B 127 E–C	316	C 26 G–A	256
B 132 A–Z	396	C 29 A–X I	356
B 132 A–A I	395	C 29 A–X II	494
B 132 A–B I	385	C 29 H–K I	630
B 132 A–C I	392	C 35 A–J I	108
B 132 A–D I	394	C 35 B–B	501
B 132 A–E I	393	C 35 B–C	698
B 132 A–F I	391	C 35 B–D	598
B 132 A–M I	565	C 35 B–E	532
B 141 E–B	277	C 35 B–F	516
B 167 A–C	162	C 35 B–G	350
B 167 A–D	595	C 35 B–H	421
B 167 A–G	166	C 36 B–E	294
B 167 A–H	317	C 36 K–D	210
B 168 K–A	692	C 36 K–P	507
B 168 K–G	693	C 36 K–U	253
B 168 K–N	694	C 37 B–C	478
BS 2 W	245	C 37 K–C	374
BS 18 B	250	C 37 K–E	561
BS 26 T	566	C 37 M–A	559
BS 145 E	161	C 37 Z–B	599
BS 150 V	286	C 38 A–A	600
BS 160 B	227	C 38 B–A	601
BS 160 H I	321	C 39 A–A	484
BS 160 J I	680	C 42 G–B	506
BS 160 D II	324	C 43 G¹–A	539
B 108 C*–D	596	C 43 G¹–B	157
B 114* D	299	C 43 G¹–C	413
B 115* W	683	C 43 G¹–D	128
B 115* X	291	C 43 G¹–E	129
B 115* Y	297	C 43 G¹–F+G	335
B 115* Z	301	C 43 G¹–H	538
B 115* A I	300	C 43 G¹–J	406
B 115* B I	298	C 43 G¹–K	417
B 115* C I	296	C 43 G¹–L	428
B 115* D I	295	C 43 G¹–M	411
B 115* E I	673	C 43 G¹–N	360
B 115* F I	302	C 43 G¹–O	370
B 115* G I	152	C 43 G¹–P	407
B 118 J*–B	154	C 43 G¹–Q	234
B 124 C*–E	320	C 43 G¹–R	371
B 131* B	660	C 43 G¹–S	387

Excavation label		Edition number	Excavation label		Edition number
C 43	G⁴–A	405	C 88	A–B	500
C 43	G⁴–B	329	C 88	B–C	431
C 45	C–G	547	C 88	C–D	527
C 45	Q–A	635	C 88	C–J	190
C 47	J–B	114	C 88	C–T	178
C 49	H–E	257	C 88	C–V	472
C 49	J¹–J	468	C 101	B–B	242
C 50	A–D I	198	C 101	B–C	241
C 51	A–U III	687	C 106	A–D	275
C 54	C–T	218	C 107	A–C	696
C 54	C–U	685	C 107	A–D	328
C 54	D–D	469	C 107	A–F	318
C 54	E–A II	141	CA 12	E and CA	
C 55	A–A	602		20–L	106
C 55	A–B	603	CA 12	H	402
C 55	A–C	604	CA 12	L	380
C 55	A–D	605	CA 19	B	398
C 55	A–E	662	CA 19	F	466
C 55	A–W	502	CA 19	M	287
C 55	A–J I	606	CA 19	O	613
C 55	A–K I	607	CA 19	Q	471
C 55	B–D	608	CA 19	W	480
C 55	B–E	609	CA 19	B I	195
C 55	B–F	610	CA 19	D I	107
C 56	G–F I	351	CA 20	X	194
C 56	K–A	179	CA 20	Y	535
C 56	N–C	665	CA 21	C	543
C 56	N–D	491	CA 21	D	236
C 56	N–E	511	CA 21	F	614
C 56	N–F	611	CA 21	G	100
C 57	C–A I	490	CA 21	H	461
C 57	N–B	548	CA 21	O	534
C 59	A–O	508	CA 70	O	659
C 59	A–R	177	CA 70	J I	327
C 59	C–D	378	CA 71	Y	284
C 59	D–B	537	CA 71	Z	149
C 59	D–D	139	CS 9	A	367
C 61	A–B	389	CS 9	B	492
C 61	A–E	280	CS 23	C	686
C 61	K–D	135	CS 23	K	463
C 62	E–H I	520	CS 34	A	264
C 62	N–A	661	CS 34	B	530
C 62	N–B	181	CS 34	C	99
C 62	N–F	292	CS 34	K	352
C 62	N–G	612	CS 34	K I	615
C 65	D	156	CS 52	F II	359
C 65	E	368	CS 52	H III	623
C 65	F–B	410	CS 52	J III	119
C 65	M–A	403	CS 60	B II	616
C 65	Northwest room	148	CS 60	G II	655
C 65	Inner court	363, 576	CS 60	J II	404
East of C 67		677	CS 100	V	647
C 76	D	678	CS 100	B II	120
C 80	A–A	261	CS 105	D	617
C 80	A–C	679	CS 105	N	689

INDEXES 225

Excavation label	Edition number	Excavation label	Edition number
C 65* E–F	458	C 65* W–C	505
C 65* E–L	369	C 65* W–G	619
C 65* E–U	160	C 65* W–M	620
C 65* E–W	618	Temple U	642
C 65* E–X	379	Temple AE	215

XIV. INVENTORY NUMBERS

A. THE ASKREN COLLECTION

I. *The smaller collection, acquired from Dr. D. L. Askren in March, 1920*

Inventory number	Edition number	Inventory number	Edition number
4001	90	4020	80
4002	92	4021–23 Demotic	
4003	94	4024 *see* under 4008	
4004	68	4025–27 Demotic	
4005 Coptic		4028	54
4006–7 Demotic		4029–33 Demotic	
4008 and 4024	5	4034	61
4009–13 Demotic		4035–37 Demotic	
4014	93	4038 Coptic	
4015–19 Demotic (4019 genuine?)			

II. *The larger collection, acquired from Dr. D. L. Askren in July, 1925*

Inventory number	Edition number	Inventory number	Edition number
4039–4187 non-Greek		4212	20
4188	56	4213	33
4189	12	4214	95
4190	71	4215	70
4191	10	4216	66
4192	3	4217	35
4193	58	4218	65
4194	91	4219	79
4195	11	4220	45
4196	57	4221	53
4197	88	4222	64
4198	59	4223	48
4199	9	4224	38
4200	77	4225	28
4201	29	4226	19
4202	49	4227	39
4203	14	4228	51
4204	74	4229	46
4205	55	4230	89
4206	21	4231	6
4207	81	4232	76
4208	31	4233	78
4209	67	4234	7
4210	42	4235	69
4211	82	4236	73

Q

Inventory number	Edition number	Inventory number	Edition number
4237	75	4255	30
4238	63	4256	34
4239	4	4257	8
4240	26	4258	52
4241	16	4259	24
4242	72	4260	25
4243	15	4261	41
4244	86	4262	37
4245	23	4263	13
4246	17	4264	85
4247	27	4265	60
4248	36	4266	87
4249	44	4267	18
4250	43	4268	22
4251	47	4269	96
4252	40	4270	97
4253	50	4271	62
4254	32	4272	2

III. Later purchases

Inventory number		Edition number
1926	4457	1
1926	4458	84
1927	9134	83

B. Ostraca from Karanis

From the excavations, season	Inventory number
1924/25	4273–4456, 4459–4467
1925/26	4468–4568
1926/27	4569–4619, 9135–9152
1927/28	9000–9133
1928/29	9153–9285

Inventory number	Edition number	Inventory number	Edition number
4273	Inscription on pot	4290	Child's toy; scrawl
4274	473	4291	517
4275	470	4292	254
4276	212	4293	557
4277	205	4294	563
4278	203	4295	Inscription on pot
4279	526	4296	Inscription on pot
4280	204	4297	164
4281	208	4298	667
4282	211	4299	138
4283	556	4300	670
4284	199	4301	170
4285	481	4302	188
4286	207	4303	624
4287	202	4304	146
4288	209	4305–4305 a	336
4289	525	4306	260

INDEXES

Inventory number	Edition number	Inventory number	Edition number
4307	246	4362	524
4308	348	4363	397
4309	529	4364	401
4310	168	4365	521
4311	169	4366	333
4312	186	4367	568
4313	182	4368	569
4314	255	4369	570
4315	110	4370	571
4316	258	4371	499
4317	580	4372	664
4318	337	4373	582
4319	455	4374	487
4320	460	4375	222
4321	476	4376	583
4322	265	4377	498
4323	533	4378	189
4324	549	4379	192
4325	467	4380	584
4326	697	4381	479
4327	440	4382	585
4328	418	4383	509
4329	445	4384	465
4330	435	4385	558
4331	452	4386	390
4332	449	4387	414
4333	424	4388	653
4334	448	4389	383
4335	560	4390	366
4336	644	4391	364
4337	136	4392	416
4338	103	4393	279
4339	446	4394	572
4340	412	4395	130
4341	426	4396	158
4342	430	4397	116
4343	184	4398	573
4344	581	4399	224
4345	645	4400	259
4346	654	4401	425
4347	637	4402	185
4348	651	4403	691
4349	649	4404	206
4350	640	4405	230
4351	652	4406	229
4352	646	4407	546
4353	251	4408	216
4354	650	4409	482
4355	248	4410	214
4356	515	4411	625
4357	518	4412	213
4358	137	4413	441
4359	523	4414	626
4360	496	4415	627
4361	519	4416	180

228 GREEK OSTRACA

Inventory number		Edition number
4417		388
4418		334
4419	Child's toy; scrawl	
4420		338
4421		586
4422		587
4423		456
4424		513
4425		354
4426		541
4427		102
4428		355
4429		695
4430		362
4431		123
4432		124
4433		122
4434		155
4435		98
4436		121
4437		231
4438		427
4439		263
4440		221
4441		386
4442		495
4443		372
4444		132
4445		400
4446	Inscription on pot	
4447		313
4448		125
4449		377
4450		101
4451		310
4452		262
4453		339
4454		150
4455		266
4456		340
4457–58	Purchased, see above, A III	
4459		109
4460		145
4461		306
4462		117
4463		493
4464		464
4465		127
4466		215
4467		642
4468	Demotic	
4469		577
4470		671
4471		578

Inventory number		Edition number
4472	Demotic	
4473		631
4474	Inscription on pot	
4475		332
4476		474
4477		197
4478		632
4479		553
4480		633
4481		223
4482		233
4483		634
4484		112
4485		669
4486		171
4487		326
4488		451
4489		485
4490		191
4491		545
4492		193
4493		588
4494		589
4495	Child's toy; scrawl	
4496		590
4497		542
4498		540
4499		591
4500		341
4501		497
4502		433
4503		140
4504		444
4505		419
4506		235
4507		434
4508		429
4509		381
4510		236
4511		408
4512		432
4513		342
4514		436
4515		134
4516		551
4517		574
4518		443
4519	Child's toy; scrawl	
4520		437
4521		554
4522		453
4523		343
4524		240
4525		447
4526		409

INDEXES

Inventory number	Edition number	Inventory number	Edition number
4527	361	4582	330
4528	552	4583	315
4529	143	4584	147
4530	237	4585	307
4531	238	4586	674
4532	243	4587	676
4533	244	4588 Inscription on pot	
4534	682	4589 Inscription on pot	
4535	555	4590	331
4536	488	4591	375
4537	232	4592	311
4538 Child's toy; scrawl		4593	423
4539	688	4594	252
4540	454	4595	274
4541	415	4596	270
4542	628	4597	305
4543	239	4598	675
4544	672	4599 Inscription on pot	
4545	283	4600	271
4546	459	4601 Inscription on pot	
4547	247	4602 Inscription on pot	
4548	384	4603	319
4549	201	4604 Child's toy; scrawl	
4550	592	4605	358
4551	196	4606	357
4552	503	4607 Inscription on pot	
4553	344	4608	304
4554	345	4609	656
4555	187	4610	312
4556	593	4611	575
4557	457	4612	226
4558	483	4613 Inscription on pot	
4559	175	4614	245
4560	346	4615 Inscription on pot	
4561	176	4616	250
4562	643	4617	566
4563	347	4618	165
4564	486	4619 Child's toy; scrawl	
4565	200	9000	151
4566	172	9001	639
4567	163	9002	144
4568 Demotic		9003	225
4569	325	9004	131
4570	285	9005	450
4571	278	9006	142
4572	322	9007	105
4573	293	9008	510
4574	323	9009	594
4575	288	9010	657
4576	290	9011	658
4577	289	9012	629
4578	282	9013	544
4579	126	9014	104
4580	276	9015	636
4581	564	9016	684

GREEK OSTRACA

Inventory number	Edition number	Inventory number	Edition number
9017	475	9072	609
9018	597	9073	610
9019	133	9074	351
9020	256	9075	490
9021	356	9076	508
9022	494	9077	177
9023	630	9078	280
9024	501	9079	520
9025	698	9080	410
9026	598	9081	403
9027	532	9082	678
9028	516	9083	261
9029	350	9084	679
9030	421	9085	106
9031	210	9086	422
9032	478	9087	402
9033	374	9088	380
9034	561	9089	398
9035	559	9090	466
9036	600	9091	287
9037	601	9092	613
9038	484	9093	471
9039	539	9094	480
9040	157	9095	195
9041	413	9096	107
9042	128	9097	194
9043	129	9098	535
9044	335	9099	543
9045	538	9100	536
9046	406	9101	614
9047	417	9102	100
9048	428	9103	461
9049	411	9104	534
9050	360	9105	659
9051	370	9106	327
9052	407	9107	284
9053	234	9108	149
9054	371	9109	367
9055	387	9110	492
9056	405	9111	686
9057	329	9112	264
9058	687	9113	530
9059	218	9114	99
9060	685	9115	352
9061	469	9116	615
9062	141	9117	359
9063	602	9118	623
9064	603	9119	119
9065	604	9120	616
9066	605	9121	655
9067	662	9122	404
9068	502	9123	567
9069	606	9124	268
9070	607	9125	269
9071	608	9126	512

INDEXES

Inventory number	Edition number	Inventory number	Edition number
9127	167	9181	504
9128	115	9182	159
9129	179	9183	442
9130	491	9184	596
9131	511	9185	Demotic
9132	665	9186	299
9133	611	9187	Demotic
9134	Purchased, see above, A III	9188	683
		9189	291
9135	489	9190	297
9136	153	9191	301
9137	249	9192	300
9138	308	9193	298
9139	353	9194	296
9140	303	9195	295
9141	314	9196	673
9142	118	9197	302
9143	Demotic	9198	152
9144	Demotic	9199	217
9145	439	9200	154
9146	272	9201	320
9147	638	9202	316
9148	621	9203	660
9149	219	9204	396
9150	111	9205	395
9151	622	9206	385
9152	382	9207	392
9153	477	9208	394
9154	373	9209	393
9155	666	9210	391
9156	681	9211	565
9157	641	9212	668
9158	528	9213	277
9159	648	9214	183
9160	174	9215	550
9161	690	9216	309
9162	220	9217	162
9163	281	9218	595
9164	531	9219	166
9165	113 and 113a	9220	317
9166	173	9221	692
9167	399	9222	693
9168	522	9223	694
9169	663	9224	161
9170	349	9225	462
9171	579	9226	286
9172	438	9227	227
9173	365	9228	321
9174	562	9229	680
9175	376	9230	324
9176	267	9231	108
9177	699	9232	294
9178	420	9233	507
9179	514	9234	253
9180	228	9235	599

Inventory number	Edition number	Inventory number	Edition number
9236	506	9261	500
9237	547	9262	431
9238	635	9263	527
9239	114	9264	190
9240	257	9265	178
9241	468	9266	472
9242	198	9267	242
9243	548	9268	241
9244	378	9269	275
9245	537	9270	696
9246	139	9271	328
9247	389	9272	318
9248	135	9273	Inscription on pot
9249	661	9274	463
9250	181	9275	647
9251	292	9276	120
9252	612	9277	617
9253	458	9278	689
9254	369	9279	156
9255	160	9280	368
9256	618	9281	148
9257	379	9282	363
9258	505	9283	576
9259	619	9284	273
9260	620	9285	677

PLATES I–VIII

PLATE I

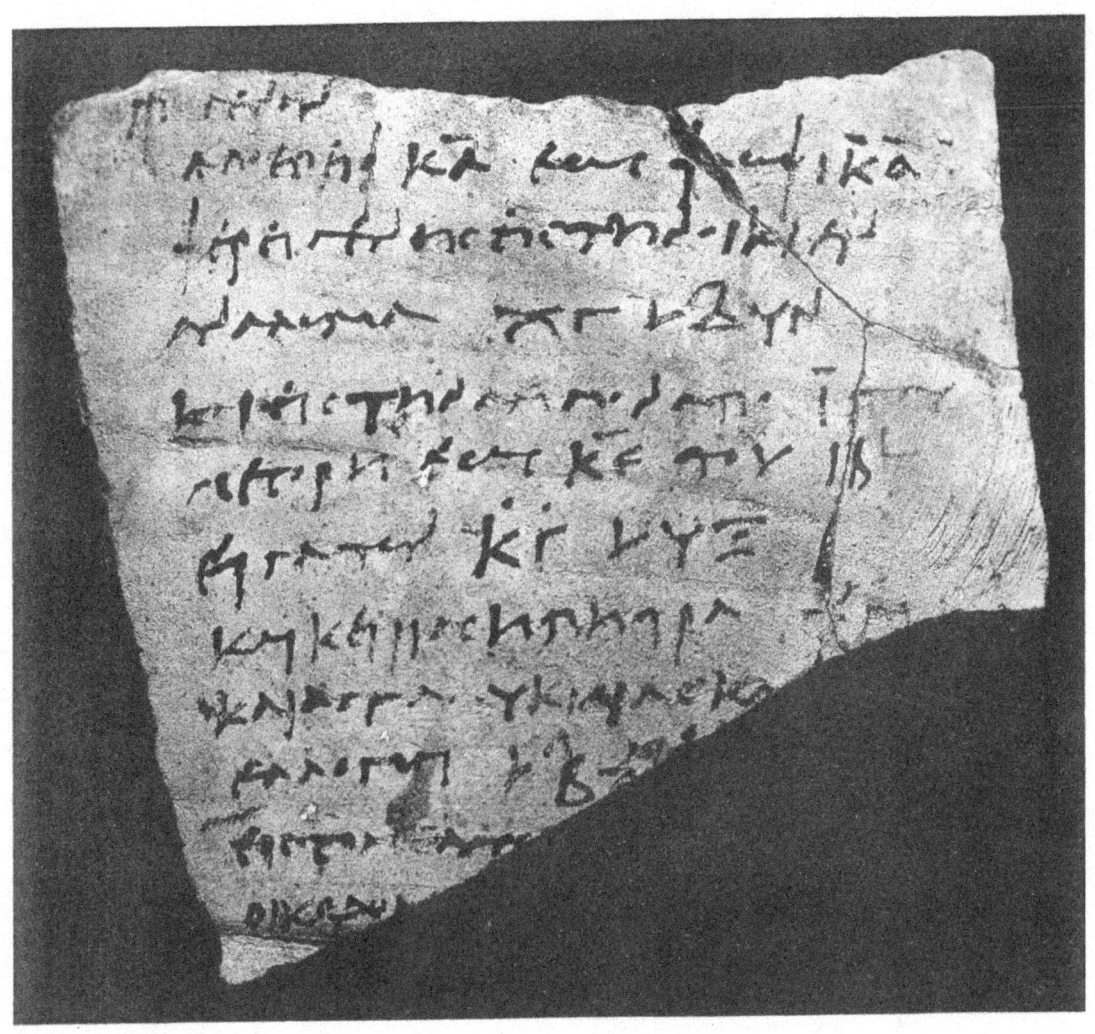

Ostracon 1

PLATE II

FIG. 1. Sobk, the crocodile god of the Arsinoïte nome (ostracon 97)

FIG. 2. Egyptian priests carrying the crocodile mummy on a litter. Reproduced by permission of E. Breccia, from *Monuments de l'Égypte gréco-romaine*, Vol. I, Part II, Plate 64

PLATE III

Fig. 1. The stone platform in the sanctuary of the North Temple of Karanis

Fig. 2. The stone altar from the North Temple; now in the yard of the camp at Kôm Aushîm. Photograph by D. B. Harden

PLATE IV

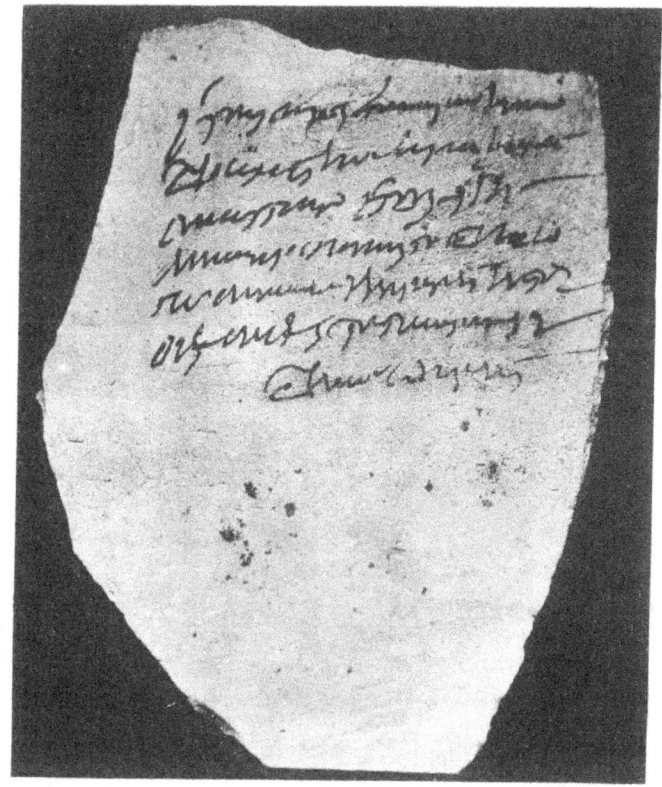

Ostracon 134

Ostracon 171

PLATE V

Ostracon 186

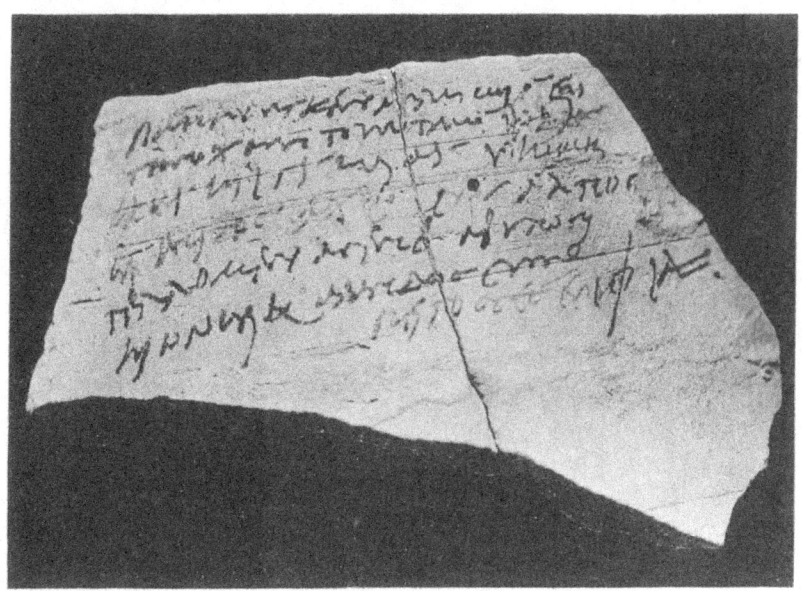

Ostracon 189

PLATE VI

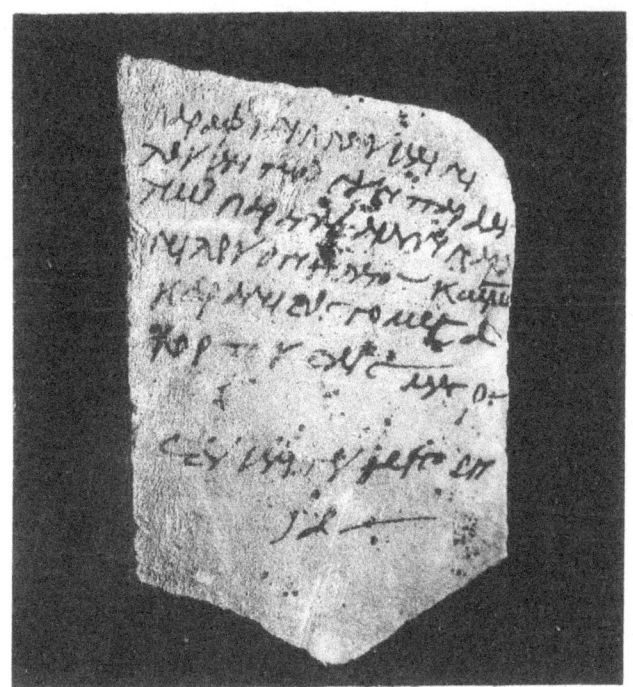

Ostracon 235

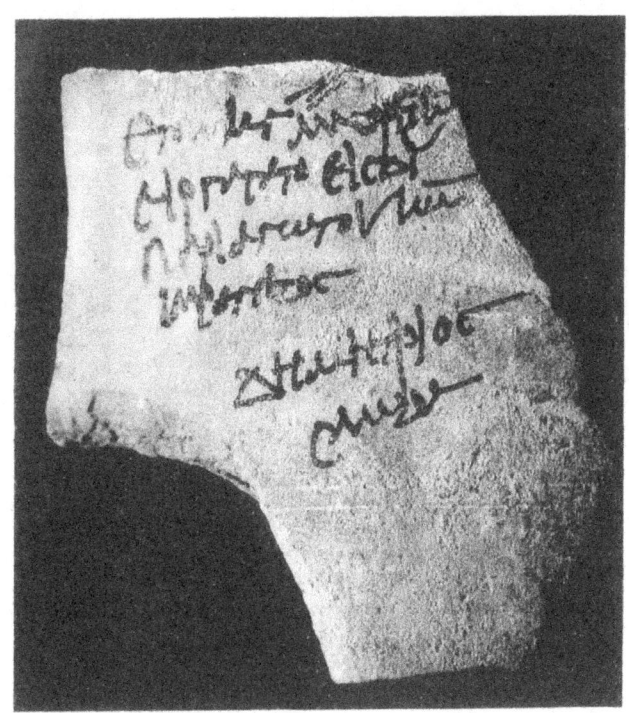

Ostracon 271

PLATE VII

Ostracon 329

Ostracon 364

PLATE VIII

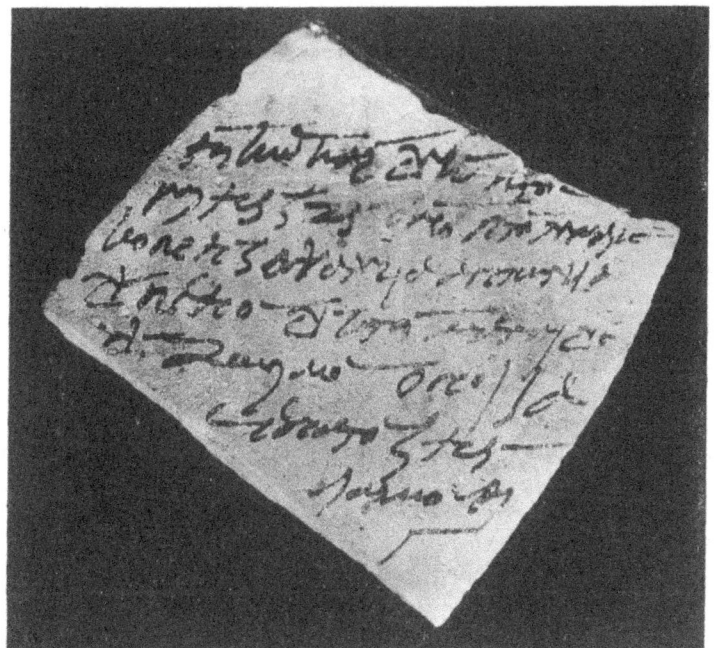

Ostracon 440

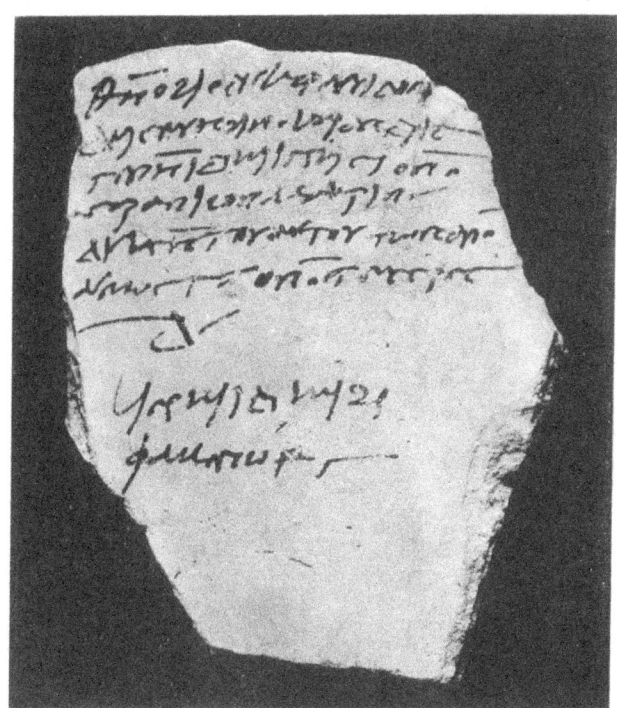

Ostracon 474

University of Michigan Studies

HUMANISTIC SERIES

General Editors: JOHN G. WINTER, HENRY A. SANDERS, and EUGENE S. McCARTNEY

Size, 22.7 × 15.2 cm. 8°. Bound in cloth

Vol. I. ROMAN HISTORICAL SOURCES AND INSTITUTIONS. Edited by Henry A. Sanders. (*Out of print.*)

Vol. II. WORD FORMATION IN PROVENÇAL. By Edward L. Adams. Pp. xvii + 607. $4.00.

Vol. III. LATIN PHILOLOGY. Edited by C. L. Meader. (*Out of print.*)

Parts I, II Available in Paper Covers:

Part I. THE USE OF IDEM, IPSE, AND WORDS OF RELATED MEANING. By C. L. Meader. Pp. 1–112. $0.75.

Part II. A STUDY IN LATIN ABSTRACT SUBSTANTIVES. By Manson A. Stewart. Pp. 113–178. $0.40.

Part III. THE USE OF THE ADJECTIVE AS A SUBSTANTIVE IN THE DE RERUM NATURA OF LUCRETIUS. By Frederick T. Swan. (*Out of print.*)

Part IV. AUTOBIOGRAPHIC ELEMENTS IN LATIN INSCRIPTIONS. By Henry H. Armstrong. (*Out of print.*)

Vol. IV. ROMAN HISTORY AND MYTHOLOGY. Edited by Henry A. Sanders. (*Out of print.*)

Parts I, III Available in Paper Covers:

Part I. STUDIES IN THE LIFE OF HELIOGABALUS. By Orma Fitch Butler. Pp. 1–169. $1.25.

Part II. THE MYTH OF HERCULES AT ROME. By J. G. Winter. (*Out of print.*)

Part III. ROMAN LAW STUDIES IN LIVY. By A. E. Evans. Pp. 275–354. $0.40.

Part IV. REMINISCENCES OF ENNIUS IN SILIUS ITALICUS. By Loura B. Woodruff. (*Out of print.*)

Vol. V. SOURCES OF THE SYNOPTIC GOSPELS. By C. S. Patton. Pp. xiii + 263. $1.30.

Size, 28 × 18.5 cm. 4to.

Vol. VI. ATHENIAN LEKYTHOI WITH OUTLINE DRAWING IN GLAZE VARNISH ON A WHITE GROUND. By Arthur Fairbanks. With 15 plates, and 57 illustrations in the text. Pp. viii + 371. $4.00.

Vol. VII. ATHENIAN LEKYTHOI WITH OUTLINE DRAWING IN MATT COLOR ON A WHITE GROUND, AND AN APPENDIX. By Arthur Fairbanks. With 41 plates. Pp. x + 275. $3.50.

Orders should be addressed to The Librarian, University of Michigan, Ann Arbor, Michigan.

Vol. VIII. The Old Testament Manuscripts in the Freer Collection. By Henry A. Sanders. With 9 plates. Pp. viii + 357. $3.50.

Parts Sold Separately in Paper Covers:

Part I. The Washington Manuscript of Deuteronomy and Joshua. With 3 folding plates. Pp. vi + 104. $1.25.

Part II. The Washington Manuscript of the Psalms. With 1 single plate and 5 folding plates. Pp. viii + 105–357. $2.00.

Vol. IX. The New Testament Manuscripts in the Freer Collection. By Henry A. Sanders. With 8 plates. Pp. x + 323. $3.50.

Part II Available in Paper Cover:

Part II. The Washington Manuscript of the Epistles of Paul. With 3 plates. Pp. vii + 249–315. $1.25.

Vol. X. The Coptic Manuscripts in the Freer Collection. By W. H. Worrell. With 12 plates. Pp. xxvi + 396. $4.75.

Parts Sold Separately in Paper Covers:

Part I. The Coptic Psalter. The Coptic Text in the Sahidic Dialect, with an Introduction, and with 6 plates showing pages of the Manuscript and Fragments in Facsimile. Pp. xxvi + 112. $2.00.

Part II. A Homily on the Archangel Gabriel by Celestinus, Archbishop of Rome, and a Homily on the Virgin by Theophilus, Archbishop of Alexandria, from Manuscript Fragments in the Freer Collection and the British Museum. The Coptic Text, with an Introduction and Translation, and with 6 plates showing pages of the Manuscripts in Facsimile. Pp. 113–396. $2.50.

Vol. XI. Contributions to the History of Science. By Louis C. Karpinski and John G. Winter. With 11 plates. Pp. xi + 283. $3.50.

Parts Sold Separately:

Part I. Robert of Chester's Latin Translation of the Algebra of Al-Khowarizmi. With an Introduction, Critical Notes, and an English Version. By Louis C. Karpinski. With 4 plates and 25 diagrams. Pp. vii + 164. $2.00.

Part II. The Prodromus of Nicolaus Steno's Latin Dissertation on a Solid Body Enclosed by Process of Nature within a Solid. Translated into English by John G. Winter, with a Foreword by William H. Hobbs. With 7 plates. Pp. vii + 169–283. $1.30.

Vol. XII. Studies in East Christian and Roman Art. By Charles R. Morey and Walter Dennison. (*Out of print.*)

Orders should be addressed to The Librarian, University of Michigan, Ann Arbor, Michigan.

University of Michigan Studies

Vol. XIII. Fragments from the Cairo Genizah in the Freer Collection. By Richard Gottheil and William H. Worrell. Text, with Translation, Notes and an Introduction. With 52 plates. Pp. xxxi + 273. $4.00.

Vol. XIV. Two Studies in Later Roman and Byzantine Administration. By Arthur E. R. Boak and James E. Dunlap. Pp. x + 324. $2.25.

Part II Available in Paper Cover:

Part II. The Office of the Grand Chamberlain in the Later Roman and Byzantine Empires. By James E. Dunlap. Pp. 161–324. $1.00.

Vol. XV. Greek Themes in Modern Musical Settings. By Albert A. Stanley. (*Out of print.*)

Parts Sold Separately in Paper Covers:

Part I. Incidental Music to Percy Mackaye's Drama of Sappho and Phaon. Pp. 1–68. $0.90.

Part II. Music to the Alcestis of Euripides, with English Text. Pp. 71–120. $0.80.

Part III. Music for the Iphigenia among the Taurians by Euripides, with Greek Text. Pp. 123–214. $0.75.

Part IV. Two Fragments of Ancient Greek Music. Pp. 217–225. $0.30.

Part V. Music to Cantica of the Menaechmi of Plautus. Pp. 229–263. $0.50.

Part VI. Attis: A Symphonic Poem. Pp. 265–384. $1.00.

Vol. XVI. Nicomachus of Gerasa: Introduction to Arithmetic. Translated into English by Martin Luther D'Ooge, with Studies in Greek Arithmetic by Frank Egleston Robbins and Louis C. Karpinski. (*Out of print.*)

Vols. XVII–XX. Royal Correspondence of the Assyrian Empire. Translated into English with a transliteration of the Text and a Commentary. By Leroy Waterman.
Vol. XVII. Translation and Transliteration. Pp. x + 490. $4.00.
Vol. XVIII. Translation and Transliteration. Pp. iv + 524. $4.00.
Vol. XIX. Commentary. Pp. x + 377. $4.00.
Vol. XX. Supplement and Indexes. (*In preparation.*)

Vol. XXI. The Minor Prophets in the Freer Collection and the Berlin Fragment of Genesis. By Henry A. Sanders and Carl Schmidt. With 7 plates. Pp. xii + 436. $3.50.

Vol. XXII. A Papyrus Codex of the Shepherd of Hermas, with a Fragment of the Mandates. By Campbell Bonner. Pp. x + 137. With 5 plates. $3.00.

Orders should be addressed to The Librarian, University of Michigan, Ann Arbor, Michigan.

Vol. XXIII. THE COMPLETE COMMENTARY OF OECUMENIUS ON THE APOCALYPSE: Now printed for the first time from Manuscripts at Messina, Rome, Salonika and Athos. By H. C. Hoskier. Pp. viii + 260. $4.00.

Vol. XXIV (= Michigan Papyri, Vol. I). ZENON PAPYRI IN THE UNIVERSITY OF MICHIGAN COLLECTION. By C. C. Edgar. Pp. xiv + 211. With 6 plates. $3.50.

Vol. XXV. KARANIS: TOPOGRAPHICAL AND ARCHITECTURAL REPORT OF EXCAVATIONS DURING THE SEASONS 1924–1928. By A. E. R. Boak and E. Peterson. Pp. viii + 69. With 42 plates, 19 plans, and 1 map. $2.00.

Vol. XXVI. COPTIC SOUNDS. By William H. Worrell, with an Appendix by Hide Shohara. Pp. xviii + 186. $3.00.

Vol. XXVII. ATHENIAN FINANCIAL DOCUMENTS OF THE FIFTH CENTURY. By B. D. Meritt. Pp. xiv + 192. $3.50.

Vols. XXVIII–XXIX (= Michigan Papyri, Vols. II–III). PAPYRI FROM TEBTUNIS. By A. E. R. Boak.
  Vol. XXVIII (= Michigan Papyri, Vol. II). Pp. xvi + 259. With 4 plates. $3.50.
  Vol. XXIX. (*In preparation.*)

Vol. XXX. KARANIS: THE TEMPLES, COIN HOARDS, BOTANICAL AND ZOÖLOGICAL REPORTS, SEASONS 1924–1931. Edited by A. E. R. Boak. Pp. xii + 93. With 37 plates, 16 plans, and 4 diagrams. $2.50.

Vol. XXXI. ANCIENT TEXTILES FROM EGYPT IN THE UNIVERSITY OF MICHIGAN COLLECTION. By Lillian M. Wilson. Pp. x + 77. With 23 plates. $2.50.

Vol. XXXII. PARTHIAN POTTERY FROM SELEUCIA ON THE TIGRIS. By Neilson C. Debevoise. Pp. xiv + 132. With 14 plates. $3.00.

Vol. XXXIII. THE ATHENIAN ASSESSMENT OF 425 B.C. By B. D. Meritt and A. B. West. Pp. xiv + 98. $2.50.

Vols. XXXIV–XXXV. GREEK OSTRACA IN THE UNIVERSITY OF MICHIGAN COLLECTION. By Leiv Amundsen.
  Vol. XXXIV. Part I, Text. Pp. xiv + 232. $3.50.
  Vol. XXXV. Part II, Commentary. (*In preparation.*)

Vol. XXXVI. STAMPED AND INSCRIBED OBJECTS FROM SELEUCIA ON THE TIGRIS. By R. H. McDowell. Pp. xx + 270. $3.50.

Orders should be addressed to The Librarian, University of Michigan, Ann Arbor, Michigan.

University of Michigan Studies

FACSIMILES OF MANUSCRIPTS
Size, 40.5 × 35 cm.

FACSIMILE OF THE WASHINGTON MANUSCRIPT OF DEUTERONOMY AND JOSHUA IN THE FREER COLLECTION. With an Introduction by Henry A. Sanders. Pp. x; 201 heliotype plates.

> Limited edition, distributed only to Libraries, under certain conditions. A list of Libraries containing this Facsimile is given in *University of Michigan Studies, Humanistic Series*, Volume VIII, pp. 351-353.

Size, 34 × 26 cm.

FACSIMILE OF THE WASHINGTON MANUSCRIPT OF THE FOUR GOSPELS IN THE FREER COLLECTION. With an Introduction by Henry A. Sanders. Pp. x; 372 heliotype plates and 2 colored plates.

> Limited edition, distributed only to Libraries, under certain conditions. A list of Libraries containing this Facsimile is given in *University of Michigan Studies, Humanistic Series*, Volume IX, pp. 317-320.

Size, 30.5 × 40.6 cm.

FACSIMILE OF THE WASHINGTON MANUSCRIPT OF THE MINOR PROPHETS IN THE FREER COLLECTION AND THE BERLIN FRAGMENT OF GENESIS, with an Introduction by Henry A. Sanders. With 130 plates.

> Limited edition, distributed only to Libraries, under certain conditions. A list of Libraries containing this Facsimile is given in *University of Michigan Studies, Humanistic Series*, Volume XXI, pp. 431-434.

THE JEROME LECTURES

LIFE AND LETTERS IN THE PAPYRI. By John G. Winter. Pp. viii + 308. $.3.50.

SCIENTIFIC SERIES
Size, 28 × 18.5 cm. 4°. Bound in cloth

VOL. I. THE CIRCULATION AND SLEEP. By John F. Shepard. Pp. ix + 83, with an Atlas of 63 plates, bound separately. Text and Atlas, $2.50.

VOL. II. STUDIES ON DIVERGENT SERIES AND SUMMABILITY. By Walter B. Ford. Pp. xi + 194. $2.50.

Size, 23.5 × 15.5 cm.

VOL. III. THE GEOLOGY OF THE NETHERLANDS EAST INDIES. By H. A. Brouwer. With 18 plates and 17 text figures. Pp. xii + 160. $3.00.

VOL. IV. THE GLACIAL ANTICYCLONES: THE POLES OF THE ATMOSPHERIC CIRCULATION. By William Herbert Hobbs. With 3 plates and 53 figures. Pp. xxiv + 198. $2.75.

Orders should be addressed to The Librarian, University of Michigan, Ann Arbor, Michigan.

VOLS. V–VIII. REPORTS OF THE GREENLAND EXPEDITIONS OF THE UNIVERSITY OF MICHIGAN (1926–1931). W. H. Hobbs, Director.
  VOL. V. Aërology, Expeditions of 1926 and 1927–1929. With 23 plates and 30 text figures. Pp. x + 262. $6.00.
  VOL. VI. Aërology, Expeditions of 1930–1931. (*In preparation*.)
  VOL. VII. Meteorology. (*In preparation*.)
  VOL. VIII. Geology, Glaciology, Botany, &c. (*In preparation*.)

VOL. IX. THE GENUS DIAPORTHE NITSCHKE AND ITS SEGREGATES. By Lewis E. Wehmeyer. Pp. x + 349. With 18 plates. $3.50.

VOL. X. THE DISTRIBUTION OF THE CURRENTS OF ACTION AND OF INJURY DISPLAYED BY HEART MUSCLE AND OTHER EXCITABLE TISSUES. By F. N. Wilson, A. G. Macleod, and P. S. Barker. Pp. viii + 59. $1.50.

MEMOIRS OF THE UNIVERSITY OF MICHIGAN MUSEUMS
Size, 26 × 17 cm. 4°. Bound in cloth

VOL. I. THE WHIP SNAKES AND RACERS: GENERA MASTICOPHIS AND COLUBER. By A. I. Ortenburger, University of Oklahoma. With 36 plates and 64 text figures. Pp. xviii + 247. $6.00.

VOL. II. DESCRIPTION OF THE SKULL OF A NEW FORM OF PHYTOSAUR, WITH NOTES ON THE CHARACTERS OF DESCRIBED NORTH AMERICAN PHYTOSAURS. By E. C. Case. With 7 plates and 24 text figures. Pp. vi + 56. $2.00.

University of Michigan Publications
General Editor: EUGENE S. McCARTNEY

HUMANISTIC PAPERS
Size, 22.7 × 15.2 cm. 8°. Bound in cloth

THE LIFE AND WORK OF GEORGE SYLVESTER MORRIS: A CHAPTER IN THE HISTORY OF AMERICAN THOUGHT IN THE NINETEENTH CENTURY. By Robert M. Wenley. Pp. xv + 332. $1.50.

HENRY PHILIP TAPPAN: PHILOSOPHER AND UNIVERSITY PRESIDENT. By Charles M. Perry. Pp. xii + 475. $3.25.

LATIN AND GREEK IN AMERICAN EDUCATION, WITH SYMPOSIA ON THE VALUE OF HUMANISTIC STUDIES, Revised Edition. Edited by Francis W. Kelsey. Pp. xiii + 360. $1.50.

Orders should be addressed to The Librarian, University of Michigan, Ann Arbor, Michigan.

University of Michigan Publications

Size, 18 × 12 cm. Bound in paper

THE MENAECHMI OF PLAUTUS. The Latin Text, with a Translation by Joseph H. Drake, University of Michigan. Pp. xi + 129. $0.60.

LANGUAGE AND LITERATURE

VOL. I. STUDIES IN SHAKESPEARE, MILTON AND DONNE. By Members of the English Department of the University of Michigan. Pp. viii + 232. Cloth. $2.50.

VOL. II. ELIZABETHAN PROVERB LORE IN LYLY'S 'EUPHUES' AND IN PETTIE'S 'PETITE PALLACE', WITH PARALLELS FROM SHAKESPEARE. By Morris P. Tilley. Pp. x + 461. $3.50.

VOL. III. THE SOCIAL MODE OF RESTORATION COMEDY. By Kathleen M. Lynch. Pp. x + 242. $2.50.

VOL. IV. STUART POLITICS IN CHAPMAN'S 'TRAGEDY OF CHABOT'. By Norma D. Solve. Pp. x + 176. $2.50.

VOL. V. EL LIBRO DEL CAUALLERO ZIFAR: Part I, Text. By C. P. Wagner. With 9 facsimiles. Pp. xviii + 532. $5.00.

VOL. VI. EL LIBRO DEL CAUALLERO ZIFAR: Part II, Commentary. By C. P. Wagner. (*In preparation.*)

VOL. VII. STRINDBERG'S DRAMATIC EXPRESSIONISM. By C. E. W. L. Dahlström. Pp. xii + 242. $2.50.

VOL. VIII. ESSAYS AND STUDIES IN ENGLISH AND COMPARATIVE LITERATURE. By Members of the English Department of the University of Michigan. Pp. viii + 231. $2.50.

VOL. IX. TOWARD THE UNDERSTANDING OF SHELLEY. By Bennett Weaver. Pp. xii + 258. $2.50.

VOL. X. ESSAYS AND STUDIES IN ENGLISH AND COMPARATIVE LITERATURE. By Members of the English Department of the University of Michigan. Pp. vi + 278. $2.50.

VOL. XI. FRENCH MODAL SYNTAX IN THE SIXTEENTH CENTURY. By Newton S. Bement. Pp. xviii + 168. $2.50.

VOL. XII. THE INTELLECTUAL MILIEU OF JOHN DRYDEN. By Louis I. Bredvold. Pp. viii + 189. $2.50.

THREE CENTURIES OF FRENCH POETIC THEORY (1328–1630). By W. F. PATTERSON. (*In press.*)

Orders should be addressed to The Librarian, University of Michigan, Ann Arbor, Michigan.

University of Michigan Publications

HISTORY AND POLITICAL SCIENCE

The first three volumes of this series were published as "Historical Studies" under the direction of the Department of History. Volumes IV and V were published without numbers.

Vol. I. A History of the President's Cabinet. By Mary Louise Hinsdale. (*Out of print*.)

Vol. II. English Rule in Gascony, 1199–1259, with Special Reference to the Towns. By Frank Burr Marsh. Pp. xi + 178. $1.25.

Vol. III. The Color Line in Ohio; A History of Race Prejudice in a Typical Northern State. By Frank Uriah Quillan. (*Out of print*.)

Vol. IV. The Senate and Treaties, 1789–1817. The Development of the Treaty-Making Functions of the United States Senate during Their Formative Period. By Ralston Hayden. Pp. xvi + 237. $1.50.

Vol. V. William Plumer's Memorandum of Proceedings in the United States Senate, 1803–1807. Edited by Everett Somerville Brown. Pp. xi + 873. $3.50.

Vol. VI. The Grain Supply of England during the Napoleonic Period. By W. F. Galpin. Pp. xi + 305. $3.00.

Vol. VII. Eighteenth Century Documents relating to the Royal Forests, the Sheriffs and Smuggling: Selected from the Shelburne Manuscripts in the William L. Clements Library. By Arthur Lyon Cross. With 4 plates. Pp. x + 328. $3.00.

Vol. VIII. The Low Countries and the Hundred Years' War, 1326–1347. By Henry S. Lucas. Pp. xviii + 696. $4.00.

Vol. IX. The Anglo-French Treaty of Commerce of 1860 and the Progress of the Industrial Revolution in France. By A. L. Dunham. Pp. xiv + 409. $3.50.

Vol. X. The Youth of Erasmus. By A. Hyma. Pp. xii + 350. With 8 plates and 2 maps.

CONTRIBUTIONS FROM THE MUSEUM OF PALEONTOLOGY

Vol. I. The Stratigraphy and Fauna of the Hackberry Stage of the Upper Devonian. By Carroll Lane Fenton and Mildred Adams Fenton. With 45 plates, 9 text figures and one map. Pp. xi + 260. $2.75.

Orders should be addressed to The Librarian, University of Michigan, Ann Arbor, Michigan.

University of Michigan Publications

Vol. II. Consisting of 14 miscellaneous papers, published between July 10, 1924, and August 3, 1927. With 41 plates, 39 text figures, and 1 map. Pages ix + 240. $3.00.

Vol. III. Consisting of 13 miscellaneous papers. With 64 plates, 49 text figures, and 1 map. Pp. viii + 275. $3.50.

Vol. IV. (*In progress.*)

ARCHAEOLOGICAL REPORTS

Preliminary Report upon the Excavations at Tel Umar, Iraq, Conducted by the University of Michigan and the Toledo Museum of Art. Leroy Waterman, Director. With 13 plates and 7 text figures. Pp. x + 62. $1.50. Bound in paper.

Second Preliminary Report upon the Excavations at Tel Umar, Iraq, Conducted by the University of Michigan, the Toledo Museum of Art, and the Cleveland Museum of Art. Leroy Waterman, Director. With 26 plates and 12 text figures. Pp. xii + 78. $1.50. Bound in paper.

UNIVERSITY OF MICHIGAN COLLECTIONS

Catalogue of the Stearns Collection of Musical Instruments (Second edition). By Albert A. Stanley. With 40 plates. Pp. 276. $4.00.

PAPERS OF THE MICHIGAN ACADEMY OF SCIENCE, ARTS AND LETTERS

(Containing Papers submitted at Annual Meetings)
Editors: EUGENE S. McCARTNEY and ALFRED H. STOCKARD
Size, 24.2 × 16.5 cm. 8°. Bound in cloth

Vol. I (1921). Pp. xi + 424. $2.00.

Vol. II (1922). Pp. xi + 226. $2.00. Bound in paper, $1.50.

Vol. III (1923). Pp. xii + 473. $3.00. Bound in paper, $2.25.

Vol. IV (1924), Part I. Pp. xii + 631. $3.00. Bound in paper, $2.25.

Vol. IV (1924), Part II. A Key to the Snakes of the United States, Canada and Lower California. By Frank N. Blanchard. With 78 text figures. Pp. xiii + 65. Cloth. $1.75.

Vol. V (1925). Pp. xii + 479. $3.00. Bound in paper, $2.25.

Orders should be addressed to The Librarian, University of Michigan, Ann Arbor, Michigan.

Vol. VI (1926). (Papers in botany only.) Pp. xii + 406. $3.00. Bound in paper, $2.25.

Vol. VII (1926). (No papers in botany.) Pp. xii + 435. $3.00. Bound in paper, $2.25.

Vol. VIII (1927). Pp. xiv + 456. $3.00. Bound in paper, $2.25.

Vol. IX (1928). (Papers in botany and forestry only.) Pp. xiv + 597. $4.00. Bound in paper, $2.25.

Vol. X (1928). (No papers in botany or forestry.) Pp. xvii + 620. $4.00. Bound in paper, $2.25.

Vol. XI (1929). (Papers in botany and zoölogy only.) Pp. xii + 494. $3.50. Bound in paper, $2.25.

Vol. XII (1929). (No papers in botany or zoölogy.) Pp. xii + 348. $3.00. Bound in paper, $2.25.

Vol. XIII (1930). (Papers in botany and zoölogy only.) Pp. xii + 603. $4.00. Bound in paper, $2.25.

Vol. XIV (1930). (No papers in botany or zoölogy.) Pp. xv + 650. $4.00. Bound in paper, $2.25.

Vol. XV (1931). (Papers in botany, forestry, and zoölogy only.) Pp. x + 511. $3.50. Bound in paper, $2.25.

Vol. XVI (1931). (No papers in botany, forestry, or zoölogy.) Pp. x + 521. $3.50. Bound in paper, $2.25.

Vol. XVII (1932). (Papers in botany, forestry, and zoölogy only.) Pp. x + 738. $4.00. Bound in paper, $2.25.

Vol. XVIII (1932). (No papers in botany, forestry, or zoölogy.) Pp. x + 623. $4.00. Bound in paper, $2.25.

Vol. XIX (1933). Pp. xii + 662. $4.00. Bound in cloth, $2.25.

Vol. XX (1934). (*In press.*)

Orders should be addressed to The Librarian, University of Michigan, Ann Arbor, Michigan.